MW01104012

lingüística
y
teoría literaria

traducción de
SILVIA RUIZ MORENO †

revisada por
LUISA RUIZ MORENO y ANDREA SILVA SANTOS

LINGÜÍSTICA Y PSICOANÁLISIS
Freud, Saussure, Hjelmslev, Lacan y los otros

por
MICHEL ARRIVÉ

prefacio de
JEAN-CLAUDE COQUET

BENEMÉRITA UNIVERSIDAD
AUTÓNOMA DE PUEBLA

siglo
veintiuno
editores

siglo veintiuno editores, s.a. de c.v.
CERRO DEL AGUA 248, DELEGACIÓN COYOACÁN, 04310, MÉXICO, D.F.

portada de patricia reyes baca
edición al cuidado de josefina anaya

primera edición en español, 2001
© siglo xxi editores, s.a. de c.v.
    en coedición con la benemérita universidad
    autónoma de puebla
isbn 968-23-2281-2

primera edición en francés, 1987
© librairie des méridiens, klincksieck, parís
título original: *linguistique et psychanalyse: freud,*
    saussure, hjelmslev, lacan et les autres

SABER ESCUCHAR Y PODER HABLAR...
PRESENTACIÓN A LA TARDÍA VERSIÓN ESPAÑOLA

El título que hemos escogido para encabezar estas líneas contiene en sí mismo toda una teoría de la enunciación. Teoría que muy bien podría desarrollarse tanto a partir de la lingüística como del psicoanálisis. Y sobre todo desde este último, si continuamos leyendo la frase de donde esas palabras fueron extraídas.[1] Dicha frase es uno de los *graffitti* cuya reproducción aparece en la portada y que Silvia Ruiz Moreno, traductora de este libro, escribió en los muros del Neuropsiquiátrico de Córdoba.

He ahí las dos disciplinas que están concernidas en este estudio filológico, erudito y minucioso, de Michel Arrivé. Y aunque no aparezca nombrada, también hay otra disciplina que de manera no protagónica y subterránea está implicada en esa relación. Me refiero a la semiótica, que por ser una teoría de la significación tiene obligados intereses y proyectivos propósitos que se encuentran anclados en la "y" que va de la lingüística al psicoanálisis. Desde este último ángulo es desde donde surgió, para quien escribe estas páginas, la estimulante intuición de que era en el espacio interdisciplinario de la semiótica donde la lingüística y el psicoanálisis tenían algo provechoso que decirse. Y de que desde ese diálogo podía la semiótica sacar partido para una teoría del sujeto, la cual, después de haberse desarrollado en la semiótica narrativa, se siguiera desenvolviendo en la semiótica de las pasiones. Esta sugerencia, que provenía no sólo del núcleo duro de la reflexión teórica sino de la práctica de análisis de textos concretos, tuvo la más persuasiva corroboración en un hecho simbólico: un gesto intelectual que fue ejercido por una figura de autoridad.

En efecto, en el año escolar 1985-1986, quizás con el coincidente motivo de la aparición de este libro en francés, Michel Arrivé –que por su parte gozaba de reconocido prestigio– fue invitado por Grei-

---

[1] "Saber escuchar y poder hablar es la única posibilidad de cura. Todo lo demás es inútil y dañino."

[7]

mas a su célebre Seminario de los días miércoles. La intuición que
tenía por entonces de que la Semiótica no dejaba de tener algo
que ver en la ya veterana discusión entre lingüistas y psicoanalistas
se vio para mí confirmada. Si el maestro compartía su lugar en el
estrado para escuchar atentamente lo que el profesor Arrivé tenía
que decir al auditorio, compuesto tanto por aprendices como por
consagrados semiotistas de la Escuela de París, estaba avalando,
por ese solo hecho, la pertinencia de la discusión en el más celoso
espacio disciplinario de la semiótica. Y era imposible que Michel
Arrivé no fuera oído con atención, pues sus dotes docentes lo ha-
cían dominar el escenario: caminaba y explicaba con elocuencia
en un ámbito donde generalmente los expositores no se movían
de su sitio y casi no usaban más que la palabra como medio de
expresión. Claro está que también otros lo secundaban en el interés
de la relación interdisciplinaria sobre la que él llamaba la atención.
Puesto que, más allá de la cuestión epistemológica, estudiosos como Jean Petitot e Ivan Darrault, entre otros, han dado como algo
natural en la práctica de sus investigaciones la cooperación de las
tres disciplinas en juego.

Pero no fue sino hasta 1993 cuando pudimos invitar a Michel
Arrivé para que se hiciera cargo en Puebla de uno de los seminarios
de Especialización en Semiótica que veníamos organizando en la
UAP desde tiempo atrás. Fue entonces –después de un intenso curso
de dos semanas sobre el tema de su libro, curso en el que el profesor Arrivé había puesto singular esmero para que sus estudiantes
aprendieran la lección– cuando tuve la iniciativa de traducir la
presente obra al español, lengua a la que, curiosamente, no había
sido todavía traducida mientras sí lo había sido a numerosas otras.
Le hice, entonces, a Michel Arrivé la propuesta de traducción. En
el momento en que él manifestó su acuerdo invité a María Isabel
Filinich para que hiciéramos el trabajo de manera conjunta. Pre-
sentamos así, entre las dos, el proyecto a Siglo XXI Editores y luego
de ser aprobado nos dispusimos a llevarlo a cabo. Pero ese proceso
se iniciaba en un momento en que ambas estábamos sobrecargadas
de tareas académicas. Y fue así como el proyecto se tornó azaroso
y se vio interrumpido varias veces. María Isabel Filinich, después
de traducir el prólogo de J.C. Coquet, decidió no continuar con
nuestra sociedad de *traditoras*, salvándose justo a tiempo de convertirse en cazadora de citas, dada la obsesionante tarea a la que
obliga un libro como éste, que está minado de referencias biblio-

gráficas. Su relevo lo tomó, desde Córdoba, Silvia Ruiz Moreno.

Con Silvia comenzó la etapa de las concreciones; la cual tampoco estuvo exenta de interrupciones y demoras. Ella parecía salir de los descensos al infierno y esta labor de traducción sería hecha en el margen que tales descensos habían dejado: un treinta por ciento de capacidad para el trabajo, según informa un certificado que le había sido extendido en el hospital. Entonces, demostrar con esta traducción que desde un pequeño espacio se pueden hacer con responsabilidad y rigor tareas de envergadura, era la esperanza más alta. Y Silvia tradujo todo el libro. A partir de ahí debía venir la labor conjunta de pulir esa primera versión y, sobre todo, de encontrar e incorporar las citas de los textos referidos en sus correspondientes traducciones oficiales. Pero ese ejercicio compartido, que nos hubiera dado a ambas certeras razones de confianza en el futuro, no alcanzó a tener lugar. El abandono radical y definitivo de Silvia me dejó con el compromiso candente de cumplir con el autor, que amablemente había acogido mi iniciativa, con el editor, que quedó a la espera del manuscrito, y, además, con ella, que había hecho su parte. Ése era el testimonio de un logro obtenido: me dejó una versión elaborada, los disquetes listos, los borradores, sus notas y las citas que había hallado, muchas de las cuales se me perdieron en la desolación sin término.

Gracias a la intervención tónica y atinada de Andrea Silva Santos este demorado proyecto vio su fin. Habiendo recibido el manuscrito ya prácticamente acabado, no nos quedó, con Andrea, más que hacer de secretarias de Silvia. Tal como Lacan les pidió a sus estudiantes del Seminario III que hicieran ante el testimonio de incomparable valor del presidente Schreber, "aparentemente nos contentaremos con hacer de secretarios"...

Andrea, acostumbrada a manejar la bibliografía de su especialidad, facilitó la engorrosa localización y captura de las citas de aquellos autores traducidos al español que venían del lado del psicoanálisis. Y en cuanto a la revisión de la traducción misma, el hecho de combinar su celo de psicoanalista con mi interés de semiotista hizo que la versión definitiva resulte, creo yo, finalmente aceptable para las disciplinas en cuestión. Lograr este acuerdo no ha sido fácil puesto que teníamos que confrontar nuestras propias perspectivas (cada una tenía su propio modelo de lector, el psicoanalista o el lingüista, al que quería dirigirse y de cuyo juicio epistémico recelaba) y las de los textos que teníamos entre las manos.

Porque hay que tener en cuenta que no era con un solo texto con el que teníamos el compromiso de una buena transposición al español, ya que el autor, por su parte, ha hecho sus reflexiones, sus análisis y sus citas a partir de textos que en algunos casos son versiones francesas de autores de otras lenguas. Ahora bien, cuando esos autores han sido traducidos al español, lo fueron de sus lenguas originales y esas traducciones autorizadas no siempre coinciden exactamente con lo que Michel Arrivé ha leído en la versión francesa. El caso más notable es nada menos que el de Freud.

Para las citas de Freud, habíamos acordado, con el editor, utilizar la versión de James Strachey dado que hoy es la más consultada. Y así lo hicimos, aunque no dejamos de cotejar la versión de López Ballesteros –que gana en estilo y claridad lo que tal vez pierda en fidelidad conceptual– pues Silvia había trabajado con ella y porque nos ocurría, a veces, que la traducción de López Ballesteros coincidía mejor con la francesa citada por el autor.

Todo este trabajo de obligada intertextualidad ha arrojado problemas de, al menos, un doble interés. Nos encontramos, por ejemplo, con que Michel Arrivé, cuando cita la traducción francesa de las obras de Freud, y por ser lingüista, se refiere naturalmente a "la" *Grundsprache*, puesto que para él este término designa "la lengua profunda". Pero en la traducción española dice "el" *Grundsprache* porque se traduce como "el lenguaje profundo". ¿Qué hacer? ¿Decidirnos por *lengua* o *lenguaje* dada la diferencia conceptual que existe entre los universos semánticos que recubren cada uno de esos términos?

Y como el mismo Michel Arrivé lo recuerda cuando se refiere al título del libro de Stekel, en alemán, al igual que en otras lenguas, no existe un término específico para designar de manera independiente el concepto de lengua y el concepto de lenguaje. Y para alguien formado en las ciencias del lenguaje es muy difícil contentarse con semejante indiferenciación, provocada por la transposición de un contenido de un idioma a otro donde sí es posible manifestar la complejidad y la riqueza semántica de ese contenido mediante la particularización de dos lexemas. Tal posibilidad, que es la que brindan el español, el italiano o el francés, por ejemplo, ha dado lugar al discernimiento de distintas instancias del proceso semiótico. Avance éste sin retorno que ha permitido establecer sus correspondientes objetos y objetivos de estudio.

A nosotras, sin embargo, no nos ha quedado más que interrumpir cualquier disquisición teórica y apegarnos a las traducciones oficiales que ocasionan la jerga del gremio y que son las que circulan en los medios profesionales, donde también circulará este libro. Aunque no hemos dejado de hacer por ello nuestra propia puntualización, enmarcándola entre corchetes. Y así lo hemos hecho en otros casos y cada vez que hemos necesitado señalar este tipo de discordancias.

Otro término que hemos debido traducir (capítulo 2 de la primera parte) según el uso, aunque sin estar de acuerdo, es *investissement* por *investimiento*. Si bien estos dos términos suenan parecido, en francés y en español, sus contenidos no son de ningún modo equivalentes, pero en la jerga de lingüistas, semiotistas y psicoanalistas se habla de "investir" y de "investimiento" para designar no se sabe bien qué cosa ni qué función. Creo yo que una discusión esclarecedora sobre una traducción homofónica que proviene de una misma fuente semántica del alemán nos haría ver hasta qué punto nuestro hablar sonambúlico nos hace traicionar el espíritu de una teoría, como el psicoanálisis o la semiótica, donde la significación, que surge más bien desde la interioridad del propio proceso, está lejos de ser una dignidad que se alcanza o una investidura que se otorga, así como se adquiere o se adjudica un ropaje en un movimiento que proviene del exterior, tal como lo indica la traducción española del término en cuestión.

Con estos mínimos aunque fundamentales ejemplos he querido mostrar cómo este ejercicio de ir de un texto a otro hace surgir la necesidad de la interpretación, lo cual puede ser aprovechado para un interés que vaya más allá de las aclaraciones terminológicas y conceptuales. Lo que en realidad importa es que este ejercicio de lectura y confrontación de lo que los psicoanalistas y los lingüistas han dicho sobre el inconsciente y el lenguaje puede colaborar con el diálogo y la discusión interdisciplinaria entre la lingüística y el psicoanálisis que está todavía lejos de darse. Y dicho esto así resulta curioso porque esa situación comunicativa es un acontecimiento que se ha retrasado mucho tiempo, aunque a veces pareciera que ya se hubiera dado, o que a esta altura del desarrollo de ambas disciplinas ya se debería haber dado. E incluso uno tiene la impresión de que es una discusión que ya se cerró, cuando ni siquiera pudo abrirse sin verse perturbada por equívocos y malentendidos. Cuando Michel Arrivé escribe este libro él tiene la misma impresión de que se trata de una discusión tardía y hay que considerar aún que el libro apareció hace ya muchos años. No obstante, él prepara el umbral de una situación venidera y lo hace con buen humor: su escritura es irónica, está llena de preguntas que en ocasiones él mismo, en tanto investigador, se hace y que en otras ocasiones les hace a sus interlocutores. En esa atmósfera, también los sabios fundadores y los integrantes de los gremios en cuestión son vistos con benevolente desacralización. Me ha parecido que poner de relieve estas características de estilo tiene su interés, puesto que conservar esas sutilezas en el pasaje del francés al español ha sido uno de nuestros mayores y más dificultosos empeños.

De modo que la aparición de la versión española de *Lingüística y psicoanálisis* es una larga deuda que comienza a saldarse y significa ofrecer una base certera para dar inicio a una revisión sin concesiones de lo que tenemos como un saber adquirido. Uno de los valores fundamentales de esta obra es el de obligar a releer la bibliografía, hoy clásica, de la gran época de las ciencias humanas y sociales, donde la preocupación por los problemas del lenguaje ocupaba un lugar central. Con esto quiero destacar que el aporte generoso, porque es claro y didáctico, de Michel Arrivé no es el de la proposición sino el de la sugerencia, no el de decir sino el de leer y hacer leer: en la lectura minuciosa y detenida emergen por sí solas las líneas que relacionan todo gran pensamiento con otro. Quizás no sea del todo excéntrico pensar que si las ciencias no están hechas más que de diferencia es porque la semejanza, que también las constituye, las aqueja por igual.

En Córdoba y en Puebla, con Silvia y sin ella

LUISA RUIZ MORENO
Programa de Semiótica y
Estudios de la Significación, UAP

PREFACIO

Leyendo a Michel Arrivé, recordaba yo las palabras de un pianista célebre a quien se le pedía que indicara las reglas de su arte. Tocar exactamente lo que está escrito en la partitura. Tal fue, en resumen, la respuesta. Después volvió sobre lo dicho, como ganado por cierto escrúpulo, y planteó a su vez una pregunta: "Pero, ¿qué quiere decir 'exactamente'?" Este retornar sobre el propio discurso, este "metadiscurso" según el término propuesto y analizado aquí mismo por M. Arrivé, es una ley común del lenguaje antes de convertirse en la actividad propia del teórico. De hecho, las páginas consagradas en este libro al camino a menudo dificultoso del pensamiento, tanto del que procede de los lingüistas como del de los psicoanalistas, podrían ser consideradas con justeza como *Lecciones sobre la exactitud*. Y no es que nuestro autor quiera hacer las veces de maestro o que, víctima del señuelo de la comunicación, se esfuerce por alcanzar exageradamente la claridad. Es cierto que la busca. Lo dice y lo repite. Sin embargo, su tarea, me parece, es la de seguir, hasta donde es posible, el nacimiento y la evolución de los conceptos teóricos; dar cuenta, en la medida en que haya lugar, de su "carácter huidizo", léase, de su "fragmentación"; marcar los puntos de estabilidad o de inestabilidad; delimitar los campos de validez. Para decirlo brevemente, este ensayo de M. Arrivé tiene las virtudes de prevenir saludablemente a los lectores –¡y vaya que los hay!– que se inclinan a formular juicios definitivos: Saussure no es tan simple (simplista) ni Lacan tan complejo (confuso) como perezosamente se quisiera creer.

Cito a Saussure y a Lacan porque ellos forman como los dos polos de atracción visualizados por M. Arrivé, pero, por supuesto, no son ellos los únicos que son sometidos a la prueba del análisis; agreguemos, al menos, por el lado de los lingüistas, a L. Hjelmslev y É. Benveniste, y, por el lado de los psicoanalistas, a Freud, el fundador.

Ambas disciplinas se han ocupado del lenguaje, aunque es cierto que de manera desigual y diferente. Ellas recurren quizás al mismo vocabulario de base y parecen compartir varios conceptos

[13]

fundamentales. Razón suficiente para confrontar las definiciones y para preguntarse, como lo hace con brío nuestro autor, si no es posible afinar las terminologías, despejar las ambigüedades e incluso intentar homologaciones. El problema y las soluciones aquí esbozadas provienen entonces del método comparativo (interno y externo) e histórico (¿qué cronología?, ¿qué origen proponer?). Por ejemplo, en el interior de la obra de Freud, los rasgos de sus operaciones distintivas permiten poner en evidencia tres tipos de símbolos (la misma palabra "símbolo" recubre significaciones muy diferentes) producidos por tres tipos de neurosis (la histeria, la obsesión, la angustia). Así, la polisemia de este término aparece claramente manifiesta en la obra de Freud, cualquiera que sea después el tipo de clasificación que se haga de los símbolos. Si, finalmente, la lingüística y la semiótica de inspiración saussuriana no han utilizado la palabra "símbolo", se debe sin duda a que, "[siendo] el lenguaje un sistema simbólico particular", había que encontrar denominaciones que le fueran específicas. Como se sabe, ellas son: el lenguaje es una "entidad de doble faz", o bien, dicho de otra manera, es concebido a imagen del signo, articulado en significante y significado.[1] "Símbolo" y "signo" han conquistado entonces sus dominios respectivos, el psicoanálisis y la lingüística. Sin embargo, no sucede lo mismo con las otras dos palabras-conceptos sobre las cuales M. Arrivé ha basado su investigación: el "significante" y el "metalenguaje". Conceptos de los que el psicoanálisis lacaniano ha sacado partido de manera sorprendente. Pero antes de retomar estos problemas de vocabulario, que para ser esclarecidos han necesitado toda la sagacidad de M. Arrivé, será conveniente precisar en qué sentido y sobre todo en beneficio de quién (o contra quién) se efectúan estos préstamos. Se advertirá que, en este libro al menos, es el psicoanálisis el que pide a la lingüística que le proporcione el material teórico-práctico que necesita. En la época de Freud, lo hacía, me parece, con gran ingenuidad. Cuestión de *episteme*, se dirá. Ciertamente, pero la explicación es un tanto escasa. Agreguemos, por lo pronto, que un no

---

[1] Las dos citas remiten a É. Benveniste, *Problèmes de linguistique générale* I: 28 [30]. Para tener una idea de las vacilaciones de Saussure, conviene recurrir al *Lexique de la terminologie saussurienne*, editado por R. Engler, 1968, Utrecht/Anvers, Spectrum Éditeurs.

especialista evalúa mal la calidad de la información que recibe.[2]
Freud sostiene con satisfacción que: "Es un hecho[...] confirmado
por otros lingüistas [que] las lenguas primitivas [...] no tienen al
comienzo más que una palabra para los dos puntos opuestos de
una serie de cualidades o de acciones (fuerte-débil, viejo-joven,
cercano-lejano, ligado-separado)..." Dado que los lingüistas lo han
escrito, la duda está entonces despejada: "Abel [el lingüista, supuesto maestro del saber] nota que el hecho es constante en el
antiguo egipcio y señala que se pueden encontrar huellas en las
lenguas semíticas e indoeuropeas." Así, el latín *altus* significa "alto"
y "profundo", el griego *aidós*, "honor" y "vergüenza", el árabe *ta-
gasmara*, "ser justo" y "ser injusto", etc.[3] He aquí lo que alentaba
la hipótesis de Freud según la cual el sueño "se destaca por reunir
los contrarios y representarlos en un solo objeto".[4] Pero la existencia de "lenguas primitivas" (véase la "horda primitiva"...) es ilu-
soria; en cuanto a las lenguas antiguas o modernas sobre las cuales
es posible trabajar, no es suficiente, como lo hace Abel, "junta[r]
todo lo que se parece" para concluir que "tales lenguas, por arcaicas
que se las suponga, escapan al 'principio de contradicción' que
afecta con una misma expresión a dos nociones mutuamente ex-
clusivas o solamente contrarias". La simple crítica filológica "disipa
tales espejismos".[5]

J. Lacan tomó a mal el rechazo de Benveniste para avalar la
empresa de Freud (en un inicio de Abel) que buscaba finalmente
desligar al "significante" de su apego al "significado".[6] La ceguera
del técnico no le impide pensar que la lingüística y el psicoanálisis

---

[2] Tal como R. Thom. Cuando se le señaló que el libro al cual había recurrido
para comprobar la aplicación de su teoría de las catástrofes al lenguaje proponía
una tipología burda y ambigua, reconoció: "No siendo yo un lingüista profesional,
lo tomé como si fuera la Biblia. Me equivoqué..." "Entretien sur les catastrophes,
le langage et la métaphysique extrême", *Ornicar?* 116, 1978: 83.

[3] Ejemplos clásicos, entre otros. Los dos primeros son analizados por É. Benveniste, *op. cit.*, I: 81, y *Noms d'agent et noms d'action en indo-européen*, Maisonneuve,
1975: 79-80; el tercero, por C. Hagège, *L'homme de paroles*, Fayard, 1985: 150.

[4] Citado por É. Benveniste, *op. cit.*, I: 79: "La conducta del sueño [...] reúne en
una unidad las antítesis o las representa con ella. Asimismo se toma la libertad de
representar un elemento cualquiera por el deseo contrario al mismo."

[5] *Ibid.*, I: 80-82.

[6] Él estigmatiza la "carencia del lingüista", y no de cualquiera, del "más grande
que hubo entre los franceses" (*Scilicet* 2/3, Seuil, 1970: 62 y 137, 148).

tienen, sin embargo, algo en común. Tal como se puede incluso leer en *Scilicet*, a propósito del sujeto gramatical y del sujeto hablante-deseante, debe de "haber alguna cosa común" entre ambas disciplinas. La condición es ordenarlas correctamente, es decir, de hacer de la lingüística la sirvienta del psicoanálisis. Pero estamos aquí lejos de Freud. La cadena de presuposiciones excluye el equívoco: "el lenguaje es la condición del inconsciente"; "el inconsciente es la condición de la lingüística".[7] ¡Lineamientos de un proyecto de anexión!

Ste.

¿Cuál es, entonces, el estatuto del "significante"? Nos gustaría poder decir que de parte de los lingüistas, no hay ambigüedad. Y, sin embargo... Habría que disponer de una terminología que permitiera a cada uno emplear oportunamente las denominaciones vecinas tales como "significante", "fonema", "sonido". La palabra "significante", que remplaza en Saussure –hacia el final del Curso III– "imagen acústica", "no es de ninguna manera fónica" para el maestro ginebrino; ella es, lo subraya, "incorpórea".[8] Sale así al encuentro de la tradición establecida por los estoicos. L. Hjelmslev piensa lo mismo.[9] Se puede también tomar en cuenta a N.S. Troubetzkoy, quien invita a constituir una suerte de doblete a partir de la oposición entre lengua y habla: "el 'significante' es en la lengua algo muy diferente a lo que es en el acto de habla".[10] Dicho de otro modo, la tripartición sería la siguiente: el *significante* puede ser captado como unidad abstracta (plano de la lengua); está articulado en *fonemas*; o como unidad concreta (plano del habla); está articulado en *sonidos*.[11]

Si se retoma la argumentación de M. Arrivé en cuanto al reconocimiento que Lacan hace del "significante" en Freud (véase el grafo que sintetiza eficazmente la oposición entre el significante saussuriano y el significante lacaniano al final del capítulo 1 de la

---

[7] J. Lacan, *ibid.*, 58.

[8] *Lexique de la terminologie saussurienne, op. cit.*

[9] L. Hjelmslev, *Essais linguistiques*, Minuit, 1971: 39 (art. de 1948) [*Ensayos lingüísticos* I y II, Madrid, Gredos, 1972 y 1987].

[10] N.S. Troubetzkoy, *Principes de phonologie*, Klincksieck, 1976: 3 (1a. ed. 1939) [*Principios de fonología*, Madrid, Cincel, 1973].

[11] En *L'homme de paroles*, libro destinado a un amplio público, hay que decirlo, C. Hagège procede por sincretismo: los fonemas son indistintamente "sonidos mínimos" (o "unidades sonoras") o "clases de sonidos" (*op. cit.*: 55, 120, 131).

segunda parte), me parece que la doble denominación del significante, *Wahrnehmungszeichen* y *Vorstellungsrepräsentanz*, se corresponde con una distinción comparable a la que acabamos de ver y que proviene de la lingüística. ¿No sería interesante poner de manifiesto –tanto en lingüística como en psicoanálisis– una relación de interdependencia entre significantes y hacer notar que esta relación está determinada, en el campo del psicoanálisis, por una relación de orden? Es así como la *Vorstellungsrepräsentanz*, situada en el nivel superior, dominaría ("la dominancia de la letra") a la *Wahrnehmungszeichen*; y que este segundo significante conservaría su significación específica de percepción externa y por lo tanto (si no se quiere "perder ninguno de los recursos semánticos de la lengua alemana", como lo recomienda en otra parte J. Lacan) de percepción "verdadera", es decir, en este punto, conforme a la "realidad".[12] Al significante lingüístico (abreviado legítimamente por J. Lacan en *Zeichen*) le correspondería así un significante que yo llamaría "discursivo" ("el inconsciente ES un discurso"), necesario para decir la "verdad" sobre lo "real".

La ceñida discusión emprendida por M. Arrivé sobre el metalenguaje cierra el libro con acierto. Teniendo en cuenta la crítica de J. Lacan, expone las razones por las cuales le parece pertinente distinguir "metalenguaje", "metalengua" y "metadiscurso". Por mi parte señalaré simplemente aquello que él presenta como "la evolución de las posiciones de Lacan sobre el problema", valiéndome de la diferenciación entre *Vorstellungsrepräsentanz* y *Wahrnehmungszeichen*. Situados en el nivel del significante *discursivo*, no podemos usar un "metalenguaje", puesto que no abandonamos el lenguaje; es ésta la precaución que es necesario tener en mente, si no queremos cometer el "contrasentido" mencionado por J. Lacan en *Scilicet* a propósito de "la aplicación acertada que Jakobson hace de [la] noción de 'metalenguaje' en el estudio de la afasia". Un empleo inteligente "no nos debe ocultar lo que este término implica como contrasentido; que nosotros estemos obligados a utilizar el lenguaje para hablar del lenguaje es justamente lo que prueba

---

[12] Tomo como punto de referencia un pasaje de *El yo y el ello* (1923), donde Freud, según J. Laplanche, hace un juego de palabras sobre la verdad (como han hecho otros escritores alemanes, Hegel, Heidegger...) a partir del análisis del "significante": *Wahr-nehmen*, puesto como equivalente de *für Wahr gehalten*, "tenido por verdadero".

que no salimos de él". Pero la obligación permanece. Se manifiesta cada vez que recurrimos a la función metalingüística. No hay escapatoria: "¡Como si hubiera un metalenguaje que permitiera al analista formular sus conclusiones en otros significantes diferentes de los provistos por la tradición donde sus pacientes y él han sido modelados!"[13] Apoyados en el significante denominado *lingüístico* en párrafos anteriores, no sabríamos proferir "la verdad sobre la verdad", pero podemos constituirnos en "sujeto de la ciencia".[14] Allí nace, según la feliz expresión de nuestro autor, el "sueño" de Lacan: usar "un lenguaje de puro significante", el de las matemáticas, el "metalenguaje por excelencia".

Quisiera volver, para concluir, sobre el lugar acordado a la "palabra" en la reflexión de lingüistas y psicoanalistas. Si se lleva a cabo una búsqueda terminológica, es natural que las palabras sirvan como vía de acceso a la revisión del aparato conceptual. Es así como han procedido todos los autores del siempre notable *Vocabulaire de la psychanalyse*, en el cual hace pensar a menudo el trabajo de M. Arrivé. Dicho esto, la importancia atribuida a la palabra también tiene sus razones históricas. La gramática comparada y el psicoanálisis freudiano, obras del siglo XIX, le habían dado la preeminencia, como si fuera el único o al menos el principal lugar donde se elaboraría y se manifestaría el "sentido". Aún hoy, el lingüista puede escribir: "el hombre que habla intercambia palabras".[15]

A J. Lacan, por su parte, le hubiera gustado que se le reconociera que él fue el primero en señalar el interés de Freud por las "palabras antitéticas". Pero tampoco se debe desdeñar el hecho de que Saussure ya no reconocía en la "palabra" la unidad lingüística que buscaba. Recordemos su conclusión: "La lengua presenta [...] el extraño y sorprendente carácter de no ofrecer entidades perceptibles a primera vista [como lo serían, por ejemplo, las palabras], sin que por eso se pueda dudar de que existan y de que el juego de ellas es lo que la constituye."[16] La confianza otorgada a la palabra (o a la frase, concebida como una disposición de palabras) podría

---

[13] J. Lacan, *op. cit.*: 205, nota 2, y 219, nota 3.
[14] "No disponemos más que del sujeto de la ciencia" (J. Lacan, *Écrits*, 1966: 868 [1984: 847]) (última cita de M. Arrivé).
[15] C. Hagège, *op. cit.*: 8.
[16] F. de Saussure, *Cours de linguistique générale*, Payot, 1964: 149 [1973: 184].

ser pues rechazada por falta de fundamento. Ahora bien, en la práctica, cada uno parece proceder de manera diferente. Nosotros nos apoyamos menos en la palabra que en la estructura que la acoge; menos sobre el elemento (el significante, la sílaba, la palabra, la frase, etc.) que sobre el nivel integrador y la operación, denominada *sintagmación* por É. Benveniste, lo que ha hecho posible la transferencia. Y de nivel en nivel, el significante o la palabra (para no salirnos de los tipos considerados en esta obra) se integran en un *discurso*, es decir –y ésta es la acepción semiótica del término– en una organización transfrástica relacionada con una o varias instancias de enunciación.

Recordemos, para ilustrar lo antes dicho, dos ejemplos tomados de Freud. En primer lugar, el de las palabras antitéticas (capítulo 4 de la segunda parte). Uno puede quedar incluso en la esfera de las palabras y darse cuenta entonces con M. Arrivé de que la homofonía es "un dato constante del lenguaje" y que "el mismo significante" puede tener "dos significados opuestos". Si se adopta el plano semiótico del discurso, se dirá más bien que la palabra que hasta entonces no era más que un centro de relaciones virtuales, realiza algunas de estas operaciones, aquellas que se adaptan al desarrollo discursivo y a su organización. En su examen de la palabra *aidós*, de la cual se dice, repitámoslo, que implica los significados contrarios de "honor" y de "vergüenza", É. Benveniste introduce este comentario: "Cuando un jefe [de la epopeya homérica] remite al *aidós*, lo que quiere significar es una ofensa hecha al honor."[17] Esto quiere decir que somos confrontados con una serie de procesos ordenados en secuencias donde la palabra debe ubicarse. Al inicio *aidós* significa "honor"; el honor tiene sus reglas establecidas por y para el grupo (presuposición). Si se comete una infracción por uno de sus miembros (suposición), la "vergüenza" recae sobre todos (implicación). Un esquema narrativo de este orden conduce a acordar contenidos invertidos a las secuencias inicial y final. Así lo que se considera antitético no puede ser considerado del mismo modo en otro plano. Se puede hacer una interpretación análoga para el ejemplo de *qen* ("fuerte" y "débil" en egipcio), citado por Abel y retomado por Freud. Es entonces la imagen (condensación de un relato) lo que permite leer la trans-

---

[17] É. Benveniste, *Noms d'agent...*, *op. cit.*: 80.

cripción gráfica del sonido. Remito sobre este punto al texto de
M. Arrivé.

En el segundo ejemplo, quisiera mostrar nuevamente los bene-
ficios que se pueden esperar a partir de un cambio de punto de
vista. Se trata de la interpretación dada a la historia freudiana del
Fort! Da! (capítulo 1 de la segunda parte). M. Arrivé cita esta historia
porque ve en ella, con razón, que "se conjuntan [en Lacan] la enseñanza de Saussure y la de Freud". La resume así: "Freud describe
el juego de un niño de dieciocho meses, que mide acompasada-
mente la desaparición, luego, la reaparición, de una bobina con
los sonidos respectivamente 'o-o-o-o' (restituido como equivalente
de *fort*, 'allá, lejos', y *da*, 'aquí')." De esta anécdota J. Lacan resalta
sobre todo, en un análisis por cierto muy bello, que la emisión de
los "fonemas" en "dos jaculaciones elementales" –en otro lado (en
El Seminario sobre la carta robada) llamadas "sílabas distintivas"–
marca "el momento en que el niño nace al lenguaje", y, por lo
tanto, su entrada en el orden simbólico. Dejemos por ahora el
plano del significante (el elemento "fonema" o el elemento "sílaba") y volvamos al texto de Freud. De hecho hay dos juegos distintos, aunque puntualizados, tanto el uno como el otro, por una o
dos expresiones de satisfacción (sobre dos registros diferentes). El
juego de la bobina no es interpretable como ese otro juego que
consistía en hacer desaparecer "los objetos que [el niño] podía
tomar". En este caso, sería legítimo retomar la expresión de J.
Lacan: "el juego del lanzamiento", y de notar la alternancia "pre-
sencia-ausencia". Pero el rasgo específico de la bobina me parece
no haber sido tomado en cuenta ni por Freud ni por Lacan. La
bobina, en efecto, no es un objeto cualquiera; está unida a la mano
del niño por un hilo. Es esta relación sujeto-objeto la que, yo creo,
no ha sido aún estudiada, sin duda porque ella sólo aparece claramente cuando el analista utiliza el plano del discurso, tal como lo
hemos definido precedentemente. No es tanto la oposición "pre-
sencia-ausencia" o "desaparición-regreso" (semiótica de lo discon-
tinuo) lo que convendría poner en evidencia, sino la de "alejamien-
to-acercamiento" (semiótica de lo continuo). En ningún momento
se trata entonces de pérdida del objeto (ni de muerte). Alejando
o acercando el juguete que permanece ligado a él, el niño (el sujeto)
hace saber que él es el dueño de la situación.

En el momento de concluir, me pregunto, no sin inquietud, si
he sido suficientemente fiel al libro de Michel Arrivé. He tenido a

PREFACIO   21

veces el sentimiento de que no. Hubiera querido, más que nada,
hacer percibir la fascinación que un texto así ejerce sobre el lector.
En cuanto a su autor, correspondería decir, para rendir un justo
homenaje a la calidad de su escritura y de su pensamiento, lo que
Octave Mannoni decía de Mallarmé: es un lingüista que ha trabajado bien.

JEAN-CLAUDE COQUET

INTRODUCCIÓN

¿Por dónde comenzar? ¿Por el comienzo, es decir, por la aparición en 1896 del nombre e, indisolublemente, del concepto de psicoanálisis?[1] No. Hay que remontarse hasta antes del comienzo e invocar dos fechas anteriores.

1881. Fräulein Ana O... –bajo esta inicial, seudónima a su vez, se disimula el nombre de Bertha von Pappenheim– intenta su cura con Joseph Breuer. Para designar la especificidad del tratamiento que sigue, ella encuentra una expresión original; Breuer relata así la anécdota: "Ni siquiera en la hipnosis era siempre fácil moverla a declarar, procedimiento para el cual ella había inventado el nombre serio y acertado de *talking cure* (cura de conversación) y el humorístico de *chimeney-sweeping* (limpieza de chimenea)" (Freud y Breuer, 1895: 21-22 [II, 55]).[2]

De este modo estaba programado –y por la más fuerte de las autoridades: la del paciente– el aspecto esencial de lo que, una quincena de años después, iba a recibir el nombre de psicoanálisis: todo sucede allí en y por el lenguaje.

En el Freud de esa época es fácil encontrar interrogaciones –y embriones de respuesta– sobre esta función del lenguaje en la cura. Por ejemplo: "Ahora empezamos a comprender el 'ensalmo' de la palabra [...] Y por eso ya no suena enigmático aseverar que el en-

---

[1] La primera aparición de la palabra, bajo esta forma, se encuentra en un texto publicado directamente en francés, "L'hérédité et l'étiologie des névroses". Algunos meses más tarde fue utilizado en alemán en "Nouvelles observations sur les psychonévroses de défense" (según Laplanche y Pontalis, 1971 [1994], véase la entrada "psicoanálisis").

[2] Lacan recuerda este texto en 1966: 264 [244]. Señalo aquí, de una vez por todas, que las indicaciones bibliográficas relativas al texto de Freud están dadas a la vez en relación con la fecha de la primera publicación y la de la traducción en francés que ha sido utilizada. Sin embargo, sólo la paginación de esta última está indicada. En algunos casos particulares (texto traducido tardíamente), la referencia es al texto en alemán. [En español, hemos seguido la misma modalidad, agregando entre corchetes, a la fecha de la traducción que sigue el autor, la indicación del volumen y las páginas correspondientes a las *Obras completas* de la traducción española, Buenos Aires, Amorrortu, 1976. T.]

salmo de la palabra puede eliminar fenómenos patológicos, tanto
más aquellos que a su vez tienen su raíz en estados anímicos" (1890,
in 1984: 12 [I, 123-124).

1891. Freud publica su primera obra. Se trata de *Zur Auffassung
der Aphasien*, traducido al francés en 1984 con el título *Contribution
à la conception des aphasies* [*La concepción de las afasias*]. ¿Cómo hablar de la afasia sin establecer una teoría del lenguaje? Es efectivamente en esta obra donde se encuentra la primera teoría freudiana
del lenguaje –¿la única?–; el problema en sí se planteará más adelante. Por ejemplo, veamos esta definición de la palabra:

La representación-palabra aparece como un complejo cerrado de representación; en cambio, la representación-objeto aparece como un complejo
abierto. La representación-palabra no se enlaza con la representación-objeto desde todos sus componentes, sino sólo desde la imagen sonora.
Entre las asociaciones de objeto, son las visuales las que subrogan al objeto... [XIV, 212].

La palabra es, pues, una representación compleja, que consta de las
imágenes que hemos consignado; expresado de otro modo: corresponde
a la palabra un complicado proceso asociativo, en el que confluyen los
elementos de origen visual, acústico y kinestésico enumerados antes [*ibid.*:
211].

Cada uno desde su perspectiva, J. Nassif (1977) y John Forrester
(1984 [1989]) han mostrado –el primero en una amplia obra, el
segundo en un importante capítulo de su libro– el rol fundador,
propiamente dicho, de esta reflexión inaugural sobre el lenguaje.
Por mi parte me contentaré con subrayar aquí las relaciones tan
estrechas entre "el aparato de lenguaje" definido en la *Contribución*
y "el aparato psíquico" del capítulo VII de la *Interpretación de los
sueños*.
Sobreviene el comienzo. Y para el lector, una sorpresa. Ya que,
como resultado de un largo trabajo, lo que acaba de construirse
bajo el nombre de psicoanálisis ha renunciado a cualquier soporte
que no sea el del lenguaje; el lenguaje, así promovido, parece de
golpe perder la primacía que, paradójicamente, había adquirido
antes. Pues en adelante no es posible encontrar en Freud un desarrollo explícito de una teoría del lenguaje. André Green, muy
lúcidamente, ha demostrado su "perplejidad" ante esta ausencia
(1984: 27 [19]). Confesémoslo: ¿acaso se puede uno dejar tentar

por la ocurrencia de que el lenguaje no está en ninguna parte? Lo que sucede es que para Freud está en todas partes. Es inútil incluso citar a Lacan, quien ve "que la analítica del lenguaje refuerza en ella más aún sus proporciones a medida que el inconsciente queda más directamente interesado" (1966: 509 [489]). Pues es suficiente hojear a Freud y advertir la increíble redundancia de las comparaciones que ponen en escena elementos del lenguaje, de la letra (tomada, como se debe, al pie de la letra) al discurso, pasando por todos los elementos intermedios. Es así como se lo ve interesarse –naturalmente ante una comparación– en el funcionamiento de ese objeto aparentemente tan árido como es la sílaba (1900: 271 [IV, 320]).[3] Y no hago más que traer a la memoria esos otros objetos del lenguaje que son también los textos: poéticos, literarios, míticos, folklóricos, etc. Sabemos muy bien el lugar que estos textos ocupan en todos los escritos de Freud. Entonces, la frase ocurrente es posible, ya que subraya el desplazamiento que ha sufrido la reflexión de Freud sobre el lenguaje, aparentemente a partir del momento en que, bajo su nombre, se fundó el psicoanálisis.

Abandonemos a Freud –aunque sólo provisionalmente– para hablar de su numerosa descendencia: los psicoanalistas. Su número, así como la variedad de sus posiciones, torna difícil una apreciación global de su(s) actitud(es) con respecto al lenguaje. Sin embargo parecería que se pueden distinguir dos clases opuestas.

Algunos de ellos tratan, por lo menos, de minimizar la función del lenguaje (¿de qué manera?), ya que no pueden eludirlo. Naturalmente, es una posición difícil de sostener. Pues no puede dejar de reaparecer obstinadamente ese contraargumento mayor y permanente que es la práctica misma de la cura. Por ello, es difícil encontrar "confesiones" –salvo, a veces, bajo formas que su violencia misma descalifica.[4] Por lo cual se tendrá en cuenta con toda su pertinencia esta tan lúcida descripción de André Green:

---

[3] Es interesante citar este pasaje, en el que Freud funda, de manera muy saussuriana, el principio de la linealidad del significante: "Toda vez que [el sueño] muestra a dos elementos como vecinos, atestigua que sus correspondientes entre los pensamientos oníricos mantienen un nexo particularmente íntimo. Es como en nuestro sistema de escritura: *ab* significa que las dos letras deben proferirse en una sílaba; en cambio, si entre *a* y *b* hay un espacio en blanco, debe verse en *a* la última letra de una palabra y en *b* la primera de otra." La misma comparación es retomada en 1905*b*, *in* 1954-1979: 26-27 [VII: 35].

[4] Véase por ejemplo Hans Martin Gauger: "Es peligroso, a mi manera de ver,

Aunque resulte molesto confesarlo, debemos hacerlo: el psicoanálisis preferiría no tener que decidir sobre el lugar –es decir, la tópica–, la función –es decir, la dinámica– y, por último, el modo de acción –es decir, la economía– del lenguaje en la práctica y la teoría psicoanalíticas. No es fácil comprender la razón de este evitamiento. Lo que podemos decir es que la tentación de ese apartamiento es estrictamente proporcional a la presión ejercida por la evidencia central de la experiencia psicoanalítica [1984: 23-24 (16-17)].

Al contrario, en cuanto a los otros, encontrar su posición es muy fácil pues ella está manifiesta: la proclaman a menudo con ostentación. Ella consiste no solamente en colocar al lenguaje en el centro mismo de las preocupaciones del psicoanalista, sino además en reivindicarse el derecho de hablar sobre él. En todo caso de decir allí lo Verdadero. Green mismo parece, *in extremis*, tentado por esta actitud (1984: 250 [17]), que se encuentra bajo formas diferentes en Julia Kristeva (1983: 1, 2, 8), en Rosolato (1983: 226 [128]) y en muchos otros. Citaré aquí a Elisabeth Roudinesco, cuyo discurso, a causa de su aspecto un poco aleccionador (uno piensa en la directora del colegio ante el mal alumno), es plenamente representativo: "Lacan, vía Saussure, y una 'lingüistería' que le es propia, da a Freud un estatus, y a la lingüística una advertencia sobre las condiciones de su ejercicio" (1977: 170; de la misma autora se leerá también, en el mismo tono –¡aún más severo!– el texto de 1973: 104-105 y 111).

Ciertamente, Lacan es invocado, más o menos, por la mayor parte de los psicoanalistas de este tipo. ¿Su discurso es igual al de ellos? En este punto hay que distinguir entre lo que él afirma sobre el lenguaje –de lo cual nos ocuparemos ampliamente en la segunda parte de este libro– y lo que él dice de la lingüística. A este respecto –por razones que posiblemente aparecerán después– su actitud está sujeta a toda clase de matices. Si en los últimos seminarios a veces está un poco cortante, irónico y altanero (véase por ejemplo

plantear como un problema de lenguaje lo que es un problema de orden diferente, pues se mistifica entonces de manera voluntaria o involuntaria lo que se refiere al contenido" (1981: 190; se hará notar muy especialmente la oposición establecida entre *lenguaje* y *contenido*). En el mismo fascículo de la misma revista, véase también el artículo de Gilbert Hottois, "La hantise contemporaine du langage", 1981: 163-188.

Final.

Ornicar? 17-18, 1979: 7-8 y 20), despliega a menudo cierta reverencia hacia muchos lingüistas y hacia la lingüística. Asimismo, es muy frecuente que podamos ver expresarse a Lacan, propiamente hablando, como un lingüista.

A pesar de que ciertos psicoanalistas los ponen en entredicho, los lingüistas continúan a toda costa hablando del lenguaje. Es necesario "confesar" –retornando a la palabra de André Green– que por regla general su discurso muestra un desconocimiento total del inconsciente. Y éste es, justamente, el caso de Saussure, aunque de vez en cuando utilice el adjetivo *inconsciente* (véase por ejemplo CLG: 106 [137]), pero en el sentido tradicional –no freudiano– del término: "Los sujetos son, en gran medida, *inconscientes* de las leyes de la lengua."

¿Pero al segundo Saussure, aquel de la investigación sobre los anagramas,[5] no le ocurre acaso que sin buscarlo se encuentra con algo que es del orden del inconsciente? Puede ser. Pero en condiciones específicas. Es un hecho que el lector común de Freud y del Saussure de los anagramas no puede dejar de notar analogías impresionantes en la manipulación que ambos hacen del material significante. Así, Saussure lee el nombre de *Apolo* (*sic*, con un sola *l*) en el fragmento de verso latino "*Ad* mea tem*pl*a *p*ortat*o*", donde he cursivado las letras del nombre del dios. Tales letras no intervienen de entrada "en el orden". Luego, de *Aploo* hay que extraer, por metátesis, *Apolo*. Freud, por su parte, lee en AUTODIDASKER, palabra contenida en un sueño, no solamente AUTODIDAK(T)E, sino además AUTOR y (L)ASKER –puse entre paréntesis las letras agregadas–, y por metatesis sobre esta última palabra lee ALEX, el nombre de su hermano (1900: 259-260 [IV, 305-306]). Es indiscutible que las manipulaciones son del mismo orden. Pero el estatus respectivo de los distintos estratos de textos es fundamentalmente diferente. Para Freud, las palabras encontradas responden al contenido latente; sólo el trabajo del análisis puede hacerlas emerger a la superficie. Para Saussure, al contrario, texto manifiesto y texto anagramatizado son –o en todo caso deberían ser– conscientes e intencionales en el mismo grado. La imposibilidad misma con la que Saussure se topó, de tener una prueba indiscutible de la intención anagramática, lo impulsó a interrumpir su investiga-

---

[5] La citamos aquí siguiendo la obra de Starobinski, *Les mots sous les mots*, 1971.

ción.[6] Silencio definitivamente ambiguo. Pues, a mi modo de ver, puede muy bien ser sustituido (o muy mal: siempre es peligroso hacer hablar al silencio) por dos discursos que, partiendo de la misma constatación –"lo que leo no responde a ninguna intención consciente"–, se dividen de inmediato. Por un lado, en un: "es que lo que creo leer no es más que un fantasma ilusorio". Y, por otro lado, en un: "es que lo que está escrito allí viene de alguna cosa de la cual no quiero saber nada". Sea como sea, estos dos discursos opuestos se juntan en un discurso consensual "dejo de leer" que marca, en definitiva, la forclusión de un inconsciente que se ha presentado, aunque, quizás, de manera oscura.[7]

Pero, se dirá sin duda, es una mala elección haber apelado a Saussure. Pues si este último no leyó a Freud, ¿por qué pedirle que hubiera reconocido el inconsciente al mismo tiempo que él? Pero, ¿podría haber leído a Freud? A pesar de lo que pareciera hacer posible la cronología tomada en su estado bruto –pues en 1913, año de la muerte de Saussure, Freud ya no era un desconocido–, una lectura del vienés por el ginebrino, aunque fuera superficial y con lagunas, es, por toda suerte de razones, poco verosímil. ¿Tiene entonces alguna utilidad erigir paralelamente un cuadro de honor y una lista de infamia de los lingüistas, según que –para citar a Jakobson– "desconozcan" o no "el rol del inconsciente y especialmente el gran rol de este factor en todo tratamiento del len-

[6] Hay que recordar aquí la anécdota de Starobinski (1971). Saussure buscó entre los poetas neolatinos, sus contemporáneos, las manifestaciones del anagramatismo. Las encontró inevitablemente, sobre todo en su colega napolitano, Giovanni Pascoli: en las composiciones en versos latinos de este profesor de poética latina, los anagramas fluyen como en Virgilio, Ovidio y Séneca. De ahí la esperanza de Saussure: si puede interrogar a este último representante de la tradición poética clásica, por fin va a saber si la práctica anagramática responde a la aplicación intencional de reglas previamente dadas. Le plantea entonces a Pascoli la siguiente pregunta: "En este pasaje [...] el nombre de *Falerni* se encuentra rodeado de palabras que reproducen las sílabas de este nombre: ¿es casual o intencional?" (*ibid.*: 150). ¿*Casual o intencional*? Es la pregunta que, para Saussure, decide la suerte misma del aparato conceptual elaborado por él. El silencio de Pascoli ocasionó que lo abandonara.

[7] Es en este punto en el que se puede, con Gadet y Pêcheux (1981: 58 [58-61]), volver al Saussure del CLG y señalar que la alusión a las "confusiones absurdas que pueden resultar de la homonimia pura y simple" (CLG: 174 [211, nota]) marca –pero, es necesario reconocerlo, muy discretamente– de qué manera la ciencia del lenguaje se ocupa del registro del inconsciente.

guaje" (en *Seis lecciones sobre el sonido y el sentido*)? Incluso sería
necesario en cada caso precisar las modalidades y la extensión del
eventual reconocimiento, ya que no toma las misma formas –como
se verá en varios puntos de este libro– en Hjelmslev, Benveniste o
Jakobson. Todavía sería necesario quitar también de entrada algunos equívocos, y en primer lugar el que afecta al adjetivo *profundo*
–o sus equivalentes en alemán e inglés. Por más evidente que esto
pueda parecer hoy, es necesario repetir que la *estructura profunda*,
en el sentido chomskyano del término, no tiene nada que ver con,
por ejemplo, el *contenido latente* en el sentido freudiano. De manera
muy lúcida, Mitsou Ronat adelantó, ya en 1972, en una lacónica
nota, que "este 'inconsciente' [de la forma] de las lenguas no es
asimilable al inconsciente definido por Freud" (1972: 219).[8]

Además es fácil notar que, cuando Chomsky se interesa explícitamente en las relaciones entre lenguaje e inconsciente –lo cual
no es excepcional; véase por ejemplo 1972 y 1981– no tiene en
cuenta más que el problema del acceso a la conciencia de las estructuras inconscientes. Con respecto a este tema, asume, en el
texto de 1981, el papel de lector atento y pertinente de Freud. No
obstante, no advirtió el problema de una eventual analogía estructural entre lenguaje e inconsciente.

Lingüística y psicoanálisis tienen que ver una y otro con el lenguaje. Constituyen, por lo tanto, dos dominios contiguos. El problema que se plantea, antes que nada, es el de la frontera que los
separa: ¿infranqueable muralla china, como se oye decir, a veces,
o frágil arpillera? Para instalarme en esta metáfora, la describiré
más bien como una mampara a la vez porosa y llena de aberturas.
Así, se ofrecen dos posibilidades para pasar de un lado al otro. He
elegido la más fácil –en fin, la que lo parece: pasar por las aberturas.
Pero es necesario descubrirlas. Una de ellas, sin duda, podría ser
dibujada por medio del examen de los problemas de la afasia: sería
útil confrontar las opiniones de Freud, las de Jakobson y las de los
especialistas actuales. Sin embargo, otras dos posibilidades se ofrecen de manera más inmediata: las que marcan los fenómenos de
homonimia entre las terminologías de las dos disciplinas. Así el
concepto de *símbolo* es común a los lingüistas y a los psicoanalistas.

---

[8] Véase también la respuesta a un artículo de Nicole Kress-Rosen, de la misma
Mitsou Ronat y de Jean-Pierre Faye (1978: 65-75).

Y el *significante* saussuriano es no solamente el homónimo sino, además, el epónimo del significante lacaniano. De modo que nuestro trabajo consta de dos partes. La primera está centrada en torno al símbolo. En ella se describen, sucesivamente, las formas que el concepto ha tomado entre los lingüistas (esencialmente Saussure y Hjelmslev en el primer capítulo), y, después, en el texto de Freud, lo que va a constituir el segundo capítulo. El capítulo 3 es un esfuerzo, más que por tender a una imposible fusión de los dos conceptos, por lograr una articulación entre ellos: se plantea, entonces, el problema del simbolismo en sus relaciones con la enunciación. En cuanto al capítulo 4, se precisa el papel destinado por Freud a "sus" lingüistas –Carl Abel, Hans Sperber y un tercero cuyo nombre, que provocará sorpresa, se descubrirá cuando sea propicio– en la elaboración de su teoría del símbolo e, indiscutiblemente, del lenguaje. La segunda parte se desplaza hacia el significante. El capítulo 5 trata los puntos de encuentro y los puntos de divergencia entre las conceptualizaciones saussuriana y lacaniana. Para Saussure, no hay significante sin significado: ésa es la estratificación del lenguaje, y a partir de allí, se instaura –aún implícito en Saussure, pero que toma forma en Hjelmslev– el metalenguaje, ese lenguaje que tiene por significado otro lenguaje. Queda así marcada la estrecha relación entre la teoría del significante y la teoría del metalenguaje y, por ende, la necesidad del capítulo 6, que no es más que una lectura del aforismo lacaniano "no hay metalenguaje".

Así, se explorarán dos de los pasajes posibles entre el dominio de la lingüística y el del psicoanálisis. ¿Y la mencionada porosidad, me dirán posiblemente, se dejará de lado? No. En todo caso no ha sido olvidada. Pero, ¿cómo dar cuenta de ella en un discurso continuo y lo más transparente y coherente posible, tal como ha sido al menos mi esfuerzo? No puedo más que formular el deseo de que la porosidad aparezca por añadidura. Por ejemplo, en las fallas –eventuales y, por qué no, deseables– del discurso que sostendremos.

Diré una última palabra para dar una información en su estado natural. El autor de este libro es lingüista. Y se entiende que lo es porque así es considerado, particularmente por la institución universitaria. En psicoanálisis no hay otra "competencia" que la del lector –atento, paciente y obstinado– de Freud, de Lacan y de algunos otros.

PRIMERA PARTE

EN TORNO AL SÍMBOLO

OBSERVACIONES PRELIMINARES

¿Qué ocurre con el símbolo en lingüística y en psicoanálisis? La enunciación misma de esta pregunta es capaz de llenar de terror al más temerario: la inmensa bibliografía a la cual remite –desde la noche de los tiempos en cuanto a la lingüística y desde hace casi cien años en cuanto al psicoanálisis– es el indicio de la permanencia y de la importancia del problema planteado. ¿Asumir mi osadía? Estoy dispuesto a hacerlo. Pero el lector no está necesariamente obligado a seguirme. Para establecer un lenguaje común, he decidido ponerle al tema en cuestión las siguientes limitaciones que no me parecen para nada desdeñables:

[1] Se tratará exclusivamente el concepto de *símbolo* tal como está manifestado por el significante *símbolo.* Me aparto así de la actitud adoptada por Todorov que –¡más temerario que yo!– se interesa por el símbolo "como cosa, no como palabra" (1977: 9 [1991]). Sólo hablaré, por lo tanto, de "hechos simbólicos" cuando sean explícitamente etiquetados con el nombre de *símbolo.* El lector puede estar tranquilo: el inventario de las acepciones del término es tan amplio que necesariamente permanecerá abierto. Y, justamente, dado que la limitación tiene como inevitable contraparte una extensión, será conveniente hablar de objetos generalmente no considerados como *símbolos* a partir del momento en que reciban este nombre en una u otra de las terminologías estudiadas o citadas.

[2] Pondré un límite riguroso a la lista de los textos principalmente estudiados. Para la lingüística, se tratará de Saussure y de Hjelmslev. Para el psicoanálisis, se tratará exclusivamente de Freud. Pero no me privaré, cada vez que sea necesario, de hacer alusión a otros textos: diccionarios de lingüística (o de semiótica) así como de psicoanálisis, textos de lectores de los tres autores estudiados y textos que utilizan terminologías cercanas u opuestas.

Podría no sentirme obligado a justificar la limitación de este inventario de textos. Si tuviera que hacerlo, los argumentos serían los siguientes:

1] *En cuanto a la lingüística*: es de toda evidencia –por paradójico

[33]

que parezca– que el concepto de símbolo ocupa un lugar modesto
en el discurso de los lingüistas contemporáneos. Citemos algunos
indicios: los diccionarios de lingüística (y en un grado apenas menor de semiótica) otorgan al *símbolo* artículos generalmente muy
breves. Así, el *Dictionnaire du savoir moderne* dedicado al *Langage*
(Pottier *et al.*, 1973) consagra diez líneas al símbolo y da como
única referencia bibliográfica el *Curso de lingüística general* de Ferdinand de Saussure (en adelante CLG). El *Dictionnaire de linguistique*
(Dubois *et al.*, 1973) aparentemente no es más prolijo aunque aborda el problema de los símbolos metalingüísticos –de lo cual hablaré
más adelante– tratados exclusivamente, por otra parte, desde el
punto de vista de la gramática generativa. El resto del artículo se
caracteriza por un peligroso ejercicio de conciliación entre Saussure y Peirce. Ducrot y Todorov (1972 [1974]) intentan una asimilación –a mi modo de ver igualmente acrobática– entre la simbolización y la connotación. Arrivé, Gadet y Galmiche (1986) son
menos temerarios, y señalan, sobriamente, la oposición entre el
signo y el *símbolo* saussurianos. El *Léxique de sémiotique* de J. Rey-Debove (1979) procede, más brevemente, de la misma manera. Sólo
el *Diccionario* de Greimas y Courtès (1979 [1990]) hace un análisis
de la concepción hjelmsleviana del símbolo y de su articulación
con la de Saussure. Y uno no podría evidentemente reprochar a
los autores, dado el marco –rigurosamente semiótico– que se han
fijado, de desembarazarse rápidamente de los "empleos no lingüísticos y no semióticos del término", ni siquiera de "desaconsejar
provisionalmente el empleo de este término sincrético y ambiguo".
Corriendo el riesgo de adelantarme, deseo aclarar que me propongo, precisamente, tratar de identificar los "sincretismos" en el
empleo que hace el psicoanálisis de la palabra símbolo, con la esperanza de eliminar algunas "ambigüedades". Quizá sea entonces
posible entrever de qué manera puede ser considerada, si no una
homologación, al menos una articulación entre las nociones homónimas de las dos disciplinas.
   Los índices de las obras de introducción a la lingüística (y, en
un grado notablemente menor, a la semiótica) muestran un reducido número de referencias en la acepción *símbolo*. Alain Rey
(1976), André Jacob (1969), R.H. Robins (1973), F. François *et al.*
(1980) otorgan todos una sola acepción a la palabra símbolo, pero
con un pequeño número de referencias (una sola para los dos
últimos). Gleason (1969) no contiene ninguna. Para apreciar, jus-

tamente, el número en apariencia importante de los casos de *símbolo* en Helbo *et al.* (1979), hay que tener en cuenta el hecho de que muchas de sus referencias remiten a la concepción peirciana del *símbolo*, próxima, lo veremos, a la del *signo* saussuriano.

En estos dos tipos de obras, el concepto de *signo* está, aunque en grados diversos, constantemente privilegiado en relación al de *símbolo*. Salvo en el caso de Gleason (que no consigna más que la entrada "signo diacrítico"), los diccionarios y las diversas obras constan de notas o de listas de referencia mucho más abundantes para el *signo* que para el *símbolo*. En cuanto a Gleason, su caso atípico muestra que es posible hacer lingüística sin tener una teoría del signo. En direcciones divergentes, Milner (1978, sobre todo pp. 48 y 63-64 [cap. IV, 47-67]) y Greimas (1990, "signo" y *passim*) han desbrozado suficientemente este problema por lo cual me abstengo de tocarlo aquí.

Inversamente, los trabajos consagrados al símbolo, al simbolismo o los simbolismos, a la simbólica o a lo simbólico, dejan un lugar generalmente muy reducido a la lingüística y a la semiótica. Dos ejemplos: el artículo "símbolo" de la *Encyclopaedia Universalis*, firmado por D. Jameux, ha tenido por todo sustento lingüístico el CLG. En contraste, cita un ejército de psicoanalistas: además de Freud, a Ferenczi, Jones, Lacan y la pareja Laplanche y Pontalis. La inapetencia lingüística es todavía más fuerte en O. Beigbeder, autor de *La symbolique* (1957 [1971]) en la colección "Que sais-je?": en su bibliografía hasta censura a Saussure y Dauzat, sin embargo citados –de manera bastante delirante–[1] en la obra.

Naturalmente se deben tomar algunas precauciones con respecto a estos índices terminológicos dados aquí en su estado bruto. Por una parte, en efecto, la oposición *signo/símbolo* no está, incluso ateniéndose al francés, fijada de manera siempre idéntica: el ejemplo de Saussure lo mostrará de una manera decisiva. Y por otra parte, los hechos varían considerablemente de una lengua a la otra, y plantean problemas de traducción casi insuperables. Así, tal como se acaba de distinguir a propósito de Helbo (1979), el *symbol* peirciano no tiene mucho que ver con su homónimo saussuria-

---

[1] Citemos, por curiosidad, estas divagaciones: "Si hay una letra ambigua, es la A. Se sabe que Saussure creó la semántica a partir de un trabajo que apuntaba a desmentir la teoría de los alemanes que muestra la primacía de la A en la prehistoria de las lenguas indoeuropeas" (1957: 7 [1971]).

no. Jakobson muy lúcidamente ha identificado los riesgos de "lamentable ambigüedad" (1966: 25) determinados por esta situación.

No obstante, estas precauciones dejan intacta la constatación del comienzo. Con la condición de aportarle dos rasgos:

[a] Si bien es cierto que la denominación *símbolo*, de manera general, es poco utilizada por los lingüistas, no ocurre lo mismo con sus derivados, particularmente el verbo *simbolizar* y el adjetivo *simbólico*. Esta situación, paradójica en apariencia, se explica fácilmente: *simbolizar* y *simbólico* corresponden, en el uso de numerosos lingüistas, no solamente al *símbolo*, sino también al *signo*. Así, en Benveniste:

el lenguaje representa la forma más alta de una facultad que es inherente a la condición humana, la facultad de *simbolizar*. Entendamos por esto, muy ampliamente, la facultad de *representar* lo real por un "signo" y de comprender el "signo" como representante de lo real; así, de establecer una relación de "significación" entre una cosa y algo otro [1966: 26 (1976: 27)].

En J. Kristeva, el adjetivo *simbólico* (frecuentemente sustantivado: *lo simbólico*) hace referencia al modelo del *signo*, "con toda la estratificación vertical de éste (significante, significado, referente)" (1974: 61). Así entendido, lo *simbólico*, del orden del *signo*, se opone a lo *semiótico*, del orden de la *huella*, sentido etiológico del griego σημεῖον. La huella, en todos los sentidos de la palabra, principalmente freudiano (*Spur*). Y, sin temer embrollarlo todo, hay que señalar que esta huella estará, en Freud, vinculada a una de las teorizaciones del símbolo...

Signo tiene, entonces, frecuentemente, como derivados suplentes *simbolizar* y *simbólico*. De ello resulta que, aun a veces, de manera absolutamente insólita, *símbolo* sea extraído de *simbolizar* para sustituir al *signo*. Esto es, a mi modo de ver, lo que hace Benveniste inmediatamente después del fragmento citado más arriba: "Emplear un símbolo es esta capacidad de retener de un objeto su estructura característica y de identificarla en conjuntos diferentes" (*ibid*.: 28).

Pienso que todos estarán de acuerdo conmigo en que la caracterización dada aquí del símbolo es, precisamente, la que en general Benveniste da al signo.

b] Reducido a una porción apenas exigua en el discurso de los lingüistas, el símbolo regresa –con fuerza– en las representaciones a las cuales recurren para visualizar las estructuras lingüísticas. Pues son evidentemente símbolos el tensor binario de Guillaume o la caja de Hockett. E inevitablemente el árbol tiene un primer lugar, tanto para simbolizar estructuras paradigmáticas (en análisis componencial) como estructuras sintagmáticas (los *stemmas* de Tesnière, los indicadores sintagmáticos de la gramática generativa). Pero tranquilícense: no seguiré el ejemplo de Lacan para anagramatizar el ARBRE en la BARRE del signo saussuriano, o para balancearme con él en las ramas del árbol chomskyano (véase 1966: 503-504 [476-479]).

Dicho lo anterior, hemos comprendido bien que entre los modernos no era posible retener más que a tres candidatos: Saussure, Hjelmslev y Peirce. He decidido eliminar el último, por dos razones: la primera, porque de haberlo tomado en consideración hubiera sido necesario hacer, al menos, alusión al conjunto de la proliferante taxonomía peirceana, y, la segunda, porque la teorización del *symbol* habría chocado con una gran parte de la problemática del *signo* saussuriano. Me quedé entonces con la presencia del ginebrino y del danés.[2]

[2] *En cuanto al psicoanálisis*: desde cualquier punto de vista que se lo mire, el espectáculo es fundamentalmente diferente: no hay manifestación –o poca– del concepto del signo. En todo caso nunca –digamos, más modestamente, casi nunca– en el sentido saussuriano. Pues los empleos, no excepcionales, que hace Freud del término *Zeichen* (generalmente traducido por "signo") tienen, aparentemente, el sentido "cotidiano" de la palabra, más cercano, como sabemos, al *significante* que al *signo* saussuriano. Ocurre a veces que Freud utiliza *signo* como equivalente de *símbolo*, como en esta

[2] Algunas otras indicaciones bibliográficas: Malmberg (1976) da algunos datos históricamente interesantes, sin embargo un poco oscurecidos por el hecho de que el autor no ha advertido el fenómeno de supletismo, señalado anteriormente, que se observa entre *signo* y los derivados de *símbolo*. Mounin (1970 [1972]) revolotea agradablemente (de manera lúcida y pertinente) alrededor de diversas concepciones del símbolo y de sus relaciones con el signo, la señal, el síntoma, etc. En Jakobson –independientemente de los problemas de poética estudiados por Todorov (1977: 339-352 [409-425]), según sus fines, y que quedan marginados con relación a mi proyecto– el símbolo aparece sobre todo en el sentido peirceano (1963, *passim*). Específicamente, en 1966 es cuando aborda el problema de las relaciones entre signo y símbolo.

estructura coordinativa: "el sueño dice de manera directa, como
por una percepción endopsíquica –aunque en una forma invertida–, que el oro es un signo, un símbolo de la caca" (1984: 153 [XII,
190]; este texto, que parece datar de 1911, resulta de una colaboración de Freud con Ernst Oppenheim).

Y, naturalmente, convendrá dar el lugar que merece, en otro
capítulo, al fascinante y misterioso concepto de *Wahrnehmungszeichen* (literalmente: "signo de percepción") de la carta 52 a Fliess.
Me contento ahora con señalar que Lacan lo abrevia en *Zeichen*, a
secas, y lo presenta como la etimología epistemológica de su concepto (en fin, uno de ellos) de *significante* (1966: 558). De *significante*, y no de *signo*. Ya que el concepto de *signo* no está ausente
de la reflexión lacaniana. No. Sucede simplemente –me atrevo a
decirlo– que está desunido de su problemática del *significante* y del
significado. El signo, como se ha dicho frecuentemente, y, frecuentemente, de manera ambigua y aventurada, está roto en Lacan.
Roto al punto de estar abandonado en un rincón, al margen de
los fragmentos que su estallido ha dejado: el significado y, sobre
todo, el significante. Volveremos más adelante sobre las aventuras
del signo lacaniano. Me limito aquí a un ínfimo índice lexicográfi-
co: mientras que *significante* y *significado* están presentes (de manera inevitablemente desigual) en el "Índice razonado" de los *Escritos*, el *signo* está excluido.

A la inversa del signo, el símbolo prolifera en el discurso psicoanalítico. Y, al mismo tiempo, los conceptos –y las palabras– que
se derivan de él. Hay no menos de tres acepciones en el *Vocabulaire
de la psychanalyse* de Laplanche y Pontalis (1971 [*Diccionario de psicoanálisis*, 1994]): *símbolo mnémico*, *simbólica*, *simbolismo*. Incluso estas tres acepciones ocultan realmente cinco: pues la *simbólica* (como
nombre) oculta *lo simbólico* y *la simbólica*. Y *simbolismo* incluye *simbolización*: aspecto histórico del fenómeno simbólico, del cual veremos la importancia que adquiere en *todos* los enfoques freudianos del problema. Mientras que, como se sabe, en lingüística –saussuriana y postsaussuriana– el proceso de la puesta en símbolo, de
la "simbolización",[3] es sólo percibido fugitivamente para ser dese-

---

[3] La palabra, salvo olvido, está excluida del CLG, y no figura más que una vez
en la investigación sobre la leyenda (véase más adelante). Se observará aquí que
el proceso saussuriano de *simbolización* se distingue de su homónimo freudiano
por el hecho de ser intencional y consciente.

chado de manera inmediata. Saussure es aquí suficientemente explícito: es el célebre pasaje del CLG que excluye de las preocupaciones del lingüista "la cuestión del origen del lenguaje" (o "de las lenguas": sobre este punto hay contradicción entre la edición estándar y las fuentes; véase CLG: 136): "ni siquiera es cuestión que se deba plantear; el único objeto real de la lingüística es la vida normal y regular de una lengua ya constituida". En psicoanálisis al contrario, la historia de la constitución del símbolo tiene un lugar central: me limito por el momento a un indicio, el título mismo de la obra de Laplanche, *Castration, symbolisations* (1980), donde se encuentra considerado el problema de la génesis del símbolo. Y de rebote –sobre la inmediatez de lo cual habrá lugar para interrogarse– el problema de los orígenes del lenguaje (y del lenguaje de los orígenes) pasará al primer plano del escenario. Es en este punto donde Freud hará intervenir a "sus" lingüistas: especialmente a Carl Abel y Hans Sperber, cuya participación será descrita en el capítulo 4.

Me queda por justificar por qué limito mi corpus de trabajo al texto de Freud. ¿Sería acaso necesario hacerlo por otro motivo que no fuera el del estatus específico del psicoanálisis, en este punto tan diferente del de la lingüística puesto que fundado por un hombre: Freud? No hago aquí más que seguir el ejemplo de Laplanche y Pontalis, que han hecho la misma elección que yo:

Más que enumerar la multiplicidad, por lo menos aparente, de los empleos a través del tiempo y del espacio, hemos preferido recoger, en su propia originalidad, los conceptos a menudo desvirtuados y oscurecidos, y conceder por ello una importancia primordial al momento de su descubrimiento. Esta decisión nos ha llevado a referirnos esencialmente a la obra fundadora de Sigmund Freud [1971: ix, prólogo (1994: xiii)].

⌊Los autores prosiguen subrayando que "la gran mayoría de los conceptos utilizados (en psicoanálisis) tienen su origen en los escritos freudianos" (*ibid.*). Afirmación poco discutible. Sin embargo, es más que evidente que la terminología freudiana se encuentra a veces, por ejemplo en Lacan, desplazada o modificada. No me he privado, entonces, de sugerir, desde este capítulo, algunas equivalencias –e, inversamente, ciertas divergencias– entre los términos freudianos y lacanianos.⌋

1

EL SÍMBOLO EN LINGÜÍSTICA: SAUSSURE Y HJELMSLEV

EL SÍMBOLO EN EL TEXTO DE SAUSSURE

El término símbolo, en el CGL, no da lugar más que a una referencia en el índice. Y el índice, como se verá, está incompleto. Pero es indispensable citar el fragmento escogido –de una manera, queremos creerlo, razonada– por los compiladores:

Se ha utilizado la palabra *símbolo* para designar el signo lingüístico, o, más exactamente, lo que nosotros llamamos el significante. Pero hay inconvenientes para admitirlo, justamente a causa de nuestro primer principio (lo arbitrario del signo). El símbolo tiene por carácter no ser nunca completamente arbitrario; no está vacío: hay un rudimento de vínculo natural entre el significante y el significado. El símbolo de la justicia, la balanza, no podría remplazarse por otro objeto cualquiera, un carro, por ejemplo (CLG: 101 [131]). *Símbolo = signo lingüístico = Ste.*

Ésta es, así, una reflexión sobre uno de los sentidos de la palabra *símbolo*, el que la hace inaceptable como equivalente de *signo* (o de *significante*)[1] lingüístico: ejemplificado aquí con la balanza, símbolo de la justicia –*signo* o *significante*, como acabamos de ver. Este sentido se define tradicionalmente de la siguiente manera: "lo que representa otra cosa en virtud de una correspondencia analógica" (Lalande, 1926, "símbolo"). Es esta "correspondencia analógica" lo que constituye un "rudimento de vínculo natural" entre las dos caras del símbolo y la que, entrando en contradicción con el prin-

---

[1] En efecto, teniendo en cuenta la precaución terminológica tomada por Saussure en CLG: 99 [129] respecto al "uso corriente" de la palabra *signo*, no hay nada ilegítimo en suponer que *símbolo* podría, paralelamente, tomar el lugar que ocupa *signo* con relación a *significante*. Se encontrarán problemas terminológicos del mismo tipo en el aparato freudiano.

cipio de lo "arbitrario del signo", prohíbe la aplicación del concepto al de signo lingüístico. Es también esta correspondencia analógica la que hace posible la crítica del símbolo. Saussure permite prever dicha crítica y explica su posibilidad en el fragmento que oculta el índice: "Se podría también discutir un sistema de símbolos, porque el símbolo guarda una relación racional con la cosa significada" (*CLG*: 106 [138]).

Y Jarry, respondiendo a sus temores (¿o a sus deseos?) se entrega, en un texto casi contemporáneo a la elaboración de *CLG*, a esta crítica esperada: "Hemos dicho bastante sobre la incoherencia de la justicia para ayudar a comprender el símbolo cínico de sus Balanzas: de los dos platos, uno tira a la derecha, otro a la izquierda: por desgracia, son ellos los que tienen razón, pues emplean el mejor método conocido para establecer el equilibrio" (1969: 206; el texto data de 1902; otro análisis figura en la página 363, y data del año siguiente; para otros ejemplos de análisis lúdico del "rudimento de vínculo natural" de los símbolos en Jarry, véase Arrivé, 1972: *passim*).

Con el signo, nada de eso es posible: totalmente arbitrario, no da lugar a la discusión. Y hay que señalar la extrema severidad con que Saussure plantea el principio de lo arbitrario: basta un "rudimento" –el término, poco explícito, no queda bien claro por la expresión cuantitativa: "nunca completamente"– de "vínculo natural" para que el objeto semiótico candidato al estatus de signo sea despiadadamente descartado. De inmediato se deriva la célebre problemática de los signos lingüísticos que en apariencia son motivados:[2] onomatopeyas y exclamaciones. Se sabe cómo resuelve Saussure la dificultad que le plantean estas irregularidades del lenguaje: "Las onomatopeyas y las exclamaciones son de importancia secundaria, y su origen simbólico en parte dudoso" (*CLG*: 102 [133]).

La argumentación en la que se funda esta conclusión –demasiado larga y demasiado conocida para ser reproducida aquí– muestra que el adjetivo *simbólico* debe ser tomado en el sentido preciso –y

---

[2] Me limito a recordar aquí la problemática de la oposición entre "lo arbitrario absoluto y lo arbitrario relativo" (*CLG*: 180-184 [219-222]). Gadet y Pêcheux (1981: 56-57) marcaron bien la importancia intrínseca –y la ocultación relativa– de esta posición. En cuanto a las onomatopeyas, es lo arbitrario absoluto lo que aparentemente ponen en cuestión.

Saussure → Simbólico = vínculo natural.

específicamente saussuriano– de "constando al menos de un rudimento de vínculo natural". En cuanto a la discusión de las tesis saussurianas, me limitaré a remitir al lector a Toussaint (1983), quien se ocupa de ello de manera a la vez informada y apasionada.

La actitud de Saussure en el *CLG* es, entonces, hasta este punto coherente y rigurosa. Sin embargo, es necesario subrayar que el problema del grado de motivación de los signos (y de los símbolos) no está regulado de manera verdaderamente satisfactoria. Acabamos de percibir la imprecisión que existe en expresiones tales como "rudimento" y "nunca completamente arbitraria". Ante todo ¿qué es este "rudimento"? ¿Debe ser tomado en el mismo sentido de la metáfora vitalista utilizada en el texto con el sentido de "boceto de la estructura de un órgano"? ¿Y si ocurriera que este "rudimento" –como los miembros "rudimentarios" de los luciones– fuera constitucional? La duda se mantiene y se manifiesta todavía más explícitamente en los sistemas de signos no lingüísticos. En efecto, Saussure se plantea con respecto a ellos el problema de su pertenencia a la semiología, previamente definida (*ibid.*: 33 [59-62]) como la "ciencia que estudia la vida de los signos en el seno de la vida social". Los signos están clasificados en tres categorías: aquellos que son "enteramente arbitrarios" (en el mismo rango, aunque con manifestaciones distintas, que el de los signos lingüísticos); aquellos cuyos elementos, "dotados de una cierta expresividad natural", son igualmente regidos por las reglas arbitrarias; aquellos que, finalmente, "se basan en signos enteramente naturales, como la pantomima". Sólo dependen, sin objeciones, de la semiología los sistemas de los dos primeros tipos; aunque "los signos enteramente arbitrarios realizan mejor que los otros el ideal del procedimiento semiológico". En cuanto a los últimos, es un poco asombroso ver que Saussure tenga cierta preferencia por considerarlos como una parte posible de la semiología:

Cuando la semiología esté organizada se tendrá que averiguar si los modos de expresión que se basan en signos enteramente naturales [...] le pertenecen de derecho. Suponiendo que la semiología los acoja, su principal objetivo no por eso dejará de ser el conjunto de sistemas fundados en lo arbitrario del signo [*ibid.*: 100 (130-131)].

Como hemos visto, Saussure es aquí un poco más indulgente y no sólo con respecto a los sistemas semisimbólicos –acogidos sin vacilar en esta "ciencia de los signos" que es la semiología– sino además con los sistemas de símbolos, a los cuales consiente en reservar –es cierto que después de pensarlo bien– un modesto transportín. Hjelmslev, como veremos más adelante, será mucho más riguroso, ya que rechazará la calidad de "semióticos" (en el sentido de "lenguajes") a los sistemas de "cuasi signos" constituidos por los símbolos, por otro lado definidos de una manera diferente.

Concluyamos, a propósito del CLG, con una observación terminológica. En Saussure hay exclusión recíproca entre *signo* y *símbolo*. Saussure se niega obstinadamente a utilizar este último término incluso para los "signos" (sería necesario aquí un archilexema, que falta en Saussure), a los que les reconoce de manera explícita un carácter parcialmente (y hasta enteramente) "natural". Es evidente que no se puede más que especular sobre las razones y los efectos de una ausencia de oposición entre los dos términos. En cuanto a dichos efectos, uno bien podría sentirse tentado, guardando todo respeto, a juzgarlos como negativos: pues es evidente que la oposición *signo* vs. *símbolo* permitiría establecer claramente la oposición *signo arbitrario* vs. *signo motivado*. Es como si este último concepto fuera, en el CLG, del orden de lo impensable: se lo convoca tímidamente para eliminarlo de inmediato con el nombre de *símbolo*. En cuanto a las razones de esta imposibilidad, en mi opinión, no se pueden apreciar en el texto del CLG. Posiblemente aparecerán en otras posturas adoptadas por Saussure con respecto a la pareja de conceptos.

Parece que la actitud de Saussure varía, no solamente en el tiempo (Jakobson, 1966: 24, ha reparado en ello muy bien) sino también según el objeto de su curiosidad. En 1894, en la conmemoración de Whitney, no se advierte que tenga ninguna reserva con respecto a la aplicación del concepto de *símbolo* al objeto, que, en el CLG, habría de tomar años más tarde el nombre de *signo*:

Los filósofos, los lógicos, los psicólogos han podido enseñarnos cuál era el contrato fundamental entre la idea y el símbolo [primera redacción, corregida después: entre un símbolo convencional y el *espíritu*], en particular un símbolo independiente que la representa. Por símbolo independiente entendemos las categorías de símbolos que tienen el carácter capital de no tener ninguna especie de lazo visible con el objeto que designan y de no poder depender más de él ni siquiera indirectamente en la prosecución de su destino [este texto es citado por Tullio de Mauro en la edición crítica del CLG: 445].

Se observa una doble diferencia entre estas palabras y aquellas que Saussure sostiene en el *Curso*. Desde el punto de vista de la teoría del signo, la exclusión de la "cosa" (aquí: "el objeto") en provecho del "concepto" (aquí: la "idea", después el "espíritu") no ha sido todavía llevada a cabo, como se hará en el CLG (98 [128]). A decir verdad, todo sucede, en este texto no acabado (¿pero el CLG lo es más?), como si una neutralización interviniera entre las parejas de nociones *idea* vs. *objeto*, *representar* vs. *designar*. Desde un punto de vista terminológico, aparece claramente manifiesta la adjetivación de *símbolo* como *convencional*, mientras que en el léxico del CLG ésta será imposible. Entonces, en ese momento del pensamiento de Saussure habría quizás –y contrariamente a la enseñanza del CLG– dos clases de símbolos: los símbolos "convencionales" (o "independientes")[3] y... los otros, que no están explícitamente adjetivados; los cuales podrían, sin duda, ser calificados de *naturales*. Y así, uno puede permitirse especular sobre la eventual relación entre los dos aspectos de esta doble diferencia: el sentido etimológico de la palabra *símbolo* –aun cuando pueda prestarse a interpretaciones divergentes con respecto al problema de lo arbitrario–[4]

---

[3] *Símbolo independiente* parece utilizado con el sentido de *símbolo convencional* –término que no fue introducido hasta el momento de una segunda redacción. Se constata que la "independencia" del símbolo es la condición de su "mutabilidad" en la secuencia de su "destino": se encontrará esta relación entre los dos caracteres a propósito de los símbolos de la leyenda.

[4] Y claro que se ha prestado. Se sabe que el *símbolo* es etimológicamente un "signo de reconocimiento" constituido por un objeto (moneda, bastón, etc.) partido en dos. Los detentadores de cada una de las dos mitades del objeto se reconocen recíprocamente haciendo coincidir exactamente ("ensamblando", sentido de συμβάλλειν) los rastros de la quebradura. Se puede evidentemente insistir en el carácter aleatorio de esas huellas: nada explica los detalles, cada vez diferentes, de la forma en que se fragmenta una moneda o un bastón. Y sin embargo, son esos detalles los que hacen reconocer el verdadero símbolo y excluyen sin ambages al impostor. De este modo se explican las interpretaciones "arbitrarias" del sentido etimológico de la palabra. Pero se puede tomar en cuenta, inversamente, por pertinente la consustancialidad original de los dos fragmentos separados: es ella la que da cuenta de la posibilidad de hacerlos coincidir: de ahí las interpretaciones del símbolo como motivado.

se acomoda, en efecto, más adecuadamente a una relación signo-cosa (no excluida en 1894) que a una relación significante-concepto (sólo posible en el CLG). E iré aún más lejos y agregaré un indicio cronológico a decir verdad bastante insignificante: es solamente a partir del segundo curso cuando el término *símbolo* (con el sentido de *signo*) es censurado: Tullio de Mauro ha reparado en un ejemplo que se encuentra en las fuentes manuscritas del primer curso (edición crítica del CLG: 445). Ahora bien, precisamente después de este primer curso es cuando aparece de manera explícita la exclusión de la "cosa" de la estructura del signo.

Cuando Saussure examina objetos semióticos que no son las lenguas, se observan nuevas modificaciones en la teoría del símbolo. Los textos relativos al *Canto de los nibelungos* y a la leyenda de *Tristán e Isolda* han quedado en estado de notas fragmentarias y, además, no han sido publicados exhaustivamente. Los cito aquí según D'Arco Silvio Avalle, en Bouazis (1973), quien da elementos un poco más abundantes que Starobinski (1971). Uno imagina que la lectura de estos textos es difícil. Pero lo que se dice del símbolo me parece que puede ser presentado de la siguiente manera:

1. Las palabras de la lengua son símbolos. La proposición no aparece bajo esta forma, sino en una relativa incidente del mismo contenido: "por ejemplo los símbolos que son las palabras de la lengua" (D'Arco, 1973: 28). Teniendo en cuenta el hecho de que en el CLG las palabras de la lengua son signos, es fácil establecer que el *símbolo* de la investigación de la leyenda y el signo del CLG se recubren de manera parcial, posiblemente sin confundirse.

Hagamos un poco de cronología: las diferentes opiniones en cuanto a la época en que Saussure se dedicó a investigar la leyenda varían. Tullio de Mauro (edición crítica del CLG: 347) hace alusión a la necrología de Saussure establecida por Meillet, "quien parece hacer referencia a una fecha anterior a 1903, no muy alejada de 1894". Todorov (1977: 333 [402]) las reubica –pero sin justificación– en los años 1909-1910. Sólo Starobinski da un indicio determinante: la fecha de "octubre 1910" que figura, excepcionalmente, sobre la etiqueta de uno de los cuadernos. Es evidente lo que está en juego en este debate: si, como parece altamente verosímil, Saus-

sure trabajaba sobre la leyenda *al mismo tiempo* que preparaba, para
sus estudiantes de Ginebra, su tercer curso de lingüística general
(1910-1911), es porque era capaz de utilizar alternativamente en
una misma sincronía dos términos diferentes para el mismo concepto. Términos que, además, declara que son mutuamente exclu-
yentes en una de las dos investigaciones. Por supuesto que me
abstendré de hacer cualquier comentario sobre este fenómeno. Se
verá más adelante la manera en que debemos completar esta descripción aludiendo a la tercera actividad de Saussure.

2. Entre los símbolos que no son las "palabras de la lengua" se han
encontrado principalmente los símbolos de la leyenda: "La leyenda
se compone de una serie de símbolos *en un sentido por precisar*"
(D'Arco: 28; los elementos en cursivas fueron agregados en el manuscrito de Saussure, después de la primera redacción).

Se constata que la definición del símbolo no toma en cuenta sus
límites espaciotemporales. Pues si sucede a veces que el símbolo
de la leyenda tiene las dimensiones de una palabra de la lengua
–es el caso del *tesoro*, o de los nombres propios que serán citados
más adelante–, puede también simular el aspecto de una unidad
discursiva, frástica o transfrástica: éste será por ejemplo el caso del
"combate de los jefes".

Las características atribuidas a los símbolos de la leyenda son
las siguientes:

2.1. Ellos provienen de la semiología, de la misma manera que los
símbolos de otros tipos: "todos [los símbolos] forman parte de la
semiología" (D'Arco: 28). Salta a la vista la discordancia terminológica (y la coherencia conceptual) entre esta posición y la posición
correspondiente al CLG.

2.2. El símbolo –cualquiera que sea su dimensión– no puede reci-
birse como tal más que por "la prueba de la socialización" (D'Arco:
33). Saussure insiste en diferentes ocasiones en esta proposición:
"La identidad de un símbolo jamás puede ser fijada desde el momento en el que es símbolo, es decir, vertido en la masa social que
le fija a cada instante su valor" (*ibid*.: 28); "ningún símbolo existe

más que *porque es* lanzado a la circulación" (*ibid.*: 29; cursivas de Saussure).[5]

Esta "prueba de socialización" se manifiesta por los "cambios" que el símbolo sufre en el tiempo. Los objetos semióticos (a propósito utilizo aquí este término no saussuriano, a falta de un término genérico en el léxico de Saussure) que, por una u otra razón, no son aptos para sufrir tales cambios no son simbólicos. Es el caso de los elementos de los textos literarios:

Las personalidades creadas por el novelista, *el poeta*, no pueden ser comparadas por otra razón; en el fondo *dos veces* la misma. No son un objeto lanzado a la circulación con abandono de su origen: la lectura de *Don Quijote* rectifica continuamente lo que le sucedería a Don Quijote si se le dejara correr sin recurrir a Cervantes, lo que equivale a decir que estas creaciones no pasan la prueba del *tiempo*, ni por la prueba de la socialización, siguen siendo individuales, no sujetas a ser asimiladas a nuestros... [aquí el lugar de una palabra dejado en blanco, como es frecuente en los trabajos de Saussure. Pero una nota sugiere una de las posibilidades de restitución de esta palabra borrada: precisamente la palabra *palabra*: "*Importante*: no es como una palabra. No hay lugar a comparaciones" (*ibid.*: 33)].

A propósito de estos textos enigmáticos, tanto por su contenido como por su forma, se imponen dos observaciones. La primera concierne al símbolo de la leyenda. La condición que se le atribuye es, *mutatis mutandis* (pero hay muy poco que mutar), la que está descrita en el CLG para el signo lingüístico: la alteración en el tiempo, péndulo paradójico y no obstante inevitable de la inmutabilidad: "el signo está en condiciones de alterarse porque se continúa" (CLG: 109 [140]). Sin embargo, hay una diferencia: si bien para el signo lingüístico Saussure considera con gran desenvoltura (¿no será sólo aparente?) no tomar en cuenta el problema del origen (véase más arriba), no se decide tan fácilmente en cuanto al símbolo de la leyenda: lo veremos, más adelante, buscar –e inevitablemente no encontrar– un "gancho" donde fijar el símbolo, que de golpe

---

[5] Se observará, entre los dos fragmentos citados, la separación que se opera entre *existir* (segundo fragmento) y *estar fijado* (primer fragmento): el símbolo existe *en* y *por* la circulación, pero es esta circulación misma la que impide fijar su identidad, siempre huidiza.

–pero Saussure no lo dice– podría perder su calidad de símbolo.

Pues –ésta será mi segunda observación– el simple hecho de estar *detenido*, en el sentido más literal de la palabra, hace perder al que fuera símbolo su estatus simbólico. Es lo que ocurre con los elementos del texto literario o poético (se ha observado la vacilación de Saussure entre *novelista* y *poeta*): no hay ninguna variación posible para los elementos del texto de Cervantes, fijados "como en ellos mismos" por el certificado de garantía ilimitada que constituye el nombre de su autor. De esta manera no son comparables ni a las palabras de la lengua, ni a los símbolos de la leyenda, que no están fijados en el tiempo por el alfiler del nombre de un autor. Volvamos a la semiología, definida en el CLG como ciencia de la vida de los signos; luego, a la investigación sobre la leyenda como englobante de todos los símbolos: es evidente que los textos literarios están excluidos de la semiología. Entonces, no será con Saussure con quien la semiología literaria podrá encontrar su modelo.

Es cierto que uno puede permitirse criticar el análisis de Saussure. ¿No es algo arbitrario reivindicar el estatus de objeto de la semiología solamente para los elementos que tienen la propiedad de variar en el tiempo? Saussure, en otro punto, relativiza además este criterio de tiempo:

Como se ve, en el fondo la incapacidad de mantener una identidad segura no debe ser puesta en la cuenta de los efectos del Tiempo –sino que está depositada por anticipado en la constitución misma del ser que uno elige y observa como un organismo, pues éste no es más que un fantasma obtenido por la combinación huidiza de dos o tres ideas [CLG: 32-33].

Así, la evolución en el tiempo no es más que la manifestación –entendida aquí aparentemente como innecesaria– de una propensión a la pérdida de la identidad de los objetos semióticos, propensión "depositada por anticipado" en su constitución. Desde este punto de vista, uno se pregunta cómo es que el anonimato podría desencadenar la evolución de las leyendas, e inversamente, cómo es que la única garantía del nombre del autor podría bloquear la de los textos literarios o poéticos (sin hablar siquiera de los que son anónimos...). Por lo demás, ¿la pura y simple lectura de los textos –anónimos o firmados, legendarios o poéticos– no es por sí misma "circulación social" e incluso un "esbozo de cambio"? Pero me abstendré de ir más lejos con mi crítica: Saussure, editado de manera incompleta, no tiene todas las armas para defenderse. ¿Será particularmente por azar que los fragmentos publicados borran casi totalmente la problemática de la escritura –no obstante valiosa para Saussure, y aquí, capital– no dejándole más lugar que el de una metáfora? ¿Qué hacer, aparte de desear una edición exhaustiva de los manuscritos saussurianos?

2.3. Tercer carácter del símbolo, indisolublemente ligado a su sociabilidad y, por ende, a su mutabilidad: no hay identidad sustancial. Esta idea se encuentra principalmente manifiesta por un paralelismo entre el estatus de la runa y el del símbolo de la leyenda:

> Con este espíritu general abordamos una cuestión de leyenda cualquiera, porque cada uno de los personajes es un símbolo al cual se pueden cambiar: *a*] el nombre, *b*] la posición frente a los otros, *c*] el carácter, *d*] la función, los actos –exactamente como en la runa. Si un nombre es transpuesto, puede derivarse que una parte de los actos son transpuestos, y recíprocamente, o que el drama cambie enteramente por un accidente de este tipo [D'Arco: 29].

Las runas, como sabemos, son los caracteres de los antiguos alfabetos germánicos y escandinavos. Atrajeron especialmente la curiosidad de Saussure, que les consagra una "extraña especulación" (la palabra es de Starobinski) en la investigación sobre la poesía germánica aliterante (Starobinski, 1971: 39-40). De la comparación que se establece aquí, uno de los elementos que hay que tener en cuenta es que el símbolo tiene rasgos comunes con la letra. Y bastaría un ligerísimo deslizamiento terminológico –pasar de la *letra* al *significante*– para hacer aparecer motivos aparentemente insólitos en la reflexión de Saussure: fundamentalmente la concepción del símbolo como desunido de lo que significa. De allí la posibilidad de la "transposición" –y nos divertiremos al observar la homonimia entre el término saussuriano y el término freudiano, tal como es utilizado en el análisis del trabajo del sueño– y del deslizamiento indefinido del significado bajo el símbolo. Desde luego, salta a la vista que es la sombra de Lacan la que, anacrónicamente, se proyecta sobre el texto de Saussure. Por evidentes razones cronológicas, Lacan conoció tardíamente las especulaciones poéticas de Saussure: no las señala más que en una nota muy

alusiva en 1966: 503 [483]. Una lectura más precoz de esos textos
le habría permitido posiblemente –especulo yo también– arraigar
de otra manera, más profundamente, la conceptualización saussuriana de "su" significante, con una salvedad: para Saussure el símbolo no es comparable a la letra salvo en la diacronía. Por efecto
del tiempo "cambia el drama enteramente". Para Lacan también,
de manera inevitable: ¿cómo puede un deslizamiento ser pensado
sincrónicamente?. El problema es que esta diacronía no es quizás
la misma: para Saussure es la de la historia y para Lacan la del
discurso.[6] Una articulación rigurosa de las dos teorizaciones tendrá
que plantearse inevitablemente el problema previo de la homologación entre esas dos diacronías: es lo que intentaré hacer en el
capítulo 5.

Pero vuelvo exclusivamente a Saussure. El símbolo, "combinación de tres o cuatro rasgos que pueden disociarse en todo momento" (*CLG*: 33), no es más que "el fantasma obtenido" (*ibid*.) por
esta combinación. Se deriva esta extrañísima –y por qué no atre-
verse a decir: bellísima a causa de su aspecto desesperado– especulación sobre la leyenda. "Imaginar que una leyenda comienza por
un sentido, que ha tenido desde su primer origen el sentido que
tiene, o más bien imaginar que no pudo tener absolutamente ningún sentido, es una operación que me supera" (*ibid*.: 30).

La leyenda se desvía. Incluso es definida por este desvío, este
deslizamiento. Al grado de que se le impone a Saussure la evidencia
de la transformación indefinida del sentido. Y se perfila incluso
–tal vez por una ambigüedad de redacción en el primer elemento
de la frase– la idea de que originalmente la leyenda –símbolo separado de su sentido, significante sin significado, letra pura– no
tuvo ningún sentido.

Continúa también esta idea –otra vez extraña– de buscar en
alguna parte –por ejemplo en la historia, en el sentido ocasional
de la palabra– un "gancho exterior donde fijar la leyenda" (*ibid*.:
38). Pero se ve que esta búsqueda también es desesperada, como
la búsqueda de la confesión de Pascoli sobre la "intencionalidad"
de los anagramas. Y hasta doblemente desesperada. Pues la histo-

---

[6] Para evitar un riesgo de equívoco, hago la precisión de que *discurso* e *historia*
no son evidentemente empleados aquí en el sentido que les ha dado Benveniste
(1966). No, la historia es aquí la evolución diacrónica y el discurso la puesta en
acción de la lengua.

ria, necesariamente, es tan muda como Pascoli, cuyo silencio, como se sabe,[7] pone término a la investigación sobre los anagramas. Y si la historia le hubiera dado una respuesta no hubiera hecho más que retirarle el estatus de símbolo a los elementos estudiados, excluyéndolos así de la semiología.

2.4. Hice alusión en la p. 46 al problema de la delimitación espaciotemporal de los símbolos. Preciso: Saussure no toma posición de manera explícita sobre este problema –al menos en los fragmentos publicados. Pero los ejemplos que elige manifiestan con toda evidencia que el concepto de símbolo puede aplicarse a elementos de variada dimensión: de la letra del alfabeto a la palabra –que se encuentran así siendo símbolos simultáneamente en dos sistemas: el de la lengua y el de la leyenda–, del personaje ("la persona mítica", *ibid*.: 32) a la acción (por ejemplo el "combate de los jefes", *ibid*.: 30), incluso al "drama completo" (*ibid*.: 29).

2.5. El problema del carácter arbitrario o motivado del símbolo tampoco está abordado en forma explícita. Una sombra de ambigüedad parece cernirse sobre el texto. Pues es muy cierto que uno de los ejemplos citados puede hacer germinar la idea de un "rudimento de vínculo natural". Se trata, precisamente, del "combate de los jefes": "El duelo del jefe A y del jefe B se convierte (inevitablemente) en simbólico ya que este combate singular representa todo el resultado de la batalla, como la conquista de vastas tierras, *y una conmoción política y geográfica*" (*ibid*.: 30).

En efecto, entre las dos caras del símbolo constituido de esta manera existe una relación de carácter a la vez metonímico (el combate de los jefes es una pequeña parte de la batalla entre dos ejércitos) y metafórico (es también una imagen en pequeño de la

---

[7] Poeta neolatino, profesor en la Universidad de Boloña, y por ello "colega" de Saussure, Giovanni Pascoli fue interrogado por él, en 1909, sobre el carácter "voluntario y consciente" de la estructura anagramática encontrada por Saussure en sus producciones. Parece que no respondió más que a la primera carta de Saussure, muy prudente y general, dejando definitivamente en suspenso la segunda, más detallada. Starobinski atribuye a este silencio de Pascoli la interrupción del trabajo sobre los anagramas (1971: 151).

batalla). Pero puede tratarse sólo de una relación accidental y no
necesaria. Pues además los rasgos descritos más arriba (en 2.2, 2.3
y 2.4) son precisamente los que se corresponden, en el CLG, con
el signo lingüístico: su colección condiciona –e, indisolublemente,
está condicionada por– lo arbitrario. Entonces sin duda es posible
ver, en el caso del combate, el equivalente de lo que son, en la
lengua, las onomatopeyas y las exclamaciones: un islote de motivación en un océano de lo arbitrario.

2.6. Sobre el problema central de la intencionalidad del símbolo,
los fragmentos publicados no permiten extraer de manera unívoca
el pensamiento de Saussure. Todorov se equivoca sin duda al declarar lisa y llanamente que Saussure "rechaza reconocer los hechos
simbólicos [...] cuando no son intencionales" (1977: 337 [406]). El
texto en efecto deja transparentar dudas. Es un hecho que a veces
la relación simbólica es denegada cuando su establecimiento no es
intencional. De este modo, al último fragmento citado le sigue este
análisis:

Pero una intención de símbolo no ha existido durante este tiempo en
ningún momento. La reducción de la batalla a un duelo es un hecho
natural de transmisión semiológica, producido por una duración de tiempo entre los relatos, y el símbolo no existe en consecuencia más que en
la imaginación del crítico que aparece a destiempo y juzga mal [ibid.: 30;
se puede leer en la p. 31 un pasaje casi exactamente equivalente].

De este modo, la metonimia que "reduce" la batalla de dos ejércitos al combate de dos jefes se explica "naturalmente" por la evolución diacrónica, de la misma forma que en el CLG "los sonidos
se transforman con el tiempo" (ibid.: 194 [232]), independientemente de toda intención y de todo control del sujeto hablante. Es
en este punto donde surge la dificultad en la que a fin de cuentas
se traba Saussure. Ella se sitúa, a mi modo de ver, precisamente
en la incompatibilidad entre dos afirmaciones, copresentes en el
texto, aunque no explícitamente manifestadas:

2.6.1. El verdadero símbolo es intencional, resultado de un acto
momentáneo de "simbolización". Como se anunció antes (p. 38,

nota 3), el término –ausente, salvo error u olvido, del CLG– aparece
una vez en la investigación sobre la leyenda. Y no está definido
positivamente: "Se puede hablar de reducción proporcional o de
amplificación de los acontecimientos después de pasado un tiempo, es decir, de una cantidad indefinida de recitaciones transfor-
madas, pero no de simbolización en un momento dado" (ibid.: 31).

Al contrario, la simbolización se define sencillamente como "la
puesta en relación consciente e intencional de dos representaciones".[8] Cuando esta simbolización está ausente no se puede hablar
de símbolo: las interpretaciones simbólicas son calificadas de "imaginarias", "de mal juzgadas" (ibid.: 30) a partir de que la "intención"
está ausente del objeto simbólico. Estas interpretaciones no son
más que el resultado de la confusión entre la "palabra pura" (ibid.:
31), su sentido "directo" (ibid.) y su ilusorio valor simbólico. Es el
caso de tesoro en el Canto de los nibelungos: "Forma supuestamente
innegable de lo simbólico: el tesoro. Visto puramente como en los
tiempos merovingios. No tiene nada de simbólico" (ibid.).

2.6.2. La intención, indispensable para el acceso al estatus de símbolo, no se revela nunca. Aquí se abre una alternativa. En muchos
casos, no es revelada por la excelente razón de que nunca ha existido. Es lo que se observa en el caso del combate de los jefes o en
el del tesoro. Pero en otros casos un feliz azar puede hacer que la
historia, la historia cronológica, permita identificar la intención
simbólica, desuniendo de entrada, desde el origen, el "sentido puro, directo" del elemento estudiado y su valor simbólico . Entonces,
al fin, surge el símbolo. Y es precisamente en este momento en el
que se desencadena en el pensamiento de Saussure un extraño
torniquete masoquista: finalmente, en presencia del símbolo, lo
anula embrollando el acontecimiento, como en el caso de los hé-
roes Atli y Dietrich, en que comienza por aislar su estatus: "Caso

---

[8] Se observa el paralelismo entre las dos búsquedas de intencionalidad: símbolo
y anagrama son, desde este punto de vista, construidos de la misma manera por
Saussure: no pueden ser planteados más que si son conscientes e intencionales.
La posibilidad misma de una estructura inconsciente es rechazada con una energía
que asombra. Pues tiene por resultado la interrupción de la investigación sobre
los anagramas (véase la nota precedente) y encerrar la problemática del símbolo
en inextricables autocontradicciones.

especial, más o menos, *Atli* y *Dietrich*" (*ibid.*).

¿Por qué esta especificidad? Porque la historia identifica los personajes que llevan esos nombres y por ello puede distinguirlos de sus homónimos simbólicos en la leyenda. Pero esta especificidad es de inmediato cuestionada por Saussure: "en el fondo explicables históricamente sin suponer voluntad de un símbolo" (*ibid.*), frase donde el adverbio *históricamente* debe evidentemente ser tomado en el sentido *diacrónico* y no *fenomenológico* de la palabra.

Rechaza de este modo el "gancho" que le ofrece la historia fáctica (cronológica), y explica el símbolo por los accidentes (diacrónicos) de su transmisión. De ahí la postura extrema que remite a Dietrich a su estatus de "fantasma": "De esta manera, Dietrich, tomado en su verdadera esencia, no es un personaje histórico ni ahistórico; es sencillamente la combinación de tres o cuatro rasgos que pueden disociarse en todo momento, ocasionando la disolución de la unidad entera" (*ibid.*: 33).

Pero sigamos ahora a Saussure en su torniquete: este estatus evanescente, fantasmal, este aspecto de "burbuja de jabón" (*ibid.*) que se le atribuye aquí a Dietrich ¿no es precisamente el que antes (véase los textos citados, *ibid.*: 32 y 33) caracterizaba al símbolo? Así Dietrich presenta la particularidad de ser y de no ser un símbolo. A decir verdad, esa particularidad no le es propia. Pues es finalmente el concepto de símbolo, construido como punto de fuga, el que se destruye a sí mismo desde que se establece. Lo confirman de manera incuestionable las siguientes fórmulas: "Es admisible un símbolo que se explica sin haber sido un símbolo desde el inicio" (*ibid.*: 31). O de manera todavía más negativa: "no hay aquí *en consecuencia* ningún símbolo al final, como no había *tampoco* ninguno al comienzo" (*ibid.*).

2.7. ¿Es posible hacerle dar otra vuelta más a la manivela saussuriana? Hay que dejar de lado el aspecto teórico del discurso y prestar atención a ciertos detalles de la expresión. En diferentes ocasiones, se presenta al símbolo como un ser animado, dotado de conciencia, de voluntad y de palabra: "Estos símbolos, *sin que ellos se percaten* [cursivas mías], están sometidos a las mismas vicisitudes y a las mismas leyes que todas las otras series de símbolos" (*ibid.*: 28); "*Todo símbolo* [cursivas de Saussure] [...] está en el instante mismo *incapacitado para decir* [cursivas mías] en qué consistirá su

identidad en el instante siguiente" (*ibid*.: 29); "El individuo gráfico
e igualmente en general el individuo semiológico no tendrá como
el individuo orgánico *un medio para probar* [cursivas mías] que sigue
siendo el mismo porque descansa, desde la base, en una asociación
libre" (*ibid*.: 32).

¿Será, entonces, el símbolo, un simple ornamento del discurso,
es decir, algo perfectamente insignificante? Uno puede plantearse
estas dudas y dejarse llevar por el descubrimiento, en estas redundantes figuras de personificación, de la huella de algo así como un
deseo. Deseo de que el símbolo pueda ser algo más que este fantasma inmaterial, esta simple colección de rasgos, que a poco de
ser identificada –y eso si se da el caso– es remitida inmediatamente
al dominio de la ilusión.

Creo que ya lo mostré: el discurso saussuriano sobre el símbolo se
constituye de manera autodestructiva. Pues sería a la vez demasiado y demasiado poco hablar de autocontradicción. En cuanto a la
contradicción, ella se manifiesta claramente en el tiempo, entre las
proposiciones de 1894 y las del CLG. Pero, como hemos visto, la
contradicción no afecta más que a la terminología: con algunos
matices, el aparato conceptual queda intacto. Lo mismo vale para
la relación entre el CLG y la investigación sobre la leyenda. Lo que
es más determinante es el estatus que en esta última se le confiere
al concepto de símbolo. ¿Es posible, pues, conciliar la intencionalidad –visiblemente deseada– del símbolo y la imposibilidad –afirmada y buscada– de revelarla? ¿Y cómo articular el contenido del
discurso teórico y la expresión "figurada" que le es conferida? Si
tomamos –como es legítimo– estas figuras "literalmente" (Saussure
mismo nos invita a hacerlo),[9] se lee, en estas fallas, otro discurso
que atribuye al símbolo precisamente los rasgos que le son recha-
zados en el texto teórico. Un paso más: si, como hemos creído
demostrarlo, el símbolo de la investigación sobre la leyenda recubre –parcial o completamente: dejaremos este problema en sus-

---

[9] Indirectamente, admitámoslo, pero de manera enérgica: vemos, en efecto, en
diversas correcciones, que elige el "sentido puro, el sentido directo" de un elemento de la leyenda, en vez de su fantasmal sentido simbólico (véase por ejemplo
CLG: 31).

penso– al signo del *CLG*, lo que hemos dicho de uno puede decirse del otro. Signo y símbolo serían entonces las designaciones intercambiables del mismo objeto inasible.

Especulemos: ¿no sería, precisamente, este carácter inasible del objeto en cuestión el causante de la vacilación interminable entre dos nombres para designarlo? Es necesario hacer intervenir aquí un tercer elemento: la investigación sobre los anagramas. ¿Dónde están el signo y el símbolo en estos textos del tercer tipo? Uno y otro están ausentes, al menos en los pasajes hasta hoy publicados. De manera que es posible construir así la tabla de repartición del signo y del símbolo entre los tres discursos saussurianos:

	Signo	*Símbolo*
CLG	+	-
Leyenda	-	+
Anagramas	-	-

Evidentemente, + marca la presencia, – la ausencia. Sobre la presencia muy discreta del símbolo en el *CLG*, véase más adelante.

¿Habrá, pues, "dos Saussure", tal como se ha sugerido varias veces, al extremo de hacer de esta expresión el título de un número especial de revista (véase la bibliografía) y, posteriormente, en 1981 [1984] –aunque bajo la forma interrogativa– el título de un capítulo de Gadet y Pêcheux? La pregunta es compleja y no puede recibir una respuesta segura más que después de un examen atento del conjunto del aparato saussuriano. Pero no es éste mi proyecto. Me limitaré, entonces, a señalar los hechos –aparentemente superficiales– que pone de manifiesto el estudio de la terminología. Como el cuadro de la repartición del *signo* y del *símbolo* lo muestra aquí arriba, los nombres de los conceptos cambian de una investigación a la otra. Si bien el signo ocupa mucho lugar en el *CLG*, está excluido de la investigación sobre la leyenda, donde prolifera el símbolo, el cual, a su vez, queda prácticamente excluido del *CLG*. Signo y símbolo, uno y otro eliminados, son restituidos dándose la espalda en las investigaciones sobre los anagramas. ¡Y no vayamos a creer que éste es el único fenómeno de ese tipo! Para poner un solo ejemplo, lo que se describe en el *CLG* con el nombre de *linealidad del significante* (*ibid.*: 103 [133]) toma en la investigación sobre los anagramas el nombre de *consecutividad de los elementos* (Starobinski, 1971: 46-47), donde la exclusión del término *significante* toma un aspecto próximo a la provocación. Pues ambas nociones reciben definiciones que –al contrario de sus denominaciones– son literalmente homónimas: compárese la del CLG ("sus elementos se presentan uno después del otro; forman una cadena", *ibid.*) y la de los anagramas ("los elementos que forman una palabra *se continúan*").

Cuando uno recuerda que las tres investigaciones se llevaban a cabo, a todas luces, simultáneamente, puede uno imaginar la sombra de perplejidad en la sonrisa sin gozo que debe de haberse dibujado en los labios del Maestro cuando le llegara el momento de confrontarlas. O uno puede plantearse también con un dejo de inquietud el problema de saber si las confrontaría. Y de todas maneras uno puede preguntarse sobre el estatus que esta práctica de deslizamiento confiere al concepto de *significante*, la cual sustituye unos significantes por otros –comenzando por el significante *significante*– dejando (¿aparentemente?) intacto el significado.

EL SÍMBOLO EN EL TEXTO DE HJELMSLEV

Hjelmslev anuncia explícitamente su posición de continuador del pensamiento de Saussure. Según Eli Fischer-Jorgensen (1965: vi), Hjelmslev no había leído a Saussure antes de 1925 (en ese entonces tenía 26 años). Pero a partir de los *Principes de grammaire générale* (1929) y *La catégorie des cas* (1935 [1978]), la referencia a Saussure es patente. Aparece de manera repetitiva en *Le langage* (1966 [1971]) y en los *Essais linguistiques* (1971 [1972]), dos de cuyos artículos –"Langue et parole", que data de 1943, y "La stratification du langage", de 1954– tienen como propósito reformular las dicotomías saussurianas de lengua y habla, de significante y significado, de forma y sustancia, articulándolas entre sí. En los *Prolégomènes à une théorie du langage* (1968-1971 [1974]) se lee este reconocimiento de deuda exclusiva: "Reconoceremos explícitamente nuestra deuda [...] a un teórico de la lingüística que fue su evidente pionero: el suizo Ferdinand de Saussure" (*ibid.*: 14 [17]).

Por evidentes razones cronológicas, Hjelmslev sólo conocía de Saussure la edición estándar del CLG –aparte de la *Mémoire sur le système primitif des voyelles dans les langues indo-européennes*. Según

E. Fischer-Jorgensen (1965: xi), la teoría sobre la cual se apoyan los *Prolégomènes* "parece haber encontrado su forma definitiva hacia 1941".La obra fue publicada en danés en 1943. Hasta 1957 R. Godel no publica *Les sources manuscrites du CLG* [*Fuentes manuscritas y estudios críticos*, edición a cargo de Ana María Nethol]; en 1964 –unos meses antes de la muerte de Hjelmslev, acaecida el 30 de mayo de 1965, tras un largo periodo de inactividad debido a su enfermedad– Starobinski publicó, en el *Mercure de France*, el primer elemento de lo que sería, en 1971, *Les mots sous les mots*. Con respecto al *símbolo*, Hjelmslev se refiere de manera exclusiva al pasaje de la página 131 del CLG, citado y analizado con anterioridad. Es esta concepción del símbolo –explícitamente citada en una nota (*ibid.*: 142 [159])– la que se encuentra articulada con la teoría de la discriminación entre "lenguaje y no-lenguaje" (capítulo 21 de los *Prolégomènes*: 129-143 [144-159]).

En efecto, a partir de este capítulo Hjelmslev procede a la "ampliación de la perspectiva" anunciada al comienzo de la obra:

Pero al mismo tiempo [*ibid.*: 36] hemos prometido una ampliación de nuestro punto de vista, y ya es hora de hacerlo: ésta es la tarea que nos ocupa en los capítulos siguientes (XXI-XXIII). Subrayemos, empero, que estas perspectivas ulteriores no concurren como apéndices arbitrarios y de los que se pueda prescindir, sino que, por el contrario, y precisamente *cuando nos limitamos a considerar únicamente la lengua "natural"*,[10] derivan con carácter de necesidad de la lengua "natural" y se imponen como consecuencia lógica inevitable [*ibid.*: 128 (144)].

Esta "ampliación" anunciada de manera tan solemne no es otra cosa que el proyecto –también inscrito en la tradición de Saussure– de construir una ciencia más vasta, que tendría por objeto, además de las lenguas naturales, todo lo que puede ser descrito como lenguaje. Se plantea, entonces, inmediatamente el problema de la frontera entre lenguaje y no-lenguaje o, lo que es lo mismo, entre semiótica y no-semiótica.[11] Los candidatos a la dignidad de lenguaje

[10] La noción de *lenguaje natural* es al *lenguaje* lo que el *lenguaje natural* es a la *lengua*.

[11] Se sabe en efecto que, de manera bastante desorientadora para el lector recién iniciado en Hjelmslev, el lenguaje toma el nombre de *semiótica*, y la semiótica en el sentido contemporáneo toma necesariamente el nombre de *metasemiótica*.

(= de semiótica) son numerosos: la multitud incontable de lenguas naturales, por supuesto –y lo que asombra un poco es constatar que Hjelmslev no diga ni una palabra de esos curiosos sistemas, tan ambiguos, que son las "lenguas artificiales", esperanto, volapück y *tutti quanti*; Lacan no imitará este insólito silencio–; pero además de la lengua están los juegos –comenzando por el juego del ajedrez, tan fascinante para los lingüistas–, el álgebra, los sistemas simbólicos de la vida cotidiana, citados de manera explícita pero en desorden por Hjelmslev, aunque no forzosamente en los *Prolégomènes*: los uniformes, las luces tricolores de la circulación, el selector del teléfono, los carrillones, etc. Ante este amontonamiento heteróclito, ¿cómo hacer la clasificación? ¿Por dónde levantar la frontera entre lenguaje y no-lenguaje?

Un primer criterio parece imponerse: los lenguajes están hechos para hablar de las cosas, de las cosas que no forman parte del lenguaje. Del referente, en suma. Será suficiente retener como lenguajes los sistemas que permiten apuntar hacia el referente –y, en lo posible, alcanzarlo. Naturalmente, Hjelmslev no se expresa de esta forma: lo he traducido primero al lenguaje cotidiano (cuando hablé de las cosas del mundo), y luego al dialecto del lingüista contemporáneo, cuando hablé de referente. Hjelmslev no conoce este término de reciente cuño. Pero es realmente en el referente en lo que piensa cuando habla de "sentido del contenido". Hay, sin duda, una cierta ambigüedad en los *Prolégomènes* (donde el "sentido del contenido" se asimila a la sustancia saussuriana, la que es el objeto del célebre esquema de los dos flujos, del cual hablaré de nuevo a propósito de Lacan). Pero la ambigüedad se supera en "La stratification du langage" (1971: 44-76 [47-89]): el "sentido del contenido" es la materia, y ya no la sustancia, la materia en estado bruto, sin forma: en suma, el referente.

Este primer criterio es el de la interpretación, y la interpretación consiste en relacionar un sentido del contenido –un referente– con cada uno de los elementos del sistema en cuestión. ¡Lástima, este criterio fracasa! Debido a que "para el cálculo de la teoría

---

Sobre estos problemas de terminología hjelmsleviana, Greimas y Courtès, 1982 [1990], es la más clara introducción (véase principalmente la entrada "semiótica"). Y agreguemos aún que las dificultades se ven agravadas por el hecho de que la primera traducción de los *Prolégomènes* daba sistemáticamente *semiótica* (en danés *semiotik*) por *lenguaje*...

lingüística no existen sistemas interpretados, sino únicamente interpretables. A este respecto, pues, no hay diferencia entre el ajedrez y el álgebra pura, ejemplo, de una parte, y una lengua, de
otra" (1968-1971: 141 [156-157]).

Es un hecho que se puede asignar o no un referente a un símbolo
algebraico (incluso, aunque es un poco más insólito, a una pieza
de ajedrez), pero no es eso lo que permitirá decir si forma o no
parte de un lenguaje, es decir, si es signo o no-signo.

Habiendo fracasado en su primer criterio, Hjelmslev lanza un
segundo. Éste está fundado en el principio de la "simplicidad",
formulado a partir del capítulo 3, junto con los otros dos principios
de "no-contradicción" y de "exhaustividad". Ante un lenguaje, o
un sistema que se presume como tal, el primer paso consiste en
atribuirle dos planos: un plano de la expresión, un plano del contenido –pues, como es sabido, Hjelmslev sustituye los términos
significante y significado por expresión y contenido, respectivamente. Pero, necesariamente, el establecimiento de esos dos planos
estará justificado por el principio de simplicidad sólo cuando tal
establecimiento sea indispensable, es decir, cuando los dos planos
no sean exactamente "conformes" el uno con el otro. En caso de
que fueran "conformes" (o sea, segmentados por las mismas líneas,
proyectados hacia un lado y el otro a partir del mismo umbral que
separa los dos planos) sería más "simple" –y por ello obligatorio-
postular un solo plano. Ejemplifiquemos:

En el caso de las lenguas, la prueba da un "resultado negativo",
ya que no es posible reducirlas a un plano único, debido a la conformidad, que puede manifestarse accidentalmente de tanto en
tanto en algunas unidades, no es general:

Un signo puede consistir en un solo elemento de expresión al cual está
ligado un solo elemento de contenido, por ejemplo el signo inglés -s en
Peter's son, que consiste en el elemento de expresión s al cual está ligado
el elemento de contenido "genitivo"; o bien puede estar compuesto –igualmente del lado de la expresión como del lado del contenido– de dos
elementos o más: así el signo francés -ra en *aimera* se compone de dos
elementos de expresión: r y a ligados a cuatro elementos de contenido:
"futuro", "indicativo", "3a. persona", "singular" [1966: 55].

En el caso de la s del genitivo inglés, hay –accidentalmente–conformidad puntual entre los dos planos, que se encuentran segmen-

tados por las mismas líneas. Pero en el caso del elemento -ra del
francés, la no conformidad es máxima: las líneas de segmentación
tropiezan con el umbral de divergencia de los dos planos, según
el esquema siguiente, donde la -s inglesa aparece a la izquierda, la
-ra francesa a la derecha:

Contenido	"genitivo"	"futuro"	"indicativo"	"3a. persona"	"singular"
Expresión	s		r		a

Esto se ve muy claro: es absolutamente imposible, aun en nombre de la simplicidad, reducir los dos planos a uno solo. Es lo que
ocurre, de manera más o menos constante, en las lenguas naturales:
"a un solo elemento de la expresión no corresponde un único
elemento del contenido, y viceversa; en la mayoría de los casos,
una unidad compuesta por muchos elementos de la expresión tiene
relación con una unidad compuesta por muchos elementos del
contenido" (1966: 136).

Pero ¿qué resultado dará la prueba cuando se aplique a otros
sistemas que no sean las lenguas naturales? En *La structure fon-
damentale du langage* –texto de una conferencia pronunciada por
Hjelmslev en 1947, y anexado a los *Ensayos lingüísticos* II (1987)–
el carrillón de un reloj y el sistema del cuadrante telefónico (de
tipo arcaico, con cifras y letras) se analizan como aquellos sistemas
que no presentan conformidad entre los dos planos, y son integra-
dos, entonces, a la clase de las semióticas (= lenguajes). Inversamente, el sistema de luces tricolores del semáforo se describe como
un sistema que consta de dos planos conformes, es decir, reducidos
a uno; este sistema está, pues, excluido de la clase de los lenguajes.
Lo mismo ocurre, en los *Prolégomènes*, con los juegos:

Pero tan claro como ello parece que la prueba del derivado da resultado
positivo en muchas de las estructuras que la teoría moderna ha favorecido
con la denominación de semióticas: es fácil comprobarlo en el caso de los
juegos puros, en cuya interpretación hay una entidad del contenido correspondiente a cada entidad de la expresión (pieza de ajedrez, por ejemplo), de modo que si se colocan hipotéticamente los dos planos, la red
funcional será la misma en ambos [*ibid.*: 142 (158)].

Para dar un ejemplo, el *alfil* del juego de ajedrez está exhaustivamente definido por la descripción de su funcionamiento en el tablero: "desplazamiento ilimitado sobre las diagonales", de manera que esta fórmula constituye *a la vez* la expresión y el contenido, sin que, en un primer momento, sea necesario escindirlos. Y esto crearía evidentemente todo un problema aparte, el de interesarse en la "materia" –en el "sentido"– de la pieza: materia en el nivel de la expresión (el alfil puede ser de marfil, de cuerno, de papel, etc., sin que su estatus sea modificado); materia en el nivel del contenido (el alfil puede ser interpretado como un objeto del mundo, sin que su funcionamiento sea por ello afectado). Y seguramente uno puede todavía embrollar más las cosas: dando como argumento el caso de la reina (o el rey), y dando por hecho que su "expresión" –única– responde a dos contenidos: "desplazamiento sobre las diagonales *y* las perpendiculares" y que su estatus se confunde, entonces, con el del elemento -*ra* de la morfología francesa. Hjelmslev –que no estudió en detalle el problema del juego de ajedrez– respondería sin duda que la complejidad eventual de un elemento no implica necesariamente su dualidad. Así, ¿el contenido "genitivo" de la expresión inglesa -*s* resistiría un análisis que mostrara tal complejidad?

Sea lo que sea con respecto a estas dificultades, Hjelmslev concluye que los juegos, sistemas "conformes", no son semióticas. Él los incluye automáticamente en los "sistemas de símbolos matemáticos", de igual manera que, en *Le langage*, incluye los sistemas vestimentarios, cuyo modelo es "el uniforme": "Tal uniforme 'significa' un oficial francés de tal graduación; tal sotana 'significa' un eclesiástico católico romano de tal categoría..." (1966: 136 [126]).[12]

¿Qué nombre reciben, en Hjelmslev, los sistemas de "cuasi signos" que no son semióticos? Ya hemos reparado, en ciertas citas, que se trata de los *sistemas de símbolos*:

Proponemos el nombre de *sistemas simbólicos* para denominar aquellas estructuras que son interpretables (es decir, con relación a las cuales puede ordenarse un sentido del contenido) pero no biplanares (es decir, en las

---

[12] Es necesario admitir que Hjelmslev lleva las de ganar aquí, al reducir el problema de la vestimenta al del uniforme. No es sorprendente –la palabra misma lo indica... – que se encuentre entonces la conformidad de los dos planos. Pero no toda vestimenta es –no solamente– un uniforme. Evidentemente aquí hay que remitir a Barthes, 1967 [1978].

que el principio de simplicidad no nos permite catalizar una forma del contenido)"[13] (1968-1971: 142 [158]).

Hjelmslev introduce en este punto la referencia a la teoría saussuriana del símbolo:

Desde el punto de vista lingüístico, se ha mostrado cierto recelo a aplicar el término de *símbolo* a entidades que están en relación puramente arbitraria con su interpretación [en el *Cours*, 2a. ed.: 101, Saussure define el símbolo como no arbitrario]. Se piensa que *símbolo* debería usarse únicamente para las entidades que son isomórficas con su interpretación, para las entidades que son representación o emblema de algo, como el Cristo de Thorvaldsen,[14] símbolo de la compasión; la hoz y el martillo, símbolos del comunismo; la balanza, símbolo de la justicia; o la onomatopeya en el campo del lenguaje [*ibid.*: 142-143 (158-159)].

Como sucede en otros puntos de la teoría hjelmsleviana –pienso en la utilización del término *semiología* en el sentido saussuriano (*ibid.*: 151 [168])– la referencia a Saussure aparece al final del recorrido teórico. Aparentemente, la articulación se da bien entre los dos aparatos teóricos: el "rudimento de vínculo natural" que constituye, en Saussure, la motivación del símbolo se explica en Hjelmslev por la "conformidad" de los dos planos. No obstante, hay un punto que, a la vez que asombra, pone en evidencia que

[13] La catálisis es la operación que consiste en restituir una unidad no manifiesta cuando la función que ejerce se cumple. Ésta es, en suma, la manera hjelmsleviana de tratar los fenómenos de elipse, del mismo modo que la transformación de borramiento en la gramática generativa: en una frase nominal se cataliza el verbo; en una respuesta reducida a "¡Porque sí!" se cataliza la subordinada, etc. En general, la catálisis funciona, horizontalmente, en el nivel del texto. Se ve aquí que puede funcionar verticalmente, en el seno mismo de la matriz del signo.

[14] Thorvaldsen es un escultor neoclásico danés (1768-1844). El Cristo citado por Hjelmslev es uno de los ornamentos de la catedral de Copenhague. Observamos la "conformidad" entre el elemento de la expresión "brazos abiertos" y el elemento de contenido "misericordia". Es interesante observar que Thorvaldsen mismo, de una manera prehjelmsleviana, adjudicaba un valor particular al gesto simbólico que él había dado al Cristo. Su biógrafo Adolf Rosenberg relata así uno de los propósitos del escultor: "Imitando el gesto de su escultura, Thorvaldsen observa: '¿Puede haber un movimiento más simple que el que hago en este momento? Lo que se expresa de este modo es que el Cristo ama a los hombres, los envuelve en sus brazos. Es así cómo yo me representé su carácter principal'" (1896: 177).

las dos teorías no se recubren más que parcialmente: mientras Hjelmslev pone el juego de ajedrez y el álgebra como ejemplos de sistemas de símbolos, Saussure no los considera como tales. Es lo que manifiesta sin sombra de ambigüedad la célebre y repetitiva comparación de la lengua con el juego de ajedrez (véase CLG: 43, 125, 153 [70, 158-160, 189]). ¿Cómo podría tener algún sentido una comparación que se estableciera entre un sistema de signos (la lengua) y un sistema de símbolos (el juego)? Sucede, entonces, que para Saussure las piezas del juego de ajedrez –no es claro, por lo demás, cuál sería su motivación– no son símbolos. Y no serviría de nada ponerse en contra de Hjelmslev utilizando el argumento de la reina. Pues, si ya es discutible para el ajedrez, no valdría nada para el álgebra. Hjelmslev se dio bien cuenta de este desacuerdo entre las dos teorías. Lo señala discretamente, reservando el empleo del término símbolo para la "logística" (1968-1971: 143 [156-158]). Faltaría de todos modos explicar esta divergencia. Sería necesario, sin duda, buscar su origen en las vacilaciones del análisis saussuriano. Precisamente, en las ambigüedades de la pareja *arbitrario/motivación*. Sólo volveré de manera tangencial sobre este interminable debate. Sabemos que el problema se anuda en torno a los términos entre los cuales se establece la relación arbitraria o motivada: ¿esta última ocurre entre los dos planos, el del significante y el del significado? ¿O entre el signo y la "cosa", el "referente" (en hjelmsleviano: "el sentido del contenido")? La lectura propuesta por Milner, a mi modo de ver, no es más que aparentemente sensata. Su razonamiento consiste en inferir, del dualismo del orden de las cosas y del orden de los signos, el dualismo del "sonido y de la idea, o significado": éstos responderían también, en su opinión, al orden de las cosas: "De esta manera, lo arbitrario no rige solamente la relación entre la cosa significada y el signo, sino también la correspondiente entre significante y significado. Esto contrariamente a lo sostenido por Benveniste en un artículo famoso" (1978: 58 [57]).

El razonamiento sería evidentemente irrefutable si, para Saussure, el significante fuera en efecto "una cosa". Pero se sabe que no es el caso: la asimilación sonido = significante, sobre la cual se apoya la argumentación de Milner es saussurianamente imposible: "Por lo demás, es imposible que el sonido, elemento material, pertenezca de por sí a la lengua [...] En su esencia, de ningún modo es [el significante] fónico, es incorpóreo" (CLG: 164 [201]).

Hjelmslev leyó a Saussure como Benveniste. Él entiende lo arbitrario saussuriano entre el signo y el referente. Es lo que manifiesta la expresión "entidades isomórficas[15] para ser interpretadas", donde, como dijimos anteriormente, la interpretación consiste en conferir un sentido de contenido, es decir, un referente, a una unidad. Pero sin duda está equivocado, al igual que Benveniste, en cuanto a tomar como base la parte de la enseñanza saussuriana; lo hace porque el *CLG* es en grado máximo explícito y repetitivo. Pero tiene razón, con Benveniste, si, como es legítimo, toma en consideración los ejemplos proporcionados. Hjelmslev entonces ha descubierto, sin decirlo, la "anomalía" del razonamiento saussuriano (sabemos que la palabra es de Benveniste, 1966: 50 [50]). Indudablemente que por esta razón decidió apoyar sobre otro criterio su distinción entre signo y símbolo.

A pesar de todo, existe una zona de recubrimiento entre los dos conceptos: el que Hjelmslev instaura desborda al de Saussure, pero necesariamente lo engloba: así las onomatopeyas son –a pesar de las precauciones tomadas por Saussure– símbolos en los dos sistemas. Ahora bien, vimos que los sistemas de símbolos en Hjelmslev, los cuasi signos, no son semióticas (lenguajes), y que las onomatopeyas sí están en la lengua. Entonces hay que admitir que para Hjelmslev la lengua no es un puro sistema de signos, sino el lugar de encuentro de un sistema de signos y de un sistema o sistemas de símbolos. Por lo demás, lo vemos describir –con un tono apocalíptico, en un texto "exotérico" de 1953 y poco conocido– el juego de los signos y de los símbolos en el universo:

Aquel que tiene el deseo y los medios para hacerlo pone en movimiento la voluntad de las masas no solamente utilizando palabras y gestos, sino

---

[15] Greimas y Courtès (1982 [1990], "símbolo") han señalado que el término *isomorfo* está mal elegido para los objetos semióticos tales como el Cristo de Thorvaldsen. En efecto, la conformidad implica isomorfismo, pero el isomorfismo no implica la conformidad: los planos de un sistema pueden estar estructurados, cada uno por su lado, sobre el mismo modelo –son entonces isomorfos– sin estar segmentados por las mismas divisiones –lo que es la condición de la conformidad. En el caso del Cristo (o de la balanza, o de los juegos, etc.), hay no solamente isomorfismo, sino también conformidad. En el caso de los lenguajes –principalmente las lenguas– no hay conformidad (los dos planos no están segmentados por las mismas divisiones) pero sí hay isomorfismo: se postula en efecto que los dos planos están estructurados sobre el mismo modelo.

también símbolos tales como la svástica o la hoz y el martillo, o las bandas militares y las trompetas; con ello una cierta *Weltanschauung*, como se dice, es asestada y martillada en la conciencia y el subconsciente de cada individuo [1971: 101].

Esta última frase, como hemos señalado, crea problemas. ¿*Consciente* y *subconsciente* son indiferentemente alcanzados por los signos y los símbolos? ¿O bien se lleva a cabo una repartición teniendo en cuenta el efecto que cada uno produce, el signo afectando a lo consciente, el símbolo a lo inconsciente? Incluso si el orden de intervención de los dos términos pugna –discretamente– en favor de la segunda posibilidad, el texto permanece ambiguo. Y sobre las razones que pudiera haber para repartir los efectos de los signos y de los símbolos sobre lo consciente y lo subconsciente no se puede más que especular.

2

EL SÍMBOLO EN PSICOANÁLISIS: FREUD

Como ya lo hemos anotado en páginas anteriores, el símbolo prolifera en el texto de Freud. *Prolifera*, en los dos sentidos de la palabra: abunda y se reproduce, dando sin cesar nacimiento a nuevos usos. Para iniciar aquí un itinerario que será inevitablemente sinuoso, se hace indispensable tomar como punto de partida el *Vocabulaire de la psychanalyse* de Laplanche y Pontalis (1971). En éste no se incluye la acepción "símbolo". Pero se encuentra lo siguiente:

a] Una breve entrada para "símbolo mnémico", que debe completarse con las indicaciones (dadas al comienzo de la entrada "yo" [*moi*]) sobre la noción del *yo* tal como aparece en los textos de la época, 1894-1900.

b] Una entrada para "simbólico", sustantivo masculino. Esta acepción, de manera excepcional en el *Vocabulaire*, apunta esencialmente a *lo* simbólico lacaniano aun cuando se hace alusión, al comienzo, a *la* simbólica freudiana. Es éste el lugar para observar que lo simbólico lacaniano –a pesar (¿o a causa?) de una inicial exiguamente equívoca: S– echa raíces más bien del lado del *Significante* (ya sea que su etimología epistemológica sea saussuriana o freudiana) que del lado del *Símbolo*. Rosolato (1983: 239 [128]) da un paso más: es el símbolo mismo (y no ya lo simbólico) lo que él distingue del símbolo freudiano. Volveré sobre estos problemas posfreudianos en el capítulo 5.

c] Una entrada para "simbolismo", cuya constitución está fundada sobre la distinción de dos sentidos que se advierten en esta palabra:

1] Un sentido "amplio":

Se utiliza la palabra *simbólico* [*sic*; pero el contexto manifiesta sin equívoco que los autores han querido escribir *simbolismo*] para designar la relación que une el contenido manifiesto de un comportamiento, de una idea, de una palabra, a su sentido latente; dicho término se utilizará *a fortiori* en aquellos casos en que falta por completo el sentido manifiesto (como en

[67]

el caso de un acto sintomático, francamente irreductible a todas las motivaciones conscientes que el sujeto pueda dar del mismo).¡Varios autores (Rank y Sachs, Ferenczi, Jones) sostienen que en psicoanálisis sólo se puede hablar de simbolismo en aquellos casos en que lo simbolizado es inconsciente [Laplanche y Pontalis: 477 (407)].

¡2] Un sentido "restringido": para fijar las ideas con un ejemplo más que con una definición –la que se encontrará más adelante–; se trata principalmente de los símbolos del sueño, que se pueden describir, desde un punto de vista semiótico, como unidades de dos caras.¡

Por mi parte, distribuiré mi análisis de una manera un poco diferente: distinguiré de hecho tres tipos de símbolos freudianos:

1] *El símbolo mnémico*, que, a continuación, abreviaré a veces como *símbolo 1*. Conviene tomar desde el inicio tres precauciones:

a] Freud a veces borra el adjetivo *mnémico* –que, por otro lado, en alemán no tiene el estatus de adjetivo, sino de un elemento nominal de composición: *Erinnerungssymbol*. *Símbolo* (*Symbol*), sin más, toma entonces el sentido de *símbolo mnémico*.

b] Las relaciones entre *símbolo mnémico y síntoma* no tienen una claridad absoluta. Por otra parte, parece que el *símbolo de afecto* (= *símbolo afectivo*) que aparece en *Inhibición, síntoma y angustia* (1926, véase por ejemplo la p. 10 [XX, 89]) es sinónimo de *símbolo mnémico*.

c] En conexión con el *símbolo mnémico* interviene a veces la noción de *simbolización* (*Symbolbildung*). Pero, aun cuando esto pueda resultar paradójico, esta noción no debe ser tomada en el sentido de "formación de símbolo", sino en el sentido de "formación de un síntoma bajo el efecto de un proceso simbólico".

Delimitada de esta manera, la noción de símbolo mnémico aparece en los textos publicados alrededor de 1895. Posteriormente, desaparece, pero resurge en 1926 en *Inhibición, síntoma y angustia*. Me interesaré aquí sobre todo por los *Estudios sobre la histeria* (1895) y por algunos de los artículos (los de 1894-1895) reunidos en *Neurosis, psicosis y perversión*.

2] *El símbolo*, a secas (en adelante, en este capítulo, a veces: *símbolo 2*). Éste es el símbolo que corresponde al *simbolismo en sentido estricto* de Laplanche y Pontalis. La noción aparece, en condiciones por precisar, en *La interpretación de los sueños* (1900) y adquiere un lugar cada vez más preponderante en las ediciones sucesivas de esta obra. Un avance útil y significativo sobre la teoría del símbolo se encuentra en el capítulo sobre "El simbolismo en el sueño" de las *Conferencias de introducción al psicoanálisis* (1916-1917 [1976, vols. 15-16]).

3) El *símbolo* (en adelante, a veces: *símbolo 3*) como término de un proceso de *simbolización* (que no se confunde con la *simbolización* citada anteriormente a propósito del símbolo mnémico). Se trata de uno de los aspectos de los fenómenos considerados por Laplanche y Pontalis bajo el nombre de "simbolismo en sentido amplio". Es la problemática planteada en la *Metapsicología*, y especialmente en los artículos "El inconsciente" y "La represión", que datan de 1915, y se apoyan especialmente en dos de los *Cinco psicoanálisis*: "El hombre de los lobos" y "El pequeño Hans". Pero esta concepción aparece incluso en textos más tardíos, como por ejemplo en *Inhibición, síntoma y angustia* (1926).

Como hemos visto, el orden adoptado para clasificar estos tres términos está fundado en la cronología. Una cronología que, por otro lado, no es verdaderamente clara, salvo para aislar el *símbolo 1* hasta su resurgimiento hacia 1926. En efecto, el *símbolo 2* y el *símbolo 3* coexisten en textos de la misma época, aunque aparentemente el *símbolo 2* se manifestó más temprano. Si se considerara realizar una clasificación fundada en los parentescos entre los tres tipos de símbolos, sería necesario, en desmedro de la cronología, acercar el *símbolo 1* y el *símbolo 3*. Así, en un primer tiempo del análisis el *símbolo 2* quedaría aislado.

La simple ubicación lexicográfica que acabo de hacer pone en evidencia un hecho sorprendente: la polisemia del término *símbolo* en Freud. Desde este punto de vista, la actitud de Freud respecto a su terminología es exactamente inversa a la de Saussure. En este último se observa la propensión a dar nombres diferentes a conceptos vecinos, casi idénticos. Y este estallido terminológico puede ser leído como el indicio del carácter huidizo de un concepto denominado de una manera tan poco estable. En Freud, el procedimiento es dar el mismo nombre a conceptos cuyas definiciones no permiten confusión. De donde surge, inevitablemente, una pregunta: más allá de las evidentes diferencias entre los conceptos, ¿hay entre ellos algo en común? Pregunta que quedará constantemente planteada en un plano subyacente de mi exposición. Trataré, *in fine*, de darle una respuesta explícita.

1] EL SÍMBOLO MNÉMICO

Es indispensable entrar en el detalle de la etiología de las "psiconeurosis de defensa": tal es, en efecto, el nombre que Freud, alrededor de 1895, da a la histeria, a la angustia y a la obsesión.

En el momento de su formación estas neurosis se caracterizan
por un fenómeno de "inconciliabilidad" en la vida representativa
del paciente. La representación inconciliable (*unverträglich*) es naturalmente de orden sexual (1894: 7 [III, 49]). El segundo momento, siempre común a la conjunción de las tres psiconeurosis, consiste en que la representación inconciliable es "ahuyentada [*fort-
schieben*, "empujar lejos"] por un empeño voluntario" (1894: 3-4
[III, 49]). Es en este punto en el que se separan la histeria, por un
lado, y la angustia y la obsesión, por otro. Sigamos por ahora la
evolución de la histeria: el tercer momento de su formación es la
conversión: "En la histeria, el modo de volver inocua la representación inconciliable es *trasponer* [*umsetzen*] *a lo corporal la suma de
excita*ción, para lo cual yo propondría el nombre de *conversión*"
(1894: 4 [III, 50]).

El símbolo mnémico se define, entonces, en el marco de una
teoría del *yo*, evidentemente distinta de la que aparecerá en la segunda tópica, de la siguiente manera:

La conversión puede ser total o parcial, y sobrevendrá en aquella inervación motriz o sensorial que mantenga un nexo, más íntimo o más laxo,
con la vivencia traumática. El yo ha conseguido así quedar exento de
contradicción, pero, a cambio, ha echado sobre sí el lastre de un símbolo
mnémico que habita la conciencia al modo de un parásito, sea como una
inervación motriz irresoluble o como una sensación alucinatoria que de
continuo retorna, y que permanecerá ahí hasta que sobrevenga una conversión en la dirección inversa [1894: 4-5 (III, 51)].

Una ejemplificación muy rica de esta génesis de la histeria aparece en las primeras páginas del "Análisis fragmentario de una
histeria: caso Dora" (1905*b*, sobre todo la p. 19 [VII, 22]). No obstante hay que observar que, salvo error u olvido, el término *símbolo
mnémico* no está utilizado en esta descripción: es el término *síntoma*
el que designa las diversas manifestaciones que han afectado a la
joven. Sucede que, efectivamente, el problema de las relaciones
entre el símbolo mnémico y el síntoma es muy complejo. En "La

etiología de la histeria" (1896) estas relaciones están consideradas de la siguiente manera:

Si de manera más o menos parecida uno quiere hacer hablar a los síntomas de una histeria como testigos de la historia genética de la enfermedad, deberá partir del sustantivo descubrimiento de Josef Breuer: *los síntomas de la histeria* (dejando de lado los estigmas) *derivan su determinismo de ciertas vivencias de eficacia traumática que el enfermo ha tenido, como símbolos mnémicos de las cuales ellos son reproducidos en su vida psíquica* [1896: 84-85 (III, 192-193)].

De este modo, el síntoma habla: porque es elemento de un lenguaje. Pero no habla de sí mismo. Para oírlo hay que observar su articulación con el símbolo mnémico, el único que es susceptible de revelar lo que dice el síntoma con palabras encubiertas: representación inconciliable, ligada a la experiencia traumática de la histérica. Así, el símbolo mnémico funciona como un factor determinante de la especificidad del síntoma. Se ve que la articulación entre las dos nociones es precisa. Pero al mismo tiempo, también se ve que es frágil y que se puede perder de vista al menor inconveniente: es lo que Freud no evita. A tal punto que *símbolo mnémico* y síntoma están frecuentemente empleados de manera intercambiable en los *Estudios sobre la histeria* y en los artículos de esa época reunidos en *Neurosis, psicosis y perversión.* Tan es así que *síntoma* sólo subsiste, en 1905, en "Dora".

De paso, se habrá observado en mi descripción –pero es sin duda conveniente subrayarlo de manera explícita– los tres rasgos específicos del símbolo mnémico. Hagamos, pues, su distinción pero sin olvidar las relaciones que los unen:

a] La fijación corporal del símbolo mnémico. No es posible concebir el símbolo mnémico independientemente de la sustancia corporal en la cual se encarna para hacer aparecer al síntoma: la tos o los tics histéricos, "la sensación inofensiva de una presión sobre el tórax" experimentada por Dora son constitutivos del síntoma mnémico. Son una de sus dos caras, la cara manifiesta. La otra cara, la que no aparece, está constituida por la "representación inconciliable" que ha sido objeto de la conversión corporal. Se ve cómo el símbolo mnémico se parte en dos planos y de un modo análogo al modelo del signo saussuriano. Pero, al mismo tiempo, se puede observar el abismo que se va profundizando entre el sig-

Símbolo mnémico → fijación

nificante saussuriano y el objeto que va tomando su lugar en el aparato freudiano. El significante saussuriano, que es inmaterial (véase más arriba), está libre de toda atadura a cualquier sustancia. Su homólogo freudiano (¿hablaremos de significante?)[1] está ligado en forma indisoluble a su soporte corporal.

b] La relación entre la noción de símbolo y la noción de huella mnémica. Esta relación está marcada de manera explícita en varias ocasiones. Y ella da lugar, principalmente, a la bellísima comparación entre el símbolo mnémico y las inscripciones grabadas que pueden leerse en las ruinas históricas:

Símbolo → H. Mnémica

Si el éxito premia su trabajo [el del investigador que "no se contenta con examinar lo que se encuentra al descubierto"], los hallazgos se ilustran por sí solos: los restos de muros pertenecen a los que rodeaban el recinto de un palacio o una casa del tesoro; un templo se completa desde las ruinas de columnata; las numerosas inscripciones halladas, bilingües en el mejor de los casos [!], revelan un alfabeto y una lengua cuyo desciframiento y traducción brindan insospechadas noticias sobre los sucesos de la prehistoria, para guardar memoria de la cual se habían edificado aquellos monumentos. *Saxa loquuntur!* [las piedras hablan] [1896: 84 (III, 192); esta metáfora bordada sobre la arqueología es redundante; la volvemos a encontrar por ejemplo en "El hombre de las ratas", 1909*b*: 213 (x, 119)].

Vimos anteriormente que los síntomas "hablan": ¿cómo asombrarse de que sean comparados aquí a un objeto u objetos semióticos? Dejo de lado el palacio y el tesoro, y conservo sólo las inscripciones. Ellas ponen en juego un alfabeto –conocemos la fascinación que ejercía sobre Freud todo aquello que tiene que ver con la escritura– y una lengua –o mejor dicho, dos lenguas, puesto que las inscripciones, exactamente como el sueño en la *Interpretación de los sueños* (1900: 241 [V, 359]), son "bilingües". Pero nos damos cuenta de que las inscripciones están grabadas en la sustancia de la piedra: constituyen, al mismo tiempo que conservan, la huella del gesto de quien las ha grabado. Lo mismo sucede con el símbolo mnémico, huella dejada en el cuerpo por el estilete de la conversión.

Insisto en esta relación entre la noción de *símbolo 1* y la noción

---

[1] Sobre el problema de la legitimidad de la identificación de un concepto freudiano con el *significante* véase el capítulo 5.

de *huella*, pues la utilizaré más adelante. En aquella época, en el texto de Freud, para que hubiera símbolo era necesario que hubiera huella. ¿Huella de qué? ¿De un acontecimiento, tal como está a veces explícitamente indicado? ¿Del recuerdo traumático de un acontecimiento, como es sugerido a menudo? La problemática es embrollada: lugar de un debate entre psicoanalistas en el que me cuidaré de entrar, dado que es poco pertinente para el objetivo que me propongo. Para mí lo esencial es que haya huella de alguna cosa, sea lo que sea esa cosa. Sin huella no hay símbolo.

c] El símbolo mnémico es motivado. Es la consecuencia ineluctable de su estatus de huella. Hay un "vínculo" –y, para retomar la metáfora saussuriana, no solamente un "rudimento de vínculo"– entre las dos caras del símbolo mnémico. Daré ahora sólo un ejemplo de los que serán estudiados más adelante: los dolores de la señorita Elizabeth v. R., provocados por la posición de pie y por el caminar, están motivados por lo que ellos significan: el miedo a la soledad y la impresión de impotencia (1895: 120-121 [I, 165]).

Queda todavía por estudiar las modalidades según las cuales se instituye ese vínculo entre las dos fases del símbolo mnémico. Es aquí donde interviene la noción de simbolización. Hay que confesar que –como indiqué más arriba– el término parece bastante mal elegido. No designa, en efecto, la formación del símbolo mismo sino uno de los dos procesos que dan cuenta de la formación del síntoma.[2] Al lado de los síntomas producidos por contigüidad o simultaneidad (¿cómo no pensar aquí en la metonimia, aunque no esté citada explícitamente por Freud?) hay síntomas producidos por simbolización. Freud es más prolijo con los primeros. De este modo la especificidad de uno de los numerosos síntomas que afectan a Frau Cecilie –una neuralgia facial– está determinada de la siguiente manera:

Aquí no se encontró simbolización alguna, sino una conversión por simultaneidad; fue una visión dolida a raíz de la cual emergió un reproche, que la movió a refrenar [esforzar hacia atrás] otra serie de pensamientos. Era, pues, un caso de conflicto y defensa; la génesis de la neuralgia en ese momento ya no sería explicable si uno no supusiera que padecía a la sazón de dolores leves en los dientes o la cara [1895: 142-143 (II, 191)].

___

[2] Hemos visto anteriormente que *síntoma* y *símbolo* son utilizados de manera equivalente. Sus relaciones aparecerán una vez más al final del capítulo (pp. 112-113).

Podemos ver cómo se instituye la motivación: por el sesgo de la huella "dolor facial", común a la cara manifiesta del símbolo (el síntoma toma entonces la forma de una neuralgia facial) y a su cara oculta: Frau Cecilie tenía dolor de dientes en el momento en el que se producía la conversión.

Pero a la par de este primer tipo de formación de síntoma, a veces dado como el más importante, la simbolización juega también un rol determinante. Consiste en apoyarse en las palabras de la lengua que, tomadas en su sentido "literal", determinan la especificidad del síntoma. De este modo, el caso de Frau Cecilie es decididamente muy instructivo:

Era una muchacha de quince años y estaba en cama, bajo la vigilancia de su rigurosa abuela. De pronto la niña da un grito, le ha venido un dolor taladrante en la frente, entre los ojos; le duró varias semanas. A raíz del análisis de este dolor, que se reprodujo tras casi treinta años, indicó que la abuela la ha mirado de manera tan "penetrante" que horadó hondo en su cerebro [1895: 143-144 (II, 192)].

Por su lado, Fräulein v. R. sufre, como acabamos de entrever, a la vez de astasia (dificultad para permanecer parado) y de abasia (imposibilidad para caminar). El primero de estos síntomas se explica por la "traducción simbólica" de la expresión alemana *allein stehend* que, empleada de manera "figurada" en el uso común, significa "persona que vive sola", pero que, en su sentido "literal", conlleva explícitamente la idea de "sostenerse de pie". En cuanto al segundo síntoma, resulta del hecho de haber tomado al pie de la letra la impresión que tiene la joven de "no poder avanzar" en la vida.

Son análisis semejantes a éstos los que llevan a Freud a establecer los lineamientos de una teoría de las relaciones entre el "sentido literal" y el "sentido figurado":

Al tomar literalmente la expresión lingüística, al sentir la "espina en el corazón" o la "bofetada" a raíz de un apóstrofe hiriente como un episodio real, ella no incurre en abuso de ingenio [*witzig*], sino que vuelve a animar las sensaciones a que la expresión lingüística debe su justificación. ¿Cómo habríamos dado en decir, respecto del afrentado, que "eso le clavó una espina en el corazón", si la afrenta no fuese acompañada de hecho por una sensación precordial interpretable de ese modo, y se la reconociera en ésta? ¿Y no es de todo punto verosímil que el giro "tragarse algo", aplicado a un ultraje al que no se replica, se deba de hecho a las sensaciones de inervación que sobrevienen en la garganta cuando uno se deniega el decir, se impide la reacción frente al ultraje? Todas estas sensaciones e inervaciones pertenecen a la "expresión de las emociones", que, como nos lo ha enseñado Darwin [1872], consiste en operaciones en su origen provistas de sentido y acordes a un fin; por más que hoy se encuentren en la mayoría de los casos debilitadas a punto tal que su expresión lingüística nos parezca una transferencia figural, es harto probable que todo eso se entendiera antaño literalmente, y la histeria acierta cuando restablece para sus inervaciones más intensas el sentido originario de la palabra. Y hasta puede ser incorrecto decir que se crea esas sensaciones mediante simbolización; quizá no haya tomado al uso lingüístico como arquetipo, sino que se alimenta junto con él de una fuente común [1895: 144-145 (II, 193)].

Se habrá notado aquí la referencia a Darwin: sabemos que esto es frecuente en Freud en cuanto aborda un problema de origen, por ejemplo, en *Tótem y tabú*, el de la horda primitiva (1912: 194-198 [XIII, 128] y *passim*). Pero nos interesa sobre todo la equivalencia instituida entre los adjetivos *literal* y *corporal*: el "sentido literal" es el que sostiene al cuerpo de la expresión (en todos los sentidos, osemos decirlo), incluyendo el sentido literal. La histérica, que resiente una advertencia desagradable de su marido "como una bofetada" (1895: 142 [II, 191]) o que experimenta irreprimibles náuseas con el pensamiento de "tragar" un insulto, restituye a las expresiones "imaginadas, figuradas" su sentido primitivo: indisolublemente literal y corporal, literal porque es corporal. ¿Y cómo no recordar que el sentido mismo de la palabra *letra* hace reaparecer este anclaje corporal de la noción? Pues no por nada se puede hablar, *literalmente*, del *cuerpo* de la letra, de su *cabeza* y de su *ojo*. Y sobre todo de su *pie*: tomando las palabras al pie de la letra, como es sabido, puede uno gozar de la letra. Las histéricas, ellas –digo *ellas* porque Freud ejemplifica sus análisis exclusivamente con casos femeninos–[3] no saben gozar. Al menos no con la letra. Pero lo que ellas saben muy bien es tomar al pie de la letra las

---

[3] Sabemos que Freud explicita "que la histeria tiene mayor afinidad con la feminidad" (1926, XX, p. 148).

palabras. Como dice justamente E. Roudinesco: "Madame Cecilie,
literalmente, toma el significante en la boca, toma el insulto a la
palabra, y eso hace mal" (1977: 178).

Pasemos de la sustitución –un poco precipitada, sin duda, y en
todo caso poco explícita– del significante (lacaniano, evidentemente: pues ¿cómo podríamos recibir en pleno rostro esa sombra inmaterial que es el significante saussuriano?) a la letra freudiana: el
análisis es, por lo demás, plenamente justificado, hasta en su literalidad.

Y para insistir todavía sobre este fragmento, decididamente capital, de los *Estudios sobre la histeria*, subrayaré que dicho fragmento
permite observar –¿por primera vez en la cronología freudiana?–
una tentación en la que repararemos –necesariamente bajo otras
formas– en muchos otros puntos. Cada vez que los procesos del
inconsciente[4] son comparados o, todavía más simple, relacionados
con fenómenos lingüísticos, Freud se inclina de manera irreprimible a buscar una fuente común a los dos órdenes de fenómenos.
Aquí, el lenguaje y los síntomas histéricos –así como los símbolos
mnémicos que los condicionan– aparecen como "extraídos de la
misma fuente". Además, como veremos más adelante, serán los
símbolos del sueño y las palabras de la lengua los que estarán igualmente ligados al mismo tronco común (véase el capítulo 4).

Permítaseme aquí, como excepción en este capítulo freudiano,
un paréntesis lacaniano. Es evidente que el análisis de la simbolización en la formación del síntoma es lo que constituye uno de los
dos orígenes freudianos (ya hemos advertido otro anteriormente,
y volveremos a ello en el capítulo 5) del concepto lacaniano de
significante y de la concepción de "el inconsciente estructurado
como un lenguaje". Ello aparece en el fragmento siguiente:

Un sistema del significante, una lengua, tiene ciertas particularidades que
especifican las sílabas, los empleos de las palabras, las locuciones en que

---

[4] El concepto mismo de *inconsciente* no aparece explícitamente en los *Estudios
sobre la histeria*, salvo en la expresión "representaciones inconscientes" (p. 181).
Pero se encuentra siempre en filigrana, en las condiciones descritas por E. Roudinesco: "El descubrimiento del inconsciente se remonta a la historia de Mme Cecilie"
(1977: 177).

se agrupan, y ello condiciona, hasta en su trama más original, lo que sucede en el inconsciente. Si el inconsciente es, tal como Freud lo describió, un retruécano, puede en sí mismo ser la clavija que sostiene un síntoma, retruécano que no existe en una lengua vecina. Esto no quiere decir que el síntoma esté fundado siempre en un retruécano, pero siempre está fundado en la existencia del significante en cuanto tal, en una relación compleja de totalidad a totalidad, o más exactamente de sistema entero a sistema entero, de universo del significante a universo del significante [1981: 135 (1984: 172-173)]. Ste. lacaniano

Se lee aquí un comentario –*literal*, me atrevo a decir– del análisis hecho por Freud de la simbolización fundada en un significante (caso de Frau Cecilie, "perforada" por la mirada de su abuela) o en un retruécano: es aquí Elizabeth v. R. quien vuelve a la escena, con su astasia. Y entonces se constata que efectivamente el retruécano no es posible en otra lengua, el francés por ejemplo, donde no existe la expresión *allein stehend* para designar el estatus de la persona sola: uno se pregunta cómo se hubiera operado la simbolización si la joven hubiera sido francesa. El inconsciente tiene muchas vueltas: hubiera exhumado algún otro retruécano.

El texto citado –el *Seminario sobre las psicosis*– data de 1955-1956. Pero el pensamiento de Lacan sobre este problema fundamental es de una notoria permanencia. Desde 1933, a propósito del "Doble crimen de las hermanas Papin", se lo ve efectuar un análisis casi homónimo, aunque, teniendo en cuenta las diferencias del caso, no es exactamente sinónimo. Y así, podemos ver sin asombrarnos la aparición del adjetivo *simbólico*, pero todavía indistinto entre su sentido etimológico freudiano y el sentido específico lacaniano que tomará después: "Tal se nos muestra este crimen de las hermanas Papin, a causa de la emoción que suscita y que sobrepasa su horror, y a causa de su valor de imagen atroz, pero simbólica hasta en sus más espantosos detalles: las metáforas más sobadas del odio –'Sería capaz de sacarle los ojos'– reciben su ejecución literal" (1933: 7 [1976: 341]).

Y de una manera homóloga, *mutatis mutandis*, Lacan se expresa, cuarenta años más tarde, en "L'étourdit" [El atolondrado]: "el inconsciente, por estar 'estructurado *como un* [cursivas de Lacan] lenguaje', esto es, lalengua[5] que habita, está sujeto al equívoco con

---

[5] No es aún el lugar para tratar de delimitar este concepto: volveremos a ello en el capítulo 5.

que cada una se distingue. Una lengua entre otras no es otra cosa sino la integral de los equívocos que de su historia persisten en ella" (1973: 477 [63]).

Con esto he terminado con el símbolo mnémico –el *símbolo 1*: y vemos que este número de orden toma, quizás, otro valor, propiamente jerárquico. Es por ello, con toda seguridad, por lo que nos sorprende un poco que Forrester no le consagre más que algunas páginas apresuradas (1984: 125-130 [91-95]), sin haber tenido suficiente cuidado –que en un primer momento era indispensable– para distinguirlo del símbolo utilizado en el sueño, aun cuando, como veremos a continuación, un esfuerzo de articulación entre las dos nociones no es imposible. Sólo que en un segundo momento.

No obstante, es útil, antes de llegar al *símbolo 2*, volver un poco sobre nuestros pasos, para encontrar la bifurcación donde, en la génesis de las psiconeurosis, se separan los caminos: de la histeria, por un lado; de la angustia y la obsesión, por otro. Hemos seguido hasta aquí la vía de la histeria, que nos ha llevado al símbolo mnémico. Sigamos ahora la vía de la fobia y de la obsesión. Aquí no hay conversión corporal, sino una *transposición* (*sic*; en el texto alemán: no se trata, entonces, al menos en la terminología, del proceso que se establecerá más tarde con el nombre de *desplazamiento*, en alemán *Verschiebung*). Bajo el efecto de la transposición, el afecto ligado a la representación inconciliable se desprende de esta representación. Deviene libre. Afecto fluctuante que, finalmente, encuentra un lugar para fijarse. No importa dónde:

Para el enlace secundario del afecto liberado se puede aprovechar cualquier representación que por su naturaleza sea compatible con un afecto de esa *cualidad*, o bien tenga con la representación inconciliable ciertos vínculos a raíz de los cuales parezca utilizable como su subrogado. Por ejemplo, una angustia liberada, cuyo origen sexual no se debe recordar, se vuelca sobre las fobias primarias comunes del ser humano ante ciertos animales, la tormenta, la oscuridad, etc., o sobre cosas que inequívocamente están asociadas con lo sexual de alguna manera, como el orinar, la defecación, el ensuciarse y el contagio en general [1894: 8-9 (III, 55)].

Permítaseme aquí una observación que no apunta a la presencia sino a la ausencia de una palabra. El proceso que Freud acaba de describir podría, aparentemente, recibir el nombre de *simbolización*: se trata efectivamente de una formación de sustituto. En cuanto al sustituto mismo –que Freud denomina sucedáneo– nada impediría llamarlo *símbolo*. ¿Por qué razón las dos palabras fueron aquí evitadas? Acabamos de verlo: es porque ya fueron utilizadas en otra parte, y entiendo que para otros conceptos. Y si fueron utilizadas en otra parte, es porque en ese momento del pensamiento de Freud el *símbolo*, necesariamente *mnémico*, estaba ligado de manera indisoluble a la noción de *huella*. Y cuando se separa de ella el símbolo estará disponible para designar al objeto sobre el que "se proyecta" la fobia. Será, pues, el *símbolo* designado por nosotros con el número *3*, por ejemplo, el animal que causa la angustia. De este modo se perfila, bajo otro aspecto, la red compleja de relaciones que se teje entre las diferentes concepciones freudianas del simbolismo.

2] EL SÍMBOLO ONÍRICO (SÍMBOLO 2)

Para empezar, no daré ninguna definición. Freud mismo nos proporcionará el camino a seguir una vez que hayamos abordado el estudio de uno de los textos centrales: es la décima conferencia de *La introducción al psicoanálisis*, consagrada al "Simbolismo en el sueño".

Comienzo por una rápida ubicación histórica que se proyecta sobre una evidente constatación filológica, pues cuando se hojea la *Interpretación de los sueños*, uno no puede dejar de notar dos hechos que aparentemente son contradictorios:

a] en el índice de la obra, ningún capítulo está explícita o exclusivamente dedicado al símbolo ni al simbolismo. Sólo una de las nueve secciones del capítulo VI (de los siete que componen la obra) está modestamente dedicada a "La figuración por símbolos en el sueño. Otros sueños típicos" ("Die Darstellung durch Symbole im Traume. Weitere typische Traüme"). Incluso esta sección apareció muy tardíamente en la historia de la obra: hacia la cuarta edición en 1914 (Forrester, 1984: 148 [97], lo hace notar, sin comentario). La formulación misma del título de esta sección conserva, gracias a la palabra *weitere* (que implica la idea de nueva añadidura), una huella de este carácter adventicio del desarrollo.

b] Y sin embargo el texto de la obra está literalmente repleto de descripciones fundadas sobre la noción de símbolo. Y esto ocurre en casi en todos los capítulos, aun en aquellos en los que menos

se espera este tipo de intervención. Veamos un ejemplo entre los
miles posibles: el análisis de las representaciones simbólicas –el
ejemplo que se ofrece es el de la casa y de sus elementos constitutivos– en el capítulo I, p. 81 [IV, 29], capítulo dedicado a describir
la "Literatura (en el sentido alemán de "bibliografía") sobre el sueño". Es cierto que este análisis procede de uno de los predecesores
de Freud, Volkelt (que extrañamente está ausente de la bibliografía). Pero Freud toma poca distancia con respecto a este texto citado y entonces los simbolismos identificados por Volkelt reapa-
recerán casi todos junto a las descripciones propiamente freudianas (véase sobre todo 1916-1917: 176 [XV, 141ss]). Esta omni-
presencia del simbolismo onírico llega a tomar un aspecto aluci-
nante en el capítulo principal sobre "El trabajo del sueño". El "trabajo del sueño", como sabemos, es la conjunción de las operaciones
que intervienen para transformar los *pensamientos del sueño* (*Traum-
gedanken*, dicho de otro modo *contenido latente*, *latente Trauminhalt*)
en el sueño de superficie (*contenido manifiesto*, *manifeste Trauminhalt*, a menudo abreviado *Trauminhalt*). Estas operaciones son cuatro: las célebres *condensación* (*Verdichtung*) y *desplazamiento* (*Verschiebung*; véase lo que se dijo antes sobre la *transposición*) –ilustra-
das por el debate de su asimilación a la metáfora y a la metonimia–;[6]
la *toma en consideración de la figurabilidad* (*Rücksicht auf Darstellbar-
keit*) y, finalmente, la *elaboración secundaria* (*sekundäre Bearbeitung*).
Sin entrar en el detalle minucioso del número de páginas reservado
al conjunto de estas operaciones, es evidente, a primera vista, que
ocupan de manera paradójica una parte muy reducida de ese enor-
me capítulo (que representa por sí solo más o menos un tercio de
la obra). Todo el resto está invadido por consideraciones sobre el
simbolismo en el sueño, por ejemplos, clasificaciones y enumeraciones. Se encuentra en él, en germen, un verdadero diccionario
de símbolos que, por otra parte, ha podido ser extraído de este
capítulo (así como del conjunto de los otros seis) bajo la forma de
un engrosado índice de símbolos. Y, sin embargo, salta a la vista

---

[6] Además de Jakobson (1963: 65-66); véase también "Dos aspectos del lenguaje
y dos tipos de trastornos afásicos" en Jakobson y Halle, *Fundamentos del lenguaje*
(99-143) y, naturalmente, Lacan (1966 [1989, principalmente 485-486 y en otras,
luego 497-498]; 1981 [1984: 307-331]), hay que citar aquí a Lyotard, 1971 [1979:
252-262].

que el simbolismo, tal como está presentado aquí, no puede depender para nada de un "trabajo". *Trabajo*, sin duda, podría decirse a propósito del proceso de *simbolización*, tomado en el sentido de "formación del símbolo". Ahora bien, el problema no está examinado precisamente bajo este aspecto: el símbolo está presentado como *ya ahí*, completamente formado, del mismo modo que las palabras de la lengua que el niño está por aprender.

No todos los lectores de Freud han ignorado esta sorprendente estructura del capítulo VI. Lacan hace alusión a ella, pero en cursivas, en el artículo "Sobre la teoría del simbolismo de Ernest Jones" (1966: 713 [676]). Laplanche y Pontalis la señalan en la entrada "simbolismo", y Laplanche sólo vuelve a ella en *Castration, symbolisations* (1980: 253). Roland Sublon, por su parte, caracteriza la *Traumdeutung* como "una suerte de catálogo o de diccionario de símbolos oníricos" (1978: 164); claro, lo hace muy lúcidamente después de haber puesto en guardia al lector sobre una lectura demasiado reductiva. Lacan y Laplanche llaman la atención sobre el aspecto histórico del problema, y dan cuenta de la influencia de Stekel y de algunos otros. Es también lo que hace Forrester, que precisa que el capítulo está progresivamente enriquecido por añadidos agregados poco a poco y en las ediciones sucesivas (1984: 121 [95-96]). ¿Y la influencia de Stekel? Es evidente, aun cuando fuera necesario, con el correr de los años, agregarle la de Silberer y la de Jung. En el caso de Stekel, Freud mismo señala lo que le debe, tanto en el prefacio a la tercera edición (la de 1911)[7] como en el cuerpo del capítulo. Se lo ve, incluso, tratando de salvaguardar su amenazada originalidad al mostrar que, desde un comienzo, él ha puesto el acento sobre la simbólica onírica y sin haber esperado la lectura del libro de Stekel, muy significativamente intitulado *Die Sprache des Traumes* (*la lengua* –o *el lenguaje*, pues como sabemos el sustantivo alemán *Sprache* abarca las dos palabras españolas– *de los sueños*), publicado en 1911:

El análisis del sueño biográfico mencionado en último término [se trata del célebre "sueño de flores", que es utilizado principalmente para ilus-

---

[7] "Por mi propia experiencia, así como por los trabajos de Wilhelm Stekel y otros, aprendí desde entonces a apreciar mejor el alcance y la importancia del simbolismo en el sueño (o, más bien, en el pensamiento inconsciente)" (IV, 21).

trar la incapacidad del sueño para marcar la contradicción] vale como prueba de que ya desde el comienzo advertí el simbolismo en el sueño; pero sólo poco a poco lo aprecié en todo su alcance e importancia, cuando mi experiencia se amplió e influido por los trabajos de Wilhelm Stekel [1911*a*]... [1900: 300 (v, 356)].

Uno cree sentir ciertas reservas de Freud con respecto a Stekel. ¿Ellas se justificarían exclusivamente por las amenazas que Stekel deja caer sobre su amor propio de autor? En todo caso, tales reservas se encuentran fuertemente racionalizadas en una carta a Jung. En esta carta se lee de manera explícita la preocupación de relacionar el estudio del simbolismo onírico con el del lenguaje:

Tampoco considero como algo imposible el *Libro de símbolos oníricos*, sino que tan sólo el modo como lo haga Stekel es lo que ha de despertar nuestra defensa. Practicará una explotación exhaustiva, saqueará, arrebatará cuanto pueda atrapar, destruyendo todas las correlaciones, sin respeto alguno al mito y a los usos del lenguaje o al desarrollo de este último [1974, carta 163F (1979)].

Se observará la ambivalencia de las palabras de Freud con respecto a su colega. Ambivalencia que tiene por contrapartida, en el nivel del aparato teórico, las apariencias de la autocontradicción, pues a primera vista no es cómodo conciliar entre sí afirmaciones tales como: "El simbolismo es quizás el capítulo más asombroso de la doctrina del sueño" [xv, 138], y:

Pero al mismo tiempo quisiera advertir de manera expresa que no debe exagerarse la importancia de los símbolos para la interpretación del sueño, como si el trabajo de traducir éste hubiera de limitarse a la traducción de símbolos, desechando la técnica que recurre a las ocurrencias del soñante. [...] viniéndose a agregar como medio auxiliar la traducción de símbolos que acabamos de introducir [v, 365].

Sin embargo, no nos apuremos a denunciar la contradicción. Pues es necesario tener en cuenta no la cronología de las dos apreciaciones –son muy próximas en el tiempo, casi contemporáneas– sino la evolución a la cual remite cada una de ellas por separado. La primera aparece en 1916-1917, en las *Conferencias de introducción al psicoanálisis*. La segunda, en su manifestación rudimentaria, proviene de una edición tardía (la quinta, aparentemente,[8] de 1918) de la *Traumdeutung*. Pero es evidente que ella hace alusión al estado anterior de la teoría. Ciertamente, el simbolismo no está del todo ausente allí, aunque Lacan va demasiado lejos al pretender "que no ocupaba ningún lugar en la primera edición de la *Traumdeutung*" (1966: 713 [1984: 692]). Lo que pasa es que ocupa un lugar mesurado, tan mesurado que el propio Freud se ve, posteriormente, obligado –acabamos de advertir de qué manera– a subrayar la discreta presencia, a fin de salvaguardar su amenazada prioridad.

No entraré en los detalles de una problemática enredada por Freud mismo y luego por sus sucesivos lectores, a menudo forzados –es el caso, entre otros, de Lacan– por las necesidades de su propio aparato teórico.[9] Lo que parece seguro es que Freud estuvo tentado por –me atrevo a decir– una semiotización del inconsciente, una construcción del inconsciente a partir del modo en que concibió al símbolo. Y de ahí sobre el modo en que concibió a la lengua. Tal, al menos, como la visualizaba. Pues, por un inevitable regreso, construir el inconsciente sobre el modelo de la lengua es, indisolublemente, construir la lengua sobre el modelo del inconsciente. Veremos a esta problemática emerger de ella misma en la descripción que voy a comenzar ahora. Para esta descripción utilizaré al mismo tiempo los elementos proporcionados por el capítulo sobre el "Simbolismo del sueño" en la *Introducción al psicoanálisis* y las indicaciones dadas en la *Traumdeutung*. Determinación que, si tuviera necesidad de ser justificada, lo sería ampliamente por este fragmento del prefacio a la quinta edición de la *Traumdeutung*:

La segunda parte, que comprende once lecciones, está consagrada a una exposición sobre los sueños que quiere ser más elemental y se propone establecer un nexo más íntimo con la doctrina de las neurosis. En su conjunto presenta el carácter de un extracto de *La interpretación de los sueños*, si bien en algunos lugares ofrece análisis más detallados (1900: 8 [IV, 24]).

---

[8] Sólo la edición en inglés de la *Traumdeutung* da el detalle, edición por edición, de los agregados sucesivos al texto original. No tuve acceso a esta edición y procedo aquí por diversos conductos, ayudándome con las indicaciones de Forrester.

[9] Lacan llega incluso a hablar de "la desviación que el inconsciente, en el sentido de Freud, ha sufrido por la mistificación del símbolo" (1966 [1984: 687]).

En las *Conferencias de introducción*, el capítulo sobre "El simbolismo" comienza relacionando el problema de la censura –objeto del capítulo precedente– con el problema de la "desfiguración" del sueño. Esta "desfiguración" –muy claramente definida como una "cierta diferencia entre el contenido manifiesto del sueño y los pensamientos oníricos latentes"–[10] es el resultado de la acción de la censura. Pero la censura no es el único elemento que produce ese efecto de desfiguración: "Esto equivale a decir que ni siquiera si se eliminase la censura onírica estaríamos todavía en condiciones de comprender los sueños, el sueño manifiesto no sería aún idéntico a los pensamientos oníricos latentes" (1916-1917: 165 [XV, 136]).

¿Cuál es entonces ese segundo factor de "desfiguración"? Este factor está revelado por un rasgo capital –al menos presentado así: el obstinado silencio del "sujeto analizado" (pues se sabe que para Freud el sujeto no accedía al prestigioso estatus de "analizante") sobre ciertos elementos del sueño: "restan casos en que la asociación fracasa o, si se la arranca, no brinda lo que esperábamos de ella" (*idem*).

Sobre las razones de ese silencio, Freud es, en las *Conferencias de introducción*, muy... silencioso. Aunque brevemente, advierte bien las "leyes" que rigen a la distribución de esos blancos en el discurso del sujeto. Pero no las enuncia (*ibid.*: 166 [XV, 137]). Y es en los *Minutos* donde hay que ir a buscar una explicación: "Los pacientes guardan silencio en dos situaciones: cuando no aceptan el simbolismo sexual o cuando la situación de transferencia presenta algún obstáculo" (citado según Forrester, 1984: 142 [105]).

¿Cuál es la actitud del analista ante esos elementos desesperadamente "mudos" (1916-1917: 166 [XV, 137]) del sueño? La única posibilidad es

interpretar por sí mismo esos elementos oníricos "mudos", emprender por sus propios medios una traducción de ellos. Y se le impone con evi-

---

[10] XV, 136. Se notará que esta "no coincidencia" entre los dos planos permite, en términos hjelmslevianos (véase el capítulo precedente), definir el sueño como caracterizado por la no conformidad: rasgo que tiene en común con las lenguas. ¡Y no buscaré complicar las cosas recordando que esta ausencia de conformidad entre los dos planos no es precisamente lo propio de los sistemas de símbolos hjelmslevianos!

dencia que toda vez que arriesga esa sustitución obtiene un sentido satisfactorio, mientras que el sueño permanece falto de sentido y su trama
interrumpida hasta que uno no se resuelve a esa intervención (*idem*).

Así, podemos entender que esos elementos mudos son los símbolos del sueño. Pero aquí se nos plantea de inmediato un problema: ¿acaso el analizado permanece mudo de manera tan constante
como lo pretende Freud en la *Introducción*? El único medio para
responder a esta pregunta sería hacer en la *Introducción*, y sobre
todo en la *Traumdeutung*, el inventario exhaustivo de los relatos
de los sueños, e identificar si la "ley del silencio" sobre los símbolos
se observa constantemente. Confieso que yo he retrocedido ante
la posibilidad de hacer este meticuloso trabajo de exégesis freudiana. Pero los sondeos que he efectuado me permiten, sin embargo,
afirmar que la regla está lejos de cumplirse siempre. Así, en el
sueño del sombrero, al comienzo se dice con razón: "puesto que
ella no puede producir ninguna ocurrencia relativa al sombrero"
(1900: 309 [v, 366]). Y la secuencia muestra claramente que su
silencio original se explicaba efectivamente por el rechazo del simbolismo sexual. Pero en el sueño que sigue de inmediato es la
soñante quien "ella misma interpreta [en la versión francesa aquí
dice, además, *espontáneamente*, palabra que M.A. pone en cursivas.
T.] que el pequeño es el órgano genital, que la pequeña son sus
propios genitales" (*ibid.*: 311 [v, 368-369]). Y poco después es un
soñante el que "este sueño lo interpretó casi por sí solo" (*ibid.*: 313
[370]). Y, sin embargo, el simbolismo así descrito es tan precisamente sexual como posible: "La rotonda, *dice* [cursivas mías], son
mis órganos genitales, y el globo cautivo antepuesto es mi pene,
cuya flojedad me da motivo de queja" (*idem*). Esta evidente duda
de Freud sobre una ley dada desde el comienzo como fundamental
es un indicio más –aunque sin duda más discreto que los otros y
que ha sido hasta ahora, al menos por lo que sé, poco señalado–
de un conflicto entre dos conceptualizaciones opuestas del símbolo. El cual, por un lado, está concebido como una unidad dada de
antemano, "siempre ya" hecha. Y el silencio que se observa con
respecto al símbolo se explica, seguramente, por el aspecto sexual
del contenido evocado. Pero se explica, también, por el hecho de
que de tal símbolo –elemento de un léxico que está ya establecido
desde su inserción en el texto del sueño– no hay, propiamente
hablando, nada que decir, de la misma manera en que, con respecto

a las palabras de una lengua, no hay nada que decir sobre la relación entre su forma y su sentido. Por otro lado, surge una concepción distinta del símbolo, ya que al estar integrado a la cadena de asociaciones no ocasiona el silencio del sujeto. Toma entonces el símbolo el estatus de objeto del trabajo de análisis e, indisolublemente, de producto del inconsciente. Así se explica, en el "Hombre de los lobos", el tan bello análisis del recuerdo encubridor de la mariposa. Freud rechaza con una desenvoltura teñida de desprecio "la fácil conjetura de que las prolongaciones puntiagudas, o en forma de bastón, de las alas de la mariposa pudieran haber tenido un significado como símbolos genitales" (1918: 394 [XVII, 83]), prolongaciones de las cuales efectivamente el paciente no dice nada. El esfuerzo de Freud se concentra entonces en las asociaciones del paciente que, de significante en significante, lo llevan a la palabra *Espe*, nombre mutilado de la avispa (*Wespe*) a la vez que son las iniciales del "verdadero" nombre del hombre de los lobos: Serguei Petrov [XVII, 86-87 y nota 5].

Como hemos visto, este conflicto entre las dos concepciones del símbolo permanece subterráneo. Lo que sí se hace público, y de manera redundante, en el nivel del discurso teórico explícito, es el "silencio" con respecto al símbolo. Se nos plantea, entonces, de manera inmediata, un problema evidente: si el analista es capaz, *completamente solo*, de interpretar esos elementos mudos que son los símbolos es porque dispone de un "saber" previo: "uno llega a decirse que su propio conocimiento le habría permitido obtener de hecho estos fragmentos de la interpretación del sueño; realmente podían comprenderse sin las ocurrencias del soñante" (1916-1917: 166 [XV, 137]).

Saber

Frase extraña, hay que admitirlo, donde se observa una vez más la huella desdibujada del conflicto entre dos concepciones. Pues, ¿cómo sería posible recurrir a las "ocurrencias" que, por definición, tal como se acaba de afirmar, no se dicen? Pero la estructura misma del discurso de Freud es aquí no menos extraña. Pues precisamente en el momento en que acaba de establecer la inevitable noción de saber simbólico es cuando hace a un lado –¿por qué razón?– el examen del no menos inevitable problema del origen de ese saber: "¿de dónde conoceríamos su significado? Lo averiguaremos en la segunda mitad de nuestra elucidación [se trata evidentemente de la significación de los símbolos]" (*idem*).

El lector está forzado a esperar. Esperará, perplejo e impaciente, a lo largo de varias páginas. Puesto que en lugar del análisis diferido encuentra una definición –aquella que he anunciado anteriormente, y que, salvo error, falta en la *Traumdeutung*: "Llamamos *simbólica* a una relación constante de esa índole entre un elemento onírico y su traducción, y al elemento onírico mismo un *símbolo* del pensamiento onírico inconsciente" (*idem*).

De este modo, el símbolo es una unidad de dos caras; una, manifiesta –la que recibe, elegantemente pero de una manera terminológica bastante molesta, el nombre de *símbolo*–, la otra, no manifiesta: el contenido. Aun corriendo el riesgo de que parezco "saussurizar" a Freud, tomando como modelo el CLG, me inclino por escribir *simbol(izante)* cada vez que se trata, sin ningún equívoco, de la fase manifiesta.

La formulación de esta definición del símbolo plantea inmediatamente el problema de la relación entre sus dos caras. El análisis es aquí bastante enredado. Digo enredado sin hacer un juicio de valor: es, creo, una constatación de hecho, y posiblemente el nuevo indicio de un punto discutible en el aparato teórico, discutible incluso para el mismo Freud. Los elementos fundamentales de la argumentación son, esencialmente, comunes a la *Introducción* y a la *Traumdeutung* (1900: 302-303 [V, 359-364). Se pueden presentar de la siguiente manera:

1] La relación entre las dos fases del símbolo –"la esencia de la relación simbólica"– consiste en una comparación: entre el *contenido* y lo *simbol(izante)* hay un rasgo común, un *tertium comparationis*. Parece que Freud no pone *jamás* en cuestión la existencia de ese rasgo común; el cual, en ciertos símbolos, es difícil de identificar, tal como lo señala Freud en diversos puntos de su obra. Y cada vez que lo hace advierte críticamente la insuficiencia de "nuestros conocimientos", pero nunca considera –salvo error– la posibilidad de una relación –iba yo a decir, saussurianamente, arbitraria, pero prefiero decir aleatoria– entre las dos fases.

2] Pero el juego de la comparación es limitado, e incluso doblemente limitado:

a] todo lo que es simbolizable no es simbolizado: "Por otra parte, el sueño tampoco lo simboliza todo, sin importar qué, sino sólo determinados elementos de los pensamientos oníricos latentes" (1916-1917: 168 [XV, 139]).

b] no toda comparación es susceptible de constituir un símbolo: algunas de ellas, en sí mismas muy satisfactorias, son incapaces de

88 EN TORNO AL SÍMBOLO

generar un símbolo: "Uno sospecha que esta comparación está
sujeta a un condicionamiento particular, pero no puede decir en
qué consiste" (idem).

3] De una manera aparentemente paradójica, las comparaciones
no son reconocidas como tales por el sujeto: "es extraño [...] que
el soñante no tenga ninguna gana de reconocer esta comparación
una vez que le ha sido presentada" (ibid.: 169 [XV, 139]).

⌊Encontramos ahí y sin sorpresa el tema del silencio de los analizados sobre los símbolos de sus sueños, lo cual ya fue anteriormente expuesto: ellos están ciegos ante la huella que debería re-
velarles sus sueños.⌋

De este modo, la analogía (fundando la comparación) juega un
rol determinante en la constitución del símbolo. No obstante, el
juego de la analogía está limitado por un aparato complejo de
condiciones. Uno no deja de observar allí con una gran perplejidad
el libre curso que Freud parece dar a los efectos de la analogía
cuando llega a enumerar y describir los símbolos (ibid.: 169ss
[139ss]).

Se abre entonces esta larga y –Freud lo reconoce de buen grado–
bastante fastidiosa enumeración de símbolos, los que primero son
considerados partiendo de lo simbolizado y después partiendo de
lo simbol(izante). Este doble trayecto permite al autor encontrar
el problema de las relaciones cuantitativas entre las unidades de
los dos planos (manifiesto y latente). Problema que presenta dos
aspectos que, aunque complementarios, no son tratados con igual
atención en la Introducción. Por un lado, los elementos simbolizados
–que conciernen esencialmente al dominio de la sexualidad: órganos sexuales, actos sexuales, relaciones sexuales– son menos numerosos que los simbol(izantes). De ahí, para traducirlo en términos lingüísticos, los fenómenos de sinonimia: varios simbol-
(izantes) remiten a un solo y único simbolizado. Así, se hace posible
el inventario muy abierto (¿ilimitado?) de los simbol(izantes) fáli-
cos. Pero, por otro lado, se observa el fenómeno inverso: un solo
simbol(izante) puede remitir a varios contenidos. Las observaciones de este tipo son muy redundantes en la Traumdeutung (La interpretación de los sueños, 1900: 310, 323, 340, etc. [V, 359-364]). He
aquí la más pertinente: "Éstos [se trata de los simbol(izantes)] a
menudo son multívocos, de modo que, como en la escritura china,
sólo el contexto posibilita la aprehensión correcta en cada caso"
(ibid.: 303 [V, 359]).

En la *Introducción*, el problema es tratado de manera menos repetitiva. Pero el único pasaje donde está desarrollado y argumentado hace explícitamente alusión a la posibilidad de que un solo simbol(izante) remita a dos contenidos opuestos: "Muchos símbolos significan un genital en general, sin que importe que sea masculino o femenino, por ejemplo, un niño *pequeño*, hijo *pequeño*, o hija *pequeña*" (1916-1917: 179 [XV, 143]); sabemos que este aspecto de los simbol(izantes) oníricos está ejemplificado en la *Interpretación de los sueños* por el "sueño de las flores", citado brevemente más arriba, donde "el mismo ramo florido figura (*al mismo tiempo*) la inocencia sexual y también su opuesto" (1900: 280 [IV, 325]).

Freud mismo compara este rasgo del símbolo onírico con ciertos aspectos de la escritura ideográfica, aquí ejemplificada por los caracteres chinos. Como veremos, en otros puntos serán los jeroglíficos egipcios los que serán invocados. Pero sea de esto lo que fuere, la comparación misma con la escritura –objeto semiótico por excelencia– autoriza una traducción en términos lingüísticos: es fácil reconocer en ese segundo aspecto del símbolo la polisemia o su doble, la homonimia.

Así el simbolismo onírico se caracteriza a la vez por la sinonimia y por la homonimia. De manera general, es decir, de manera aparentemente no limitada: en ningún punto de uno u otro texto Freud parece considerar alguna limitación al doble fenómeno. Se ve hasta qué punto tal sistema se aparta de una lengua –al menos de aquello que los lingüistas llaman con ese nombre. No es que en la lengua sinonimia y homonimia estén ausentes: es incluso para hablar de las lenguas para lo que estas palabras han sido creadas. Pero los dos fenómenos están allí localizados, circunscritos, regulados. Es una de las tareas esenciales de los lingüistas observar esos fenómenos, aunque por procesos que difieren según las épocas y las escuelas pero que tienen el mismo fin: pensemos, por ejemplo, en la conmutación en Hjelmslev, o en el lugar que ha tomado la reflexión sobre la ambigüedad en la elaboración de las gramáticas generativas. Aquí se podrá notar, en Freud, la actitud que he señalado anteriormente a propósito del proceso de simbolización (en el sentido del *símbolo 1*) y de la problemática del sentido literal: los objetos lingüísticos (o semióticos) con los cuales se comparan los procesos del inconsciente se construyen previamente sobre el modelo mismo del inconsciente. Éste es a mi modo de ver todo el sentido que tiene la célebre especulación tomada de Carl Abel sobre "Los sentidos opues-

tos en las palabras primitivas". Volveré sobre esto detalladamente
en el capítulo 4. Pero creo útil señalar, desde ahora, que Freud
encontró allí ese objeto "quimérico" (la palabra es de Benveniste):
una lengua en la que homonimia y sinonimia actuarían de forma
ilimitada, como lo hacen en el simbolismo onírico.

El aspecto cuantitativo de las relaciones entre las dos caras del
símbolo no es lo que preocupa mayormente a Freud. Lo que en
verdad le interesa es –retomemos su camino sinuoso– el aspecto
cualitativo de la relación. El orador, después de hacer una advertencia a la vez tímida y resuelta a las mujeres que se hubieran
colado entre la audiencia, se lanza al estudio de los símbolos sexuales, ya que, en la *Introducción*, como lo indica su título alemán:
Vorlesungen..., Freud retoma una serie de "lecciones" que, en efecto, había pronunciado en público. Para circunscribirme a los símbolos masculinos –aquellos que con toda evidencia le interesan
más al conferencista porque rápidamente elude los símbolos femeninos–, compruebo que están clasificados en orden decreciente de
transparencia, la cual está ligada en sí misma a la motivación (en el
sentido saussuriano). Pasa rápidamente sobre los símbolos "en los
cuales el factor común es evidente" (1916-1917: 170 [XV, 139-141]):
armas, herramientas, vuelo, etc. Se interesa un poco más en los
simbol(izantes) que poseen el aspecto de animales: el pescado, la
serpiente, etc., sin siquiera experimentar la necesidad de hacer
explícito el *tertium comparationis*. Pero lo que lo deja perplejo es el
caso del abrigo y del sombrero: "¿Por qué el *sombrero* y el *manto*
han hallado el mismo empleo? Sin duda, no es fácil colegirlo, pero
su significado simbólico es desde todo punto de vista indubitable"
(*ibid.*: 172 [XV, 142]).

Perplejidad definitiva: pues, de un plumazo, Freud renuncia a
la "adivinanza" que se le ha planteado y rechaza la posibilidad de
que pudiera no haber adivinanza. Veremos más adelante que en
otros textos termina por encontrar –¿por creer encontrar?– la solución del enigma. Pero, justamente, no por el lado de la analogía:
éste será el momento en el que se esclarecerán las relaciones del
símbolo (entiendo que el del sueño, el *símbolo 2*) con el síntoma
–y por ende con el *símbolo 1*. Tanto en la *Introducción* como en la
Traumdeutung Freud se queda en la analogía. Precisamente por
analogía la soñante de la *Interpretación* termina por reconocer el
sentido sexual de su sueño del sombrero (1900: 310 [V, 366-368]).
Cuando, en la *Introducción*, procede a tomar el símbolo por el otro

extremo –el simbol(izante)– tiene esta fórmula: "y agregaré alguna acotación con particular referencia a los símbolos en los que no se advierte el elemento común que les sirvió de base" [xv, 143-144. Adjuntamos la versión de López Ballesteros porque coincide con la versión francesa que cita M.A.:] "investigación tras la cual os expondré algunas consideraciones relativas principalmente a aquellos cuyo factor común *permanece* ininteligible" (1916-1917: 174 [versión de López Ballesteros, 1968: II, 229]).

Subrayé el verbo *permanecer*, cuyo empleo parece presuponer la posibilidad de un descubrimiento ulterior de la solución.

Vemos que desde el estricto punto de vista de la terminología Freud está en total acuerdo con el Saussure del CLG: para el maestro de Ginebra como para el de Viena "el símbolo tiene por carácter no ser nunca completamente arbitrario" (CLG: 101 [131]). Por esta razón, Saussure, en el CLG, lo elimina, o por lo menos lo margina (véase más arriba). Por la misma razón, Freud lo coloca (¿parece colocarlo?) en el centro de su teoría del inconsciente. Pues el capítulo de la *Introducción* puede, evidentemente, prestarse a una lectura que insiste sobre la búsqueda de la analogía. A tal punto que las lecturas inversas, aquellas que niegan el rol de la analogía en el pensamiento de Freud, parecen a primera vista paradójicas e incluso provocativas; como la lectura de Lacan:

La analogía no es la metáfora, y el recurso que han encontrado en ella los filósofos de la naturaleza exige el genio de un Goethe, cuyo ejemplo mismo no es alentador. Ninguno repugna más al espíritu de nuestra disciplina, y es alejándose expresamente de él como Freud abrió la vía propia a la interpretación de los sueños, y con ella a la noción del símbolismo analítico. Esta noción, nosotros lo decimos, está estrictamente en oposición con el pensamiento analógico, del cual una tradición dudosa hace que algunos, incluso entre nosotros, la consideren todavía como solidaria (1966: 262-263 [252]).

Lacan, hay que reconocerlo, es aquí un poco tajante, y sobre todo poco explícito. Es evidente que la polémica está presente en este texto –que no es otro que el "Informe de Roma". No insistiré sobre sus aspectos históricos. Sin pretender poner mis modestos pies en las gloriosas pantuflas de Lacan, voy a esforzarme, sin embargo, por identificar estos dos elementos de la reflexión de Freud que, quizás, justifican una lectura también aparentemente paradójica.

Y como ya he insistido antes: Freud suspende, lo cual es extraño, el examen de los orígenes del saber simbólico. Planteada la cuestión por primera vez en la *Introducción* (1916-1917: 166 [xv, 137]), se examina realmente en la página 175 [145] y después de haber sido reformulada en los siguientes términos, los que quedaron casi sin cambios: "¿Cómo habríamos de conocer con propiedad el significado de estos símbolos oníricos para los cuales el soñante mismo no nos da información o nos la da sólo insuficientemente?" (*ibid.*: 175 [xv, 145]; véase en citas anteriores la primera formulación del problema).

Entre las dos citas de esta cuestión, que finalmente ha quedado idéntica, se han deslizado en las páginas intermedias las largas enumeraciones y las fastidiosas taxonomías de los símbolos oníricos. Hay que decir, sin embargo, que todas ellas han modificado en algo la manera en que se planteaba el problema. Pues, con algunas excepciones –los símbolos renuentes: *abrigo* y *sombrero*; *cabeza* y *bola*, los que inclusive se ha visto que no son quizás absolutamente irreductibles–, existe una relación entre las dos caras del símbolo. Tal relación puede ser "evidente" –palabra que vuelve a menudo– o descrita con facilidad ("inteligible", "comprensible"). De tal suerte que el problema del origen del saber simbólico no debería ya plantearse, o, más precisamente, debería haber encontrado su solución en la propia existencia, constantemente afirmada, de la relación analógica entre simbol(izante) y simbolizado. ¿Por qué diablos preguntarse qué es lo que puede revelar la relación entre el aparato sexual masculino y el "número sagrado 3" (*ibid.*: 171 [xv, 141])? ¿O entre la *puerta* y el orificio sexual femenino (*ibid.*: 172 [xv, 142])? ¿No es acaso "evidente"? Y, sin embargo, la cuestión queda planteada. Lo cual, a mi modo de ver, es pertinente que así sea, pues ello indica que la "comparación", la "analogía", no es el único elemento constitutivo del símbolo, o, en todo caso, que ella sola no es suficiente para dar cuenta del saber que se tiene sobre él.

La respuesta que Freud da a esta extraña cuestión es totalmente apropiada. Está formulada en la *Introducción* de la siguiente manera:

Yo respondo: partiendo de fuentes muy diversas, de los cuentos tradicionales y mitos, de los chascarrillos y chistes, del folklore (vale decir: el saber sobre las costumbres, usos, refranes y canciones de los pueblos), del lenguaje poético y del lenguaje usual. Este mismo simbolismo se presenta por doquier, y en muchos de estos lugares lo comprendemos sin más instrucción [1916-1917: 175-176 (xv, 145); en la *Traumdeutung*, 1900: 301 (v, 357), la enumeración es menos completa: elude "lenguaje poético y lenguaje común", pero a continuación la lengua aparece explícitamente].

Como se ha podido advertir, todos los objetos que confieren el conocimiento simbólico y que están enlistados por Freud son objetos semióticos: ya sean discursos (cuentos, mitos, proverbios, cantos, etc.), ya sean prácticas (costumbres, usos, folklore),[11] o bien, finalmente, lenguajes: lenguaje poético y lenguaje común –es decir lengua natural. Volvamos, pues, al pasaje que, más arriba, he calificado de "embrollado". Se trata de una limitación que se ha impuesto a las comparaciones para constituir símbolos: se entrevé que esta limitación consiste en imponer al simbolismo del sueño la estructura de los objetos semióticos y/o lingüísticos. No habría, entonces, ningún escándalo en traducirlo por una fórmula pre (¿o proto?) lacaniana: "El inconsciente está estructurado *por* un lenguaje."

Luego continúa, en la *Introducción*, una serie de análisis que sería necesario seguir en detalle. Pero me contento con señalar de entre ellos los más "brillantes", dada la fortuna que han corrido: primero el análisis de los conflictos entre metáfora (en el sentido tradicional y no lacaniano del término) y metonimia –aun cuando los nombres de las dos figuras no aparecen. Tales conflictos se pueden ver en la relación entre *Frauenzimmer* y *Frau*. En alemán, *Frauenzimmer* –que "literalmente" quiere decir, "habitación de las mujeres"– es frecuentemente utilizada como equivalente familiar de *Frau*, "mujer": de allí, según Freud, la utilización de la habitación como símbolo femenino. Y, después, el muy brillante análisis de la relación simbólica entre el *bosque* y la *madre*, a través del portugués *Madeira* (1916-1917: 177 [xv, 146]): fundamento ya antiguo de la reflexión de Freud sobre las relaciones entre lengua y simbolismo, pues desde 1910 escribía a Jung:

Se me ocurre que el *Holz* alemán significa "madera" en español – materia–

---

[11] El folklore ha dado lugar a un artículo redactado en colaboración con Ernst Oppenheim, donde se lee el siguiente análisis: "Es mucho más fácil estudiar el simbolismo onírico en el folklore que en los sueños reales. El sueño se ve constreñido a esconder, y sólo libra sus secretos a la interpretación; en cambio, estos chascarrillos que se visten como sueños se quieren comunicar para el placer de expositor y oyente, y por eso no temen agregar al símbolo su interpretación. Se solazan desnudando el símbolo encubridor" (1984: 146).

(la isla de Madeira tiene de ahí su nombre portugués), y en "materia" está contenida indudablemente la "mater". Materia y energía serían nuevamente padre y madre. He aquí de nuevo un disfraz de la querida pareja parental [1974, carta 190F (1979)].

Aquí es donde el lingüista y su comparsa, el semiotista, creen triunfar. Ellos acaban de asistir a lo que estarían tentados de llamar una semiotización del inconsciente. Lo que Laplanche, más malignamente, llama una "reducción lingüística del inconsciente" (1978: 600). Triunfo, entonces, cabe suponer, muy precario. Pues es precisamente aquí donde, bajo la presión señalada anteriormente, se desencadena el torniquete del pensamiento freudiano: la tentación, inmediatamente seguida de la tentativa, de construir la lengua sobre el modelo del inconsciente. El medio que se ha utilizado aquí es dar a la lengua y al simbolismo onírico una fuente común:

> Se recibe la impresión de estar frente a un modo de expresión antiguo pero desaparecido, del que en diversos ámbitos se han conservado diferentes cosas: una sólo aquí, la otra sólo ahí, y una tercera, quizás en formas levemente alteradas, en varios de ellos. Tengo que mencionar aquí la fantasía de un interesante enfermo mental [psicótico], quien había imaginado un "lenguaje fundamental" del cual todas estas referencias simbólicas serían los relictos [1916-1917: 184 (xv, 152)].

Forrester cita este pasaje (1984: 198 [1989]) pero sin insistir. Y, sobre todo, sin preguntarse sobre la identidad de este "interesante enfermo mental", responsable del concepto de "lengua fundamental" (*Grundsprache*). A menos que existiera otro caso idéntico de repetición, y admitamos que sería poco probable, no puede tratarse aquí más que del Presidente Schreber. Pero la identificación del personaje plantea más problemas que los que resuelve. Pues en el texto que consagra específicamente al presidente (1911 [1976, XII]), Freud apenas habla –mejor dicho: no habla– del lenguaje [¿o lengua?] fundamental como lugar común de todas las relaciones simbólicas. Y el mismo Schreber tampoco habla (1903 [1985]). He ahí un difícil problema que me esforzaré por aclarar un poco en el capítulo 4.[12]

---

[12] Aquí es el momento de precisar que el mismo presidente Schreber –y la *Grundsprache* que plantea– están en el origen de la elaboración de la concepción

Ahora bien, demos un paso más, el que Freud ha franqueado alegremente, hacia el problema del origen lingüístico del simbolismo onírico En la *Traumdeutung* es donde la hipótesis se manifiesta de manera más explícita: "Lo que hoy está conectado por vía del símbolo, en tiempos primordiales con probabilidad estuvo unido por una identidad conceptual y lingüística. La referencia simbólica parece un resto y marca de una identidad antigua" (1900: 302 [V, 357-358]).

Lacan cita este fragmento (1966: 713 [692]) pero traduciéndolo de manera algo diferente. Dicha cita interviene en condiciones bastante ambiguas. En efecto, Lacan parece que reprochara a Jones (el artículo está dedicado a su teoría del simbolismo) el utilizar esta "indicación" de Freud para menospreciar la función de la metáfora y de la metonimia como efectos del significante; con lo cual Jones manifestaría su ineptitud para "restaurar la desviación que el inconsciente, en el sentido de Freud, ha sufrido por la mistificación del símbolo" (*ibid.*: 709 [687]). Creemos, pues, comprender a qué se apunta aquí críticamente: es a una lectura jungiana del fragmento de la *Traumdeutung*. Lectura que es sin duda posible. Como parece igualmente posible una lectura invertida que, en lugar de "semiotizar" el inconsciente, "inconscientice" la lengua.

Sea como sea, Freud continúa su camino. Encuentra de entrada dos objeciones que son casi inevitables:

1] Si las lenguas y el simbolismo onírico tienen el mismo origen, ¿cómo se explica que las primeras permitan hablar de todo –en fin, de casi todo– mientras que el simbolismo está, o poco le falta para estarlo, exclusivamente encerrado en la esfera de lo sexual? Por extraña que pueda parecer, la cuestión se encuentra explícitamente planteada: "tiene que saltarles a la vista que, en los otros ámbitos mencionados, el simbolismo en modo alguno es sólo un símbolo sexual, mientras que en el sueño los símbolos se usan casi exclusivamente para expresar objetos y referencias sexuales" (1916-1917: 184 [XV, 152]).

2] ¿Y cómo dar cuenta de la pluralidad de las lenguas? O bien –otro aspecto del mismo problema– ¿cómo diablos explicar que los mismos casos de simbolismo onírico se observan en sujetos que

lacaniana de la metáfora (1966, 1984, pp. 513-564 y 1981, 1984 en diversas páginas). Volveré sobre ello en el capítulo 5.

hablan lenguas diferentes? De este modo, los franceses también
sueñan con habitaciones para simbolizar a la mujer aunque no
conocen la expresión *Frauenzimmer*. Tenebroso misterio por el que
esta vez Freud se va a sacar de la manga a otro de "sus" lingüistas:
Hans Sperber, autor de una teoría sobre el origen sexual del lenguaje. Pero hablaré de ello en el capítulo 4. A grandes rasgos la
teoría de Sperber se apoya en una metáfora generalizada: de objetos originalmente sexuales, las palabras de la lengua se desplaza-
ron progresivamente hacia los objetos del trabajo.

Podemos ver, así, cómo la hipótesis de Sperber respondería a
las dos angustiantes preguntas que se plantea Freud. Pues permitiría dar forma al lenguaje [¿o lengua?] original –¿único?–, al *Grundsprache* extraído, aunque ligeramente desplazado, del delirio del
Presidente Schreber.

Pero no es con estas grandiosas perspectivas con lo que se cierra
el capítulo. Freud vuelve *in extremis* sobre el tema que ha tratado
al comienzo: el de la censura. Pero vuelve para introducir un nuevo
elemento: el de la utilización del simbolismo por la censura: "Pero
es fácil suponer que a la censura onírica le resulta cómodo servirse
del simbolismo, puesto que le procura el mismo objetivo: la ajeni-
dad y el carácter incomprensible del sueño" (*ibid.*: 186 [XV, 154]).

Esta última indicación sobre la función del simbolismo agrega
un elemento más a la problemática de las relaciones entre los tres
tipos de símbolos llevados a la escena por la reflexión freudiana.

3] EL SÍMBOLO COMO TÉRMINO DEL PROCESO DE SIMBOLIZACIÓN
(SÍMBOLO 3)

⌊Se trata aquí de uno de los aspectos que retoma lo que Laplanche
y Pontalis llaman, como hemos visto anteriormente, el "simbolismo
en sentido amplio", entendiendo por ello toda relación que une
el contenido manifiesto de un comportamiento, de un pensamiento, de una palabra, con su sentido latente, o, dicho de manera más
específica: su sentido inconsciente.⌋ Estudiaré este tipo de simbolismo (y, necesariamente, el tipo de símbolos que pone en acción)
sobre todo bajo la forma que toma en el "animal de angustia".

Los textos de Freud a los cuales se hace referencia aquí son los
siguientes:

–los casos que escenifican la génesis de la angustia y su fijación sobre un animal: "El pequeño Hans" (1909*a* [V]) y su fobia al caballo, por una parte, y, por otra, "El hombre de los lobos" (1918 [XVII]). Sabemos que, a pesar de su título igualmente animalístico, "El hombre de las ratas" (1909*b* [X]) no trata de un caso de angustia, sino de un caso de neurosis obsesiva. Por lo tanto, no haré alusión a él salvo de manera indirecta;

–*Tótem y tabú* (1912 [XIII]) donde se encuentran articuladas las problemáticas de la simbolización por el animal de angustia (zoofobia) y del totemismo;

–en la *Metapsicología* (1968), los dos artículos sobre "Lo inconsciente" (1915*b*, especialmente pp. 58-59 [XIV]) y "La represión" (1915*a*: 90-93 [XIV]), que teorizan en el marco de la primera tópica el material de los textos descriptivos que son "El pequeño Hans" y "El hombre de los lobos";

–finalmente, *Inhibición, síntoma y angustia* (1926 [XVI]), donde se encuentra, principalmente en los apartados IV y VIII, una formulación de la teoría en el marco de la segunda tópica.

Antes de entrar de lleno al tema, se impone una precaución terminológica. La cual es en apariencia paradójica, pues apunta al empleo del término *símbolo*: con la misma frecuencia con que aparece en su primera acepción (símbolo mnémico) y, más aún, en su segundo sentido (símbolo onírico), así de raramente aparece con el uso que me propongo ahora estudiar. Seré más preciso. En un punto del análisis de "El hombre de las ratas" (1909*b*), el símbolo prolifera (238-239 [X, 167-168, 225-226]): se trata de un vasto inventario de las "significaciones simbólicas" de la rata: "símbolo" del dinero, del pene, de la sífilis, y no sigo enumerando. Pero, como lo acabamos de ver, en el caso del valiente oficial no se trata de una fobia sino de una obsesión. Y sabemos que en cierta manera "el lenguaje de la neurosis obsesiva, es por así decir, sólo un dialecto del lenguaje histérico" (*ibid.*: 200 [X, 124]), dialecto en el que para Freud, hay que reconocerlo, la gramática y la retórica son menos avanzadas que en la histeria y en la angustia.[13] De tal suerte

---

[13] "La neurosis obsesiva es por cierto el objeto más interesante y más remunerativo de la indagación analítica, pero no se la ha dominado todavía como problema. Si queremos penetrar más a fondo en su esencia, tenemos que confesar que nos resultan imprescindibles unos supuestos inseguros y unas conjeturas indemostradas" (1926: XX, 108).

que es difícil identificar el estatus del símbolo en este texto: ¿es el
símbolo un dato previo del "lenguaje [¿lengua?] fundamental"? ¿Es
una producción específica de la neurosis obsesiva, del mismo modo
que el símbolo mnémico es producido por la histeria? En lo que a
mí respecta, por falta de precisión no tomaré en cuenta este símbolo. Ahora bien, para encontrar otros usos del término es necesario tener paciencia. En "El hombre de los lobos", son las escenas
infantiles las que son calificadas de "símbolo" (1918: 359 [XVII,
48-49]). En *Inhibición, síntoma y angustia*, es precisamente la "angustia" misma la que accede al estatus de "símbolo" (1926: 54 [XX,
89]). Y así ocurre en los textos citados, si los he leído bien, con
casi todos los empleos del nombre *símbolo* –excluyendo evidentemente los casos, muy numerosos, en los cuales *símbolo* es, sin el
menor equívoco posible, empleado con el sentido de *símbolo 1* o
símbolo 2.

¿Quiere decir que "mi" *símbolo 3*, casi ausente, no es más que
un espejismo de mi lectura? Pues no, porque la presencia invasora
de sus dos competidores es sin duda una de las razones del encu-
brimiento del que mi símbolo es víctima, ya que sólo está oculto.
Por otro lado, y a pesar de todo, está oculto de manera bastante
imperfecta: si bien el empleo del nombre es raro, el adjetivo derivado *simbólico* es frecuente, sobre todo en la expresión "representación simbólica"; por ejemplo en "El pequeño Hans": "todos
los carros mudanceros, diligencias y carros de carga, sean sólo ca-
rruajes de cesta de cigüeña, que le interesen sólo como subroga-
ciones [representaciones] simbólicas de la gravidez" (1909*a*: 184
[X, 104]).

En la página 125 [42] del mismo texto, y ya a propósito de ve-
hículos que llevan una carga, el adjetivo *simbólico* está coordinado
con el *sustitutivo*, en condiciones tales que los dos adjetivos pueden
parecer intercambiables, uno comentando al otro. De este modo
se encuentra manifiesta, en los textos estudiados, por un hecho de
distribución sintagmática, una evidente relación entre las nociones
de símbolo y de sustituto: cuando, de manera repetitiva en *Tótem
y tabú*, se habla de que "el animal totémico es realmente el sustituto
–o representación sustitutiva– del padre" (1912: 194, 203 y *passim*
[XIII, 143]), uno puede al menos preguntarse si la relación entre
el animal totémico y el padre no es de carácter simbólico. Tanto
que esta relación –u otras del mismo tipo– da lugar frecuentemente
a análisis semióticos (¿o simbólicos?). Así el pequeño Hans "explica

él mismo lo que esas determinaciones *significan*" (1909a: 181; cursivas mías; las "determinaciones" en cuestión son los detalles pertinentes a la actitud de los caballos) ["el propio Hans proporciona el sentido de estas estipulaciones", x, 101 - T.] . De este modo, Freud mismo se reserva "la explicación de estas zoofobias y la intencionalidad a que responden" (1918: 345 [VII, 32; en la versión francesa, en lugar de intencionalidad dice *significación*, lo cual está cursivado por M.A. - T.]).

Un último detalle: Freud marca en varios puntos y sin la menor precaución –tanto en uno como en el otro texto descrito– la identidad entre el padre o los padres y el animal o los animales: en el pequeño Hans, "el padre y la madre son las dos jirafas" (1909a: 118 y después 180 [X, 99 y 34 y 35, después 118]; las jirafas han tomado efímeramente el relevo de los caballos para fijar la angustia del niño). En "El hombre de los lobos" dice "que padre y madre –ambos– devinieron lobos" (1918: 358 [XVII, 45]). A menos que estos textos se lean como historias de hombres lobos, es necesario, evidentemente, en cada expresión de este tipo restituir el adverbio *simbólicamente*, omitido o borrado.

De esta manera el concepto de *símbolo 3*, poco manifiesto de manera directa por sus equivalentes, no está menos omnipresente en estos análisis. Se puede leer, entonces, de tanto en tanto, alguno de sus sustitutos. Así en 1909a: 192 [X, 111–112] dice que el caballo "es entronizado como imagen sensorial del terror" [en la versión francesa dice "emblema" en lugar de "imagen sensorial" - T.]. Así, uno puede preguntarse evidentemente si el nombre *emblema* [o imagen sensorial] fija –aunque de manera efímera– esta subclase específica de *símbolo* que adquiere existencia por obra de la angustia. Pero, por mi parte, me dispongo a abandonar esta puntillosa especulación sobre un detalle ínfimo de la terminología freudiana. Y abandonando el emblema, hablaré de *símbolo*; y de *simbolización*, cuando se trate del proceso de formación del *símbolo*. Es lo que hizo, por cierto, J. Laplanche en su obra *Castration, symbolisations* (1980).

Una vez ubicadas estas cuestiones terminológicas, sólo nos queda preguntarnos sobre el estatus del símbolo, e, indisolublemente, sobre la especificidad del proceso de simbolización. Neutralizando en los análisis ciertas diferencias de detalle –diferencias desdeñables para mi punto de vista, que es el de una perspectiva más semiótica que analítica– se pueden describir los hechos de la siguiente manera.

⌊Todo comienza con la constatación de la angustia de Juanito [o el pequeño Hans, según el uso]:

El pequeño Hans se rehúsa a andar por la calle porque tiene angustia ante el caballo. Ésta es nuestra materia en bruto. Ahora bien, ¿cuál es ahí el síntoma: el desarrollo de angustia, la elección del objeto de la angustia, la renuncia a la libre movilidad, o varias de estas cosas al mismo tiempo? ¿Dónde está la satisfacción que él se deniega? ¿Por qué tiene que denegársela? [1926: 19 (XX, 97)].⌋

A este bombardeo de preguntas Freud responde en diferentes tiempos. Comienza por plantear la existencia, en el niño encantador –es efectivamente encantador y Freud lo observa de manera redundante–, de una *moción pulsional,* o más bien de un *conjunto de mociones pulsionales.* La *moción pulsional* (*Triebregung*) es, como sabemos, la pulsión bajo su aspecto dinámico una vez que se actualiza y se especifica en una determinada estimulación interna. Es de alguna manera la *pulsión en acción.* En el caso del pequeño Hans, esta moción pulsional es, según los textos, descrita de manera simple –como si no implicara más que un solo elemento– o bien de manera compleja. Aparentemente, las descripciones que la presentan como simple se obtienen por esquematización didáctica de las descripciones donde aparece como compleja. Estas últimas son las que más vale la pena seguir. Enumero entonces, con la ayuda de 1926:

–p. 20 [XX, 98]: "La moción pulsional que sufre la represión es un impulso hostil hacia el padre." La existencia de este impulso ha sido revelada por el deseo, observado en el curso del análisis, de ver al caballo –sustituto, símbolo del padre– caer y lastimarse;

–p. 24 [XX, 101]: existe también, siempre con respecto al padre, "una moción tierna pasiva: es la que apetece ser amado por el padre, como objeto, en el sentido del erotismo genital";

–p. 47 [XX, 118]: se hace alusión, muy rápidamente en 1926, a un elemento que es descrito ociosamente en el resumen de los *Cinq psychanalyses* [versión francesa]: "la moción tierna del pequeño Hans" con respecto a su madre; impulso de carácter activo, hasta de vez en cuando teñido de sadismo (véase en la p. 150 [XX, 68] el deseo que manifiesta Hans de golpear a su madre con el bastón para sacudir alfombras).

En 1926, Freud nos dice que en el caso de "El hombre de los

lobos" las cosas son más simples: "la moción reprimida es en efecto una moción erótica, la actitud femenina frente al padre" (*ibid*.: 47 [XX, 118]).

Para el pequeño Hans, las tres "mociones" enumeradas –agresividad hacia el padre, moción tierna pasiva con respecto al padre, moción tierna activa con respecto a la madre– están evidentemente en relación, de acuerdo con un modelo muy conocido: el conjunto que constituyen no es otra cosa que el "complejo de Edipo llamado positivo" (*ibid*.: 26 [XX, 102]). En "el ruso" –designación constante de "El hombre de los lobos" en 1926–, el complejo de Edipo aparece bajo la forma "negativa" (*ibid*.: 47 [XX, 118-119]).

Sean cuales fueren las diferencias entre los casos de los dos niños –diferencias que llegan, desde un cierto punto de vista, a volverlos "opuestos" (*ibid*.: 26 [XX, 102])–, el destino de la moción o de las mociones es idéntico: son reprimidas. Utilizo aquí la descripción provista por Laplanche (1980), que se remite a la *Metapsicología*: "Un primer momento es el de la represión. La cual ocurre cuando una pulsión –o más bien lo que Freud llama una moción pulsional, es decir, un elemento de la pulsión que se actualiza– es reprimida" (1980: 297).

Sobre el modelo del texto en el que se apoya en ese momento –se trata del artículo sobre "La represión" (1915*a*, *in* 1968: 59 [XIV, 135])– Laplanche hace aquí dos simplificaciones considerables. Finge presentar como conocido el proceso de represión, y trata a la "moción" como si fuera una sola unidad. Seguiré su ejemplo sobre la represión, aunque no entre directamente dentro de mi perspectiva de analizar el proceso en sí mismo, por lo cual me contentaré con señalar la articulación entre la problemática de la represión y la de las representaciones de cosas y de palabras, remitiéndome principalmente a "Lo inconsciente" (1915*b*, *in* 1968: 118-119 [XIV, 153]). En cuanto al segundo punto, es francamente imposible seguir a Laplanche: tratar a la moción como algo único tiene como consecuencia ineluctable ocultar, finalmente, un aspecto fundamental del sustituto (del símbolo): su ambivalencia. Precisemos lo antes dicho, ateniéndonos sobre todo al caso de Juanito. Acabamos de ver que las mociones que lo animan, lejos de reducirse a la unidad, son tres. Y, claro, está expresamente dicho en 1926 (26 [XX, 102]) que se pueden trabar relaciones entre estas diversas mociones en el momento de la represión. De este modo, la moción tierna con respecto al padre "desempeña su papel en la represión de su opuesto". Pero se plantean entonces diferentes problemas, parecidos al de la moción tierna: ¿si es represora, cómo diablos puede ser reprimida? Es cierto también que se pueden suponer varios fenómenos de *condensación*, tales como "una representación... puede tomar sobre sí la investidura íntegra de muchas otras" ("Lo inconsciente", 1915*b*, *in* 1968: 97 [XIV, 183]). Pero, aun condensadas, las representaciones siguen siendo distintas: sólo el monto de investimiento que les llega varía de una a otra. ¿Cómo imaginar, entonces, que la duplicidad de las representaciones reprimidas de este modo –por tomar el caso de las dos mociones– no esté de alguna manera presente en el nivel de los sustitutos que ellas terminan por encontrarse?

Pero es avanzar con un paso demasiado rápido: retomaremos un poco más adelante este problema de la ambivalencia del sustituto. Conviene ahora interrogarse sobre otro punto, y preparar con ello lo que será estudiado más ampliamente en el capítulo 5. Me refiero a la raíz freudiana del concepto lacaniano de significante:[14] ¿qué es, exactamente, lo que se encuentra reprimido? ¿La moción misma? ¿O su(s) representante(s)? Laplanche (1978: 577) se expresa sobre este tema de manera tal vez un poco superficial –pero reconozcámosle el mérito de señalar la "simplificación": "Para simplificar, decimos con Freud que una moción se encuentra reprimida con sus representantes."

En 1980, inmediatamente después del pasaje problemático citado más arriba, es más preciso: "La moción pulsional se encuentra reprimida, lo que además, Freud nos lo dice de manera más clara en 'La represión', es en efecto una represión de la representación" (1980: 297).

A decir verdad, Freud quizás no sea tan categórico como dice Laplanche, aquí respaldado en términos casi homónimos por Lacan:[15] Freud distingue efectivamente el destino del representante de del monto de afecto, en un análisis que, a pesar de su extensión, debe ser citado completo:

En las elucidaciones anteriores consideramos la represión de una agencia

---

[14] Véase antes las "Observaciones preliminares" y, sobre todo, el capítulo 5.
[15] "La concepción de Freud [...] no deja ninguna ambigüedad sobre este punto: es el significante el que es reprimido, pues no hay otro sentido que dar en estos textos al vocablo: *Vorstellungsrepräsentanz*" (1966: 714 [1984: 693]).

representante de pulsión, entendiendo por aquélla a una representación o a un grupo de representaciones investidas desde la pulsión con un determinado monto de energía psíquica (libido, interés). Ahora bien, la observación clínica nos constriñe a descomponer lo que hasta aquí concebimos como unitario, pues nos muestra que junto a la representación [*Vorstellung*] interviene algo diverso, algo que representa [*repräsentiert*] a la pulsión y puede experimentar un destino de represión totalmente diferente del de la representación. Para este otro elemento de la agencia representante psíquica ha adquirido carta de ciudadanía el nombre de *monto de afecto*; corresponde a la pulsión en la medida en que ésta se ha desasido de la representación y ha encontrado una expresión proporcionada a su cantidad en procesos que devienen registrables para la sensación como afectos ["La represión", 1915*a*, *in* 1968: 54-55 (XIV, 147)].

¿Cuál es el destino del monto de afecto? Escuchemos de nuevo a Freud: "el factor cuantitativo de la agencia representante de pulsión tiene tres destinos posibles... la pulsión es sofocada por completo, de suerte que nada se descubre de ella, o sale a la luz como un afecto coloreado cualitativamente de algún modo, o se muda en angustia" (*ibid.*: 59 [XIV, 148]).

...Y los comentarios de Laplanche: "El afecto se libera *bajo forma transformada*, por el hecho mismo de que se desliga de su representación. El afecto que provenía de la libido, del amor, cuando se encuentra 'desasido' (*entbunden*) de su representación se transforma en angustia" (1980: 297-298).

Si se tratara aquí de hacer la historia detallada de la evolución del pensamiento de Freud en este punto, sería necesario subrayar una importante modificación en 1926: no es más la represión la que produce la angustia, sino que es la angustia –precisamente la angustia de castración– la que produce la represión (1926: 26-27 [XX, 103]). Pero pase lo que pase con esta inversión –que deja perplejo a Freud (véase en *ibid.*: 29 [XX, 105] la conclusión un poco decepcionante del capítulo IV)–, hay angustia, venga de donde venga. Se encuentra ahí, casi sin cambios, el mismo afecto ambulante que habíamos encontrado anteriormente en las descripciones que se remontan al año 1895 de las neuropsicosis de defensa, distintas a la histeria (véase *ibid.*: 61-62 [III, 53]). Como en la descripción citada (*ibid.*: 61 [III, 53], este afecto comienza a errar libremente: de allí la atención que manifiesta Freud con respecto a los accesos de angustia libre del pequeño Hans. Después la angustia se fija.

En los ejemplos estudiados se fija en un animal de angustia: el lobo en el caso del hombre que toma de allí definitivamente su nombre propio: Wolfmann, al punto, poco faltó, de perder su "verdadero" nombre, sin embargo presente también en su análisis, como hemos visto más arriba en la p. 86 a propósito de una historia de avispas; y el caballo, en el caso del pequeño Hans. ¿Por qué el lobo, por qué el caballo? Freud tiene aquí una actitud ambigua. Lo vemos, en efecto, en el análisis de Hans, asegurar que el caballo "parece haber entrado por casualidad en su papel terrorífico" (1909a: 178 [x, 97]). Y es un hecho que se hace alusión de tanto en tanto al relevo eventual del caballo por otros candidatos al estatus de animal de angustia: a veces la jirafa, a veces el león. Sin embargo, la frase no deja de asombrar. En primer lugar, ha sido explícitamente contradicha, aún antes de su formulación, por la célebre proposición "arbitrariedad no la hay, absolutamente, en lo psíquico" (ibid.: 166 [x̄, 85]). Sobre todo, dicha frase interviene como una conclusión paradójica de un desarrollo donde se leen, es cierto que someramente, algunas de las motivaciones de la "elección" del caballo. Pero en otros puntos del mismo texto (por ejemplo ibid.: 126 [x, 44]), y después en 1926, Freud describe claramente el conjunto de rasgos que imponen al caballo como animal de angustia: el caballo muerde (lo mismo que para "el ruso" el lobo devora); el caballo es digno de envidia, por sus prestigiosas ventajas, al punto que se desea asimilarse a él: "soy un potrillo", declara –muy "performativamente"– el niño (ibid.: 132 [x, 49 y 111]; finalmente el caballo cae. El primer rasgo fija la angustia de castración. El segundo manifiesta la admiración y el amor del niño por su padre. En cuanto al último rasgo, es ambivalente. Por el lado del padre, fija el aspecto hostil de la moción reprimida: "Hans ha visto rodar a un caballo, y caer y lastimarse a un compañerito de juegos con quien había jugado al 'caballito'. Así nos dio derecho a construir en Hans una moción de deseo, la de que ojalá el padre se cayese, se hiciera daño como el caballo y el camarada" (1926: 20-21 [xx, 98]).

Pero, además, la caída del caballo es un sustituto simbólico del parto de la madre: "y que en el tumbarse los caballos pesados, o con pesada carga, no pueda haber sino... un alumbramiento, un parto (niederkommen)" (1909a: 184 [x, 104]).

Se observará que en la formación de este símbolo es determinante el juego que se establece a partir de una palabra de doble sentido: en alemán niederkommen, que "literalmente" significa "ve-

nir abajo", tiene a la vez el sentido de "caer" y de "poner bajo".
Juego de palabras que, en la "lengua vecina" –para retomar la expresión de Lacan (véase la p. 77 más arriba)–, no es tan acertado:
poner bajo no tiene en francés (ni en español tampoco) el sentido
de "caer", de manera que el retruécano alemán no puede encontrar
en ellos más que una forma aproximada.

Agrego además que, a partir de lo que reconoce el mismo padre
de Hans, había sido él el primero que "había servido de caballo"
(1909a: 183 [X, 102]) a su hijo, mucho antes de que su compañero
–un tal Fritzl– fuera víctima de una caída mientras jugaban a los
caballitos.

¿Acaso todo esto se debe al azar? Sí, puede ser; sobre todo si
no se piensa más que –como Freud lo deja entender– en la anécdota ínfima que consiste en la caída de un caballo y en la lastima-
dura del pequeño Fritzl que Hans ha presenciado (*ibid.*: 190 [X,
102]). Todo esto podría ser cuestión de azar, pero "sólo bajo la
mirada impasible de Sirio", para retomar la expresión de Benveniste (1966: 51 [1976: 51]) con respecto al problema de lo arbitrario
del signo. Porque en la historia individual del pequeño Hans la
"elección" del caballo está fuertemente determinada, tal como la
del lobo para Wolfmann.

Determinada, e incluso, como acabamos de ver, sobredetermi-
nada. A tal punto que el sustituto –el símbolo– sigue siendo esencialmente ambivalente. Ya hemos percibido este rasgo un poco
más arriba (véase la p. 101). Ahora es posible precisarlo. Y vemos
que la ambivalencia –con o sin juego de palabras– se debe tomar
en todos los sentidos:

1] El caballo es el sustituto simbólico del padre *y* de la madre.
Pero que esto no vaya a confundir, al pretender, por ejemplo, que
son *dos* caballos los que representan las dos figuras parentales.
Como es el caso, ya lo vimos antes, de las *dos* jirafas: "El padre y
la madre son las dos jirafas" (1909a: 180 [X, 99]). Es también el
caso, en "El hombre de los lobos", de la interpretación imaginaria
que el pequeño ruso hace del cuento de su abuelo: en la manada
de lobos que se suben unos sobre otros, uno de ellos –el lobo más
grande y con la cola cortada sobre el cual se sube toda la manada–
es la madre, mientras que el padre se disemina entre todos los
otros (1918: 344 y 354 [XVII, 45 y 46]). Pero no es el caso con
respecto al caballo del pequeño Hans: sin lugar a equívoco Freud
afirma que "el caballo que cae no era sólo el padre que muere;

también la madre en el parto" (1909a: 184 [x, 104]).[16]

2] Para captar ahora la manera en que el símbolo (e indisolublemente el síntoma cuyo soporte es) connota– en el sentido hjelmsleviano– su significado, hay que retomar la ambivalencia. Detengámonos en el padre. La actitud de Hans con respecto a él es
ambivalente: lo ama y lo odia. Freud sobre este punto es explícito
y redundante: "Hans ama profundamente a ese mismo padre por
quien alimenta deseos de muerte" (ibid.: 173; véase también 188 y
passim [x, 92 y 108]).

¿Cómo se resuelve el conflicto? Entre las diferentes soluciones
posibles, Hans ha "elegido" la neurosis de angustia que "tramitó
mediante su fobia las dos mociones principales del complejo de
Edipo" (1926: 26 [xx, 102]) –no resisto aquí el pequeño placer de
observar que la noción originalmente fonológica de neutralización
podría venir muy bien para describir este fenómeno, por supuesto
con cierta adaptación. Todavía de manera más decisiva, Freud en-
fatiza esto en 1926 (49 [xx, 119]):

La angustia de castración recibe otro objeto y una expresión desfigurada
[dislocada]: ser mordido por el caballo (ser devorado por el lobo), en vez
de ser castrado por el padre. La formación sustitutiva tiene dos manifiestas
ventajas; *la primera, que esquiva un conflicto de ambivalencia, pues el padre es
simultáneamente un objeto amado* [cursivas mías]; y la segunda, que permite
al yo suspender el desarrollo de angustia.

De este modo, el caballo significa al padre connotándolo *a la
vez* como objeto de amor y de odio. Entonces, ya no nos asombra-
remos más al constatar, en *Tótem y tabú*, que el sustituto del padre
–precisamente, el animal totémico– también es ambivalente: Freud
lo explica recordando una vez más el caso del pequeño Hans: "Es
inequívoco que el pequeño Hans no sólo tiene angustia ante los
caballos, sino también respeto e interés por ellos. Tan pronto como

---

[16] Es necesario decir que este fragmento desmiente, o por lo menos corrige,
este comentario de Laplanche: "Freud quiso ver en el animal de angustia esencialmente un sustituto del padre (lo que puede ciertamente reprochársele a Freud, al
menos si hay ahí una exclusión, en el sentido de que debería ser o bien un sustituto
maternal o bien un sustituto paternal)" (1980: 129). Se reconocerá no obstante
que, a pesar del pasaje citado y de algunos otros, Freud insiste sobre todo en la
figura del padre.

su angustia se mitiga, él mismo se identifica con el animal temido, galopa como un caballo y ahora es él quien muerde al padre" (1912: 179 [XIII, 132]).

De la misma manera, el animal totémico es objeto a la vez de veneración y de odio:

El psicoanálisis nos ha revelado que el animal totémico es realmente el sustituto del padre, y con ello armonizaba bien la contradicción de que estuviera prohibido matarlo en cualquier otro caso, y que su matanza se convirtiera en festividad; que se matara al animal y no obstante se lo llorara. La actitud ambivalente de sentimientos que caracteriza todavía hoy al complejo paterno en nuestros niños, y prosigue a menudo en la vida de los adultos, se extendería también al animal totémico, sustituto del padre [ibid.: 194 (XIII, 143)].

Se esboza entonces –es cierto que con mucha distancia, en el texto de 1912– el establecimiento de una relación entre este análisis con el de la palabra tabú ya que "la misma palabra tabú es ambivalente" (ibid.: 96 [XIII, 72]). Y, necesariamente, reaparece en ese momento la referencia a Carl Abel y a su teoría del "sentido opuesto de las palabras primitivas", a lo cual ya hice alusión en la p. 91 y retomaré en detalle en el capítulo 4.

Vemos que el sustituto simbólico sobre el cual se fija la angustia es fundamentalmente ambivalente, apto para cargarse de diversos tipos de contenidos, sin excluir los contenidos opuestos. Pero ¿qué sucede con las otras neurosis aducidas por Freud en los mismos textos? Aquí se plantean nuevamente problemas de terminología bastante intrincados: se da vía libre a la rivalidad entre el reaparecido símbolo mnémico, el síntoma, el simple símbolo y sus diferentes concurrentes. En lo que a mí respecta, neutralizaré el problema y constato así que las formaciones de la histeria y de la neurosis obsesiva presentan, desde el punto de vista que nos ocupa, que es el de la ambivalencia, caracteres muy próximos a los de la neurosis de angustia. Naturalmente, hay que seguir la evolución del pensamiento de Freud en el curso de los numerosos años que separan estos textos. En "El hombre de las ratas" el autor separa el caso de las dos neurosis, y reserva sólo a la histeria la aptitud para manifestar dos contenidos opuestos mediante una sola manifestación: "En vez de llegarse, como acontece por regla general en la histeria, a un compromiso que *contenta a ambos opuestos en una sola figuración* [cursivas mías], matando dos pájaros de un tiro, aquí [en la obsesión] los dos opuestos son satisfechos por separado" (1909*b*: 224 [X, 152]).

Pero en *Inhibición, síntoma y angustia,* que data de 1926, la obsesión –por lo menos en algunas de sus formas– se encuentra con la histeria (e, inevitablemente, la angustia): "En casos extremos el enfermo [se trata evidentemente del obsesivo] consigue que la mayoría de sus síntomas añadan a su significado originario el de su opuesto directo" (1926 [XX, 107]).

Se ha constituido de este modo un lote de objetos semióticos –símbolos, mnémicos o no, síntomas, formación de sustitutos, etc.– que están doblemente caracterizados por su origen neurótico y por la aptitud que tienen para significar simultáneamente contenidos opuestos entre ellos. Detengámonos, por un instante todavía, en el segundo rasgo: nuestros objetos vienen a encontrar en la bolsa de la ambivalencia los símbolos del sueño, del cual, hemos visto anteriormente (p. 89), dichos símbolos también pueden representar contenidos opuestos. Y, registrando un poco más en la bolsa, descubrimos allí –por otra parte sin excesiva sorpresa– las palabras con sentido opuesto de las lenguas primitivas, tales como Freud las ve siguiendo a Carl Abel.

Demos un paso atrás para concluir sobre el *símbolo 3.* Hemos reparado hasta qué punto, en el proceso descrito, se complica el juego de la simbolización. Pues podemos decir que el monto de afecto representa (¿simboliza?) la pulsión. Y podemos decir también que, como su nombre lo indica, el representante representa (¿simboliza?) la pulsión. Pero podemos decir también que la angustia representa (simboliza, esta vez sin signo de interrogación, pues Freud lo dice explícitamente en 1926: 54 [XX, 120]) el afecto ligado a las pulsiones reprimidas. Podemos decir que el temible comportamiento del animal de angustia representa (¿simboliza?) la castración. Y podemos finalmente decir que el animal representa (simboliza, esta vez también sin signo de interrogación) al padre. Freud lo dice con todas sus letras, no sin escamotear al pasar la figura de la madre. Sin embargo, hemos visto con anterioridad que esta figura está igualmente presente en el símbolo:

Mediante animales salvajes el trabajo del sueño simboliza por lo común pulsiones pasionales, así las del soñante como las de otras personas que él teme; y por tanto, con un mínimo desplazamiento, simbolizan a las personas mismas que son las portadoras de esas pasiones. De aquí a la figuración del padre temido mediante animales feroces, perros, caballos salvajes, que se asemeja al totemismo, no hay gran distancia [1900: 351 (v, 411)].

El origen mismo de esta última cita –*La interpretación de los sueños*– lo muestra claramente: en este punto se encuentran el símbolo onírico y el símbolo que proviene del trabajo de la angustia.

Me queda ahora por iniciar la tarea que anuncié al principio de este capítulo: tratar de establecer las relaciones entre los tres tipos de símbolos que fue, en un primer momento, indispensable separar. A decir verdad, en el mismo proceso que hemos llevado a cabo, algunas de estas relaciones aparecieron por sí mismas. Para tomar sólo un ejemplo, el último texto citado tiende un puente entre lo que creí poder distinguir con las designaciones de símbolo 2 y símbolo 3. A tal punto esto es así que se aclara una inquietante pregunta: ¿haber hecho esta distinción de los tres símbolos era solamente haber creado un artefacto de presentación, arbitrariamente impuesto a los textos estudiados? No lo creo. Pues es un hecho que la larga descripción que acabamos de leer hizo aparecer puntos de contacto entre los tres objetos en cuestión. Y es un hecho también, quizás más evidente aún, que la misma descripción reveló importantes diferencias entre ellos. ¿Se debe, por ejemplo, al azar que al tratar el animal de angustia –es decir, el símbolo 3– Freud señale explícitamente que éste representa al padre *y* a la madre (véase la p. 105), mientras que, al considerar el funcionamiento del mismo animal en el sueño –es decir, como símbolo 2–, lo describe como simbolizando exclusivamente al padre? Y, de una manera más general, habremos inevitablemente observado una diferencia fundamental de tratamiento –tanto en los textos estudiados como en la descripción que hice de ellos– entre los diversos tipos de símbolos: para el primero y el tercero, Freud se interesa en cada caso sólo por la historia individual de su formación. De allí la redundancia del término *Symbolbildung*, literalmente "formación de (o: del) símbolo", generalmente traducido por *simbolización*. Y la diferencia de sentido que se observa entre los dos tipos de *Symbolbildung* no es pertinente en este nivel, pues no hace más que reflejar la diferencia entre los dos tipos de símbolos (1 y 3) en proceso de formación. Para el símbolo del sueño, al contrario, no hay historia: está "siempre ya ahí", como las palabras de la lengua, tanto para el que sueña como para el intérprete. Es precisamente lo que hace posible su lectura, a pesar del silencio que generalmente guarda el analizado (¡aquí para nada analizante!) con respecto al símbolo. Aunque Freud, como hemos visto, sea un poco vacilante sobre esta "ley del silencio", lo esencial es, evidentemente, que aquí la *Symbolbildung* no tiene que ser considerada. ¿Cómo sería posible formar un objeto ya dado?

De este modo, si los tres símbolos son más o menos homónimos no son para nada sinónimos, pues los esfuerzos, reales, que Freud hace por distinguirlos en el nivel del significante son discretos. Lo cual, evidentemente, no excluye el hecho de que exista entre ellos un sistema de relaciones. Es entonces necesario, esta vez con todo conocimiento de causa, tratar de precisar estas relaciones.

A decir verdad, la tarea es fácil mientras no se trata más que de los símbolos 1 y 3. Ambos tienen como punto común y fundamental ser producto de la neurosis. Es necesario, claro está, tener en cuenta dos diferencias: la diferencia clínica por un lado –la histeria no se confunde con la angustia– y la cronológica por otro : el símbolo 1 (símbolo mnémico) se remonta a 1895, el símbolo 3 no aparece en los textos anteriores a 1909 (fecha de la publicación del análisis del pequeño Hans). Salvo por estas dos diferencias, hemos visto que los dos símbolos son, en su funcionamiento, parientes cercanos: ambos son individuales y ambos motivados (en el sentido saussuriano del término); ambos tienen la posibilidad de significar contenidos opuestos. Lo que no excluye, siempre desde el punto de vista del funcionamiento, ciertas diferencias –que no voy a repetir, sólo me contento con remitirme a lo antes dicho: ellas se explican inmediatamente por las especificidades de las dos neurosis cuyo recorrido está jalonado por los dos símbolos.

Queda el símbolo 2, el que se observa sobre todo en el sueño. Como ya indiqué en la p. 69, a primera vista parece más aislado. Y los diferentes enfoques, que la descripción ha introducido por sí misma, no permiten todavía una articulación suficientemente clara. Precisemos.

La relación entre el símbolo 2 y el símbolo 3 está señalada por el hecho de que el mismo simbol(izante) –por ejemplo el animal, el gran animal temible: lobo o perro, caballo, etc.– puede funcionar en uno y otro caso, aunque es cierto que de una manera que no es absolutamente idéntica. Me atrevo a decir que el simbolizante es "menos" ambivalente cuando funciona en el sueño que cuando es producido, en forma individual, por una neurosis de angustia. Entiendo por ello, como acabamos de percibirlo, que el símbolo no es apto, en el sueño, para significar más que la figura del padre, siempre conservando la posibilidad de presentarla de manera ambivalente: temible y amable. En la angustia, por el contrario, es apto para significar al padre y a la madre. Por un lado, el padre aparece solo y, por otro lado, los dos padres aparecen juntos; incluso si en el análisis de la angustia Freud pone, incuestionablemente, el acento sobre el significado "padre". Seguramente que hay allí una diferencia de sentido. Y, además, importante. Pero, en realidad, ¿acaso la historia de las lenguas no nos proporciona abundantes ejemplos de serias diferencias de sentido entre una palabra y su etimología? Así sucede con la palabra *parent* (en francés "padres"). Sin remontarme al indoeuropeo y limitándome al latín, podemos notar que *parens*, en singular, significa, según el contexto, el padre *o* la madre. El gramático Festus precisa también que "los antiguos [los antiguos romanos] utilizaban la palabra *parens* en masculino, aun para designar a la madre". La palabra francesa *parent* perdió esta posibilidad en singular y sólo la conserva en plural. ¡En francés resulta imposible decir *mon parent* para hablar de la madre! Vemos que en el caso del latín no hay necesidad de ir en busca de Carl Abel. Sólo el viejo Gaffiot indica explícitamente que *parens*, en masculino singular, es tanto el padre como la madre; o sea, en resumen: el padre y la madre, como pasa con el caballo del pequeño Hans. Ahora bien, ¿*parens* no es la etimología de *parent*? Vemos la pregunta que estamos tentados a plantear: ¿el caballo de angustia no sería, a su vez, algo como la etimología del caballo cuando funciona como símbolo en el sueño?

Entre el símbolo 1 y el símbolo 2 las relaciones son menos visibles. Conviene partir de una breve observación de los *Estudios sobre la histeria*: en el momento en que los autores (pues se trata en este texto de Freud y Breuer) establecen la distinción entre la formación de los síntomas por contigüidad y la simbolización (véase las pp. 73ss), constatan –después de haber citado los casos en que la contigüidad es la determinante– que "en otros casos, el nexo [entre el acontecimiento y el síntoma] no es tan simple; sólo consiste en *un vínculo por así decir simbólico entre el ocasionamiento y el fenómeno patológico, como el que también las personas sanas forman en el sueño*" (cursivas mías; 1895: 3 [II, 31]).

De este modo encontramos que se ha tendido un puente entre el símbolo mnémico y el símbolo del sueño. Puente tan inesperado como precoz: en 1895 los problemas del simbolismo onírico estaban muy lejos de ocupar el primer plano de las preocupaciones de Freud. Sólo que el puente, así como es de útil, es bastante frágil: los autores no dicen nada más sobre el parentesco de los dos tipos de símbolo. Salvo olvido, hay que esperar hasta 1916 para encontrar más precisión. Freud publica entonces un artículo muy breve (apenas un poco más de una página) significativamente titulado "Una relación entre un símbolo y un síntoma".[17] El motivo de esta publicación no es otro que un retorno –uno más– de la obsesionante cuestión de los símbolos oníricos opacos, aquellos por los cuales la relación –la *tertium comparationis*– entre simbol(izante) y simbolizado no se manifiesta: la eterna historia del sombrero al cual la cabeza está asociada por metonimia y, después, por metáfora, se asocia la cabeza con la bola. Todos éstos son objetos bien conocidos por estar provistos del simbolismo fálico.[18] ¿Por qué? Aquí, Freud sustituye la explicación analógica –un poco rebuscada, hay que reconocerlo– abordada en la *Traumdeutung* (1900: 309-310 [IV, V]) por otro análisis: "Ahora bien, podría ocurrir que el significado simbólico del sombrero derivase del de la cabeza, siendo que aquél puede considerarse una cabeza que se continúa, pero separable" (1984: 238 [XIV, 347]).

La cabeza, como hemos visto, funciona como símbolo fálico precisamente en la medida en que puede ser cortada: manifestación transparente de la angustia de castración. El sombrero no es más que el sustituto metonímico de la cabeza; y el hecho de quitarse el sombrero –constante que se observa en la vida cotidiana vienesa de comienzos de siglo– constituye una suerte de castración figurada. De allí, según Freud, la explicación de este singular síntoma:

---

[17] Este artículo [XIV, 346] fue publicado muy tardíamente en francés: en 1984: 237-238 y, simultáneamente, en *L'âne*, mayo-junio de 1984, p. 2. Copias de la traducción circularon algunos meses (incluso algunos años) antes. En cuanto al texto original, fue publicado en *Internationale Zeitschrift für Psychoanalyse* 4, 2, p. 111, en 1916.

[18] Ejemplo de la bola como símbolo fálico: la bola de cristal en la *Messaline* de Jarry: "una maravillosa bola de cristal de Sidon, grande como la cabeza de un hombre" (1948, t. 5, p. 40).

"Acechan por la calle [los neuróticos obsesivos] de continuo para ver si algún conocido los ha saludado primero quitándose el sombrero o parece aguardar el saludo de ellos" (*ibid.*).

Y, naturalmente, no sirve de nada recordarles a estos enfermos del sombrero el estatus social (semiológico, en el sentido saussuriano) del ritual del saludo: lo conocen mejor que nadie: "La resistencia de su susceptibilidad a tal esclarecimiento admite la conjetura de que se está frente al efecto de un motivo mal conocido por la conciencia, y la fuente de ese refuerzo podría fácilmente hallarse en la relación con el complejo de castración" (*ibid.*).

Sería conveniente, antes de seguir adelante, amortizar –o, por lo menos, poner en su justo valor– la objeción posible de un lector puntilloso. Éste podría, en efecto, entender que el puente tendido por Freud relaciona el símbolo del sueño con el síntoma de la obsesión y no con el símbolo mnémico de la histeria que, no citado aquí explícitamente, da la impresión de quedar aislado. Coincido totalmente. Pero Freud mismo dio, en el fragmento citado en la p. 97, la solución de este problema: el lenguaje de la obsesión es un "dialecto" del lenguaje de la histeria.[19] De tal suerte que lo que se dice del síntoma obsesivo –y de los símbolos que le hacen cortejo (véase en la misma p. 97 las historias de ratas)– puede ser posiblemente revertido, con las diferencias "dialectales" aquí señaladas, en las formaciones de la histeria. Así, de manera diferente, se aclararía el proceso de simbolización que obra en la histeria. Y se comprendería mejor la nota, un poco enigmática por su brevedad, que cité en las pp. 111-112.

Pero admitamos incluso la pertinencia de la objeción. Quedaría al menos por demostrar este rasgo común entre la obsesión y la histeria: el hecho de que ambas son neurosis. Aparece entonces este rasgo, evidente desde este momento: el símbolo del sueño está explícitamente dado como algo que entra en relación con el síntoma neurótico, condicionado por él y a su vez condicionándolo.

Resumamos. Por un lado los símbolos del sueño –algunos de ellos, al menos– tienen como etimología las formaciones sustitutivas de la angustia. Y por otro lado estan en relación con los sínto-

---

[19] Esta concepción del inconsciente hablando varios dialectos reaparece en *El interés por el psicoanálisis*: "Lo inconsciente habla más de un dialecto" (1913: XII, 180).

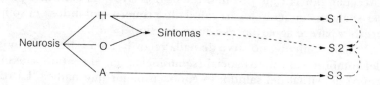

mas, siempre neuróticos, de la histeria y de la obsesión: es por la
cadena de la metonimia por lo que el sombrero se relaciona con
la castración, y toma así el estatus de símbolo fálico. ¿Será posible
representar con un esquema estas relaciones? Pues yo he inten-
tado hacerlo. En el esquema anterior, a la izquierda aparecen las
tres neurosis, designadas por sus iniciales: H, O, A. A la derecha
los tres símbolos, designados por la letra S presentada con números
de orden en adelante bien conocidos, o sea S 1, S 2, S 3. Las líneas
compactas designan las relaciones explícitamente descritas por
Freud: las que generan S 1 a partir de H y S 3 a partir de A. Se
observa que S 2 no está unido a las neurosis por ninguna de esas
líneas. Las líneas punteadas designan las relaciones, más indirectas,
que la descripción hizo aparecer en su trayecto, y que ahora acabo
de reunir. Se constata que S 2 está unido cada vez de manera
diferente, pero siempre de una manera mediata, a las tres neurosis.

Así se puede por lo menos plantear de una manera más clara el
problema de las relaciones entre lenguaje y neurosis. Tales relaciones existen incuestionablemente, pero situándose en el marco
de los dos siguientes límites:

1] Están en primer lugar limitadas a lo que hay de común entre
el lenguaje y el simbolismo onírico. Naturalmente, no volveré sobre
el detalle, complejo y además progresivo, de estas relaciones. Me
contento con observar que no se reducen nunca a una pura y simple
identidad: el lenguaje no se confunde con el simbolismo onírico.
Lo que se dijo del segundo no puede, entonces, transponerse término a término al primero.

2] Sometidas ya a esta primera limitación, dichas relaciones están, además, sujetas a las limitaciones que, a su vez, precisan las
relaciones entre neurosis y simbolismo onírico: relaciones media-
tas, complejas, indirectas.

3

¿EL ENCUENTRO DE DOS SÍMBOLOS?

Seguramente, el lector habrá notado que el título de este capítulo está prudentemente provisto de unos tímidos signos de interrogación. Reconozcámoslo: el pretendido encuentro entre las dos clases de símbolos que fueron descritos en los dos primeros capítulos no se realiza en condiciones plenamente eufóricas. Existe, por supuesto, un rasgo común entre estos diferentes símbolos. Tanto unos como los otros, saussurianos y hjelmslevianos, por un lado, y freudianos, por el otro, son objetos de dos caras, nudos de significación, puntos de confluencia de elementos provenientes de dos planos diferentes. Pero es aquí donde hay que recordar el aforismo "umorístico" (*sic*) de Jacques Vaché: "Está en la esencia de los símbolos el ser simbólicos" (citado por Breton, 1950: 298 [1972: 283]).

Si quitamos lo que constituye la esencia misma del símbolo –la relación entre dos planos–[1] los objetos resultantes ya no serán símbolos. Si tratamos de ir más lejos en esta dirección, tropezaremos de inmediato con numerosas dificultades y, con mayor frecuencia, nos encontraremos con el fracaso, ya que el éxito nunca es más que parcial. Enumeremos:

1] *La motivación*, es decir la relación no aleatoria entre las dos caras del símbolo. En Freud, el símbolo –cualquiera que sea su funcionamiento: símbolo mnémico, símbolo del sueño, formación de la angustia– es siempre motivado, con la única reserva de la enigmática advertencia sobre el caballo de angustia citado en la p. 104. Benveniste lo dice desde las primeras páginas de sus "Observaciones sobre la función del lenguaje en el descubrimiento freudiano": "Discernimos aquí un rasgo esencial del método analítico:

---

[1] Quitemos aquí una ambigüedad: aun en el caso de los sistemas de símbolos hjelmslevianos, definidos por su "conformidad", tal como lo hemos visto, hay dos planos. Sólo la intervención del principio de simplicidad permite hacer como si no constituyeran más que uno, precisamente en razón de su conformidad.

los 'fenómenos' son gobernados por una *relación de motivación*, que
ocupa aquí el lugar de lo que las ciencias de la naturaleza definen
como una relación de causalidad" (1966: 76 [1976: 76]).

No obstante, a esta advertencia ligeramente terrorista hay que
aplicarle un atenuante. Sí, es cierto que Freud, de manera redundante, reafirma la existencia de la motivación –la palabra no está
ahí, pero el concepto sí– en los diferentes tipos de símbolos que
utiliza. Por ejemplo, en el símbolo onírico lo que opera es la motivación analógica. Pero he creído mostrar, analizando la construcción tan extraña del texto de la *Introducción*, que la analogía sola
no es suficiente para constituir el símbolo. Necesita la ayuda de
otra cosa. Y esta otra cosa es, para ser precisos y concisos, la lengua
y los discursos. Faltaría preguntarse –esta vez con Benveniste– si
para Freud esos mismos objetos no estarían "gobernados por la
motivación". Nos faltaría también recordar la existencia de esos
símbolos definitivamente resistentes a la analogía, a pesar de todos
los esfuerzos, que son el sombrero o la bola. Hemos visto que
Freud, sin decidirse a abandonar del todo la analogía,[2] termina
por encontrarle otra explicación (véase las pp. 112-113) mediante
la cadena metonímica. ¿Pero esta cadena, a su vez, no constituye
por sí misma otra motivación? Si el sombrero, en el sueño, viene
a fungir como símbolo sexual, es –sobre todo– porque es el equivalente metonímico de la cabeza, siendo ella misma susceptible de
ser cortada. Este último hecho da lugar, como un punto de apoyo,
a la angustia de castración.

Vemos que Benveniste es –como siempre lo ha sido con respecto
a Freud, tal como lo veremos también en el capítulo 4– demasiado
categórico. Creo que más valdría la pena referirse a una dialéctica
entre lo arbitrario y la motivación, pues hay que reconocer que lo
arbitrario está sujeto a eclipses frecuentes y que la motivación, que
por un instante fue eliminada, se reinstala inmediatamente.

En Saussure, las cosas son sólo aparentemente más claras. Sí,
en efecto, en el *CLG* el símbolo está definido de manera explícita
por el "rudimento de lazo natural" entre sus dos caras. Pero ésta

---

[2] En la *Traumdeutung*, describe complacientemente las declaraciones analógicas
de una joven que sueña (1900: 309-310 [v, 367]) y agrega en una nota unos comentarios tomados de Stekel. Sin embargo, no deja de corregir implícitamente
este análisis analógico señalando que "creí lícito inferir que el sombrero puede
hacer las veces también de los genitales femeninos" (*ibid.*).

es, precisamente, la razón por la cual se deja al símbolo tan rápidamente de lado. Y si, como por un singular juego de mano, el símbolo se reintroduce abruptamente en la investigación sobre la leyenda, es porque viene lisa y llanamente a tomar el lugar del signo, y, de golpe, a cubrir sus oropeles, es decir, de lo arbitrario.

En cuanto a Hjelmslev, el criterio que utiliza para oponer signos y símbolos no recubre más que muy parcialmente el de Saussure. De manera que, como hemos visto, los juegos y los lenguajes algebraicos son calificados por él mismo como sistemas de símbolos, donde las relaciones tienen un muy alto nivel de arbitrariedad.

Lo arbitrario y la motivación están, en suma, distribuidos de manera complementaria entre lingüística y psicoanálisis. Si hay algo que decir, a lo sumo, es que lo arbitrario no está eliminado del aparato freudiano con tanta energía como la motivación lo está del aparato lingüístico: de ahí que, en lo que respecta a lo arbitrario, exista una estrecha zona de recubrimiento entre los conceptos de las dos disciplinas.

2] *La aptitud de los símbolos[3] para significar los contrarios.* Una primera oposición salta a la vista sobre este punto: la elocuencia de Freud ante el silencio de los dos lingüistas. Cualquiera que sea el tipo de símbolo que esté considerando, Freud señala más o menos de inmediato y de manera explícita que el símbolo es "ambivalente", y que esta ambivalencia lo lleva a hacerlo significar los dos contenidos opuestos: contrarios y contradictorios, aunque la distinción no sea planteada. De allí la aptitud del caballo de angustia para representar, a la vez, a la madre y al padre y para representar a este último como objeto de odio y de amor al mismo tiempo. De allí la invulnerabilidad a la negación que posee el símbolo onírico. Por el contrario, Saussure y Hjelmslev, si es que los leí de manera lo suficientemente atenta, no dicen nada de tal posibilidad. ¿Será realmente imprudente interpretar su silencio como un rechazo a plantear los símbolos ambivalentes? Esto sería, en cierta forma, hacerles proferir de antemano las protestas tan violentamente emitidas, en 1956, por Benveniste. Recordemos no obstante, antes de releerlas, que tales protestas sólo se refieren a la aplicación de la ambivalencia a las palabras de la lengua, ya que Benveniste parece

---

[3] Doy aquí a *símbolo* el sentido del término genérico que abarca a la vez *signo* y *símbolo*.

aceptar, al menos implícitamente, que los símbolos del sueño significan los contrarios:

Si se supone que exista una lengua en la que se diga lo mismo "grande" y "pequeño", será que en tal lengua la distinción entre "grande" y "pequeño" carece literalmente de sentido y no existe la categoría de la dimensión, no que se trate de una lengua que admita una expresión contradictoria de la dimensión [1966: 82 (1976: 82)].

Vemos que, si se acepta la posibilidad de interpretar, como lo hago yo, el silencio de Saussure y de Hjelmslev, uno se ve llevado a plantear, aquí, una oposición absoluta entre los conceptos de las dos disciplinas.

[3] *El problema de la formación de los símbolos.* Por el lado de Freud, hay que hacer una distinción. El símbolo mnémico y las formaciones de la angustia son sólo estudiados en el proceso de su constitución. Es la propia historia de la formación del símbolo la que da cuenta de los dos caracteres que le son atribuidos: la ambivalencia –rasgo que el símbolo conserva de la propia ambivalencia de las mociones que sustituye– y, llegado el caso, la motivación. El símbolo onírico, por lo general, en un principio parece estar aislado. Es un hecho que Freud tiende frecuentemente a presentar y a tratar el símbolo como el elemento de un inventario ya dado, como ocurre con el léxico de una lengua cuando se utilizan sus palabras: aquí no hay ninguna formación. Pero, como acabamos de entrever en las últimas páginas del capítulo 2, posiblemente esto no es más que una apariencia engañosa. Las relaciones que mantiene el símbolo onírico con las formaciones de la angustia, por un lado, y por el otro con los síntomas de la histeria y de la obsesión, son, si me han seguido, comparables, a su vez, a las relaciones etimológicas. De suerte que, de manera mediata, subterránea, de lo que se trata también es de la formación del símbolo en el sueño cada vez que se estudia, por ejemplo, el proceso de la fijación de la angustia sobre el animal o el de la génesis de los síntomas de la histérica o del obsesivo.

En Saussure y Hjelmslev, aquí en completo acuerdo, es cuestión de historia: una amplia parte del CLG y un libro entero de Hjelmslev, *Le langage*, están consagrados a los problemas de la diacronía. Pero no se trata nunca más que de la diacronía de los símbolos –digamos de los signos– ya constituidos como tales. En cuanto al problema de su génesis, el de la procedencia que hizo aparecer los signos a partir de objetos previos que no eran signos, el problema de la simbolización, en suma, está rigurosamente excluido, por fórmulas fuertemente explícitas: sobre este último problema, vemos hasta qué punto las posiciones son, una vez más, divergentes.

Nada nos impediría detenernos ahí: en un estado de nulidad, el cual de todas maneras es un estado. Y además después de todo la nada no es absoluta: se da de todos modos una sombra de relación que se dibuja en ocasiones entre los conceptos de las dos disciplinas. Sea lo que sea, resulta imposible forzar los hechos: formulando una respuesta esencialmente negativa a la interrogación ya planteada en las líneas iniciales de esta primera parte no haría más que unirme a muchas otras voces. Por ejemplo a la de Green: "La orientación formalista, inaugurada por Saussure, cava un foso entre lingüística y psicoanálisis" (1984: 65 [1995: 58]).

Aun con el riesgo de parecer presuntuoso, tengo que hacer una precisión: Green no tiene razón salvo si limita su declaración a la problemática del símbolo y del signo. Lo que él hace, quizás de manera demasiado alusiva, al decir que "Lacan ha tratado de cegarlo" (*ibid.*), es indicar que el foso está cavado del lado del significante –del significante, y no del signo–, lo cual habrá de verse, en la segunda parte de este libro, para verificar si la empresa de rellenado ha tenido éxito.

De todos modos, queda por ver si, permaneciendo un instante más del lado del símbolo, es posible ir un poco más lejos. Naturalmente, hay que decidirse a dejar a Saussure y a Hjelmslev. ¿Dejar el "formalismo", como sugiere Green, y buscar, "en el entorno de Saussure", la "reacción antiintelectualista" de Bally? Aparte de que el trabajo ya está hecho, y aparentemente bien, por Green (véase 1984: 66-71 [1995: 58-63]), he decidido por mi parte quedarme en el "formalismo". Pero un "formalismo" distinto; el que pasa de la lengua al discurso y de ahí a la enunciación: se habrá reconocido aquí el "formalismo" de Greimas y de la escuela de París.

Hemos olvidado, sin duda un poco demasiado rápido, que entre los lingüistas Greimas ha sido uno de los primeros en tomar en cuenta explícitamente los conceptos del psicoanálisis. Ya en la *Semántica estructural* (publicada en 1966, aunque su elaboración tuvo lugar desde muchos años atrás), lo vemos analizar, en el marco de

su teoría de las "isotopías",[4] la estructura biplana del discurso onírico (contenido [plano] manifiesto y contenido [plano] latente)
(1966: 98-99 [1987: 150-151]). Lo vemos también plantear –en términos homónimos a los de Freud– la noción de "ambivalencia
simbólica en literatura" (*ibid.*: 97 [149]: el ejemplo elegido es el de
Baudelaire, "cuando pretende ser *un viejo salón lleno de rosas mar-
chitas*"). Pero era la época en que todavía los lingüistas no se inte-
resaban de manera central y explícita en la problemática de la
enunciación, la que emerge, muy progresivamente, hasta fines de
los años sesenta: el artículo de Dubois titulado "Énoncé et énonciation" [Enunciado y enunciación] publicado en 1969; el de Benveniste sobre la "Semiología de la lengua", aparecido en el mismo
año, unos meses antes que el del mismo Benveniste sobre "El aparato formal de la enunciación" (1970 [1977]). Para la problemática
de la articulación entre el simbolismo y la enunciación es necesario
–que yo sepa, al menos– esperar todavía algunos años más. Lo cual
se hace implícitamente desde el *Maupassant* (1976 [1993]) y, explícitamente, en el *Dictionnaire* (1979 [1990]). Hay que citar aquí el
pasaje determinante. No sin antes haber señalado que la problemática no aparece –restos, sin duda, de una legítima (?) descon-
fianza– en la entrada "símbolo", sino, significativamente, en la entrada "embrague". Lo que equivale, sin equívoco alguno, a marcar
la relación que se instituye entre el simbolismo y este procedimiento específico de la enunciación que es el embrague:

Contrariamente a lo que sucede en el momento del desembrague [...], el
embrague produce una des-referencialización del enunciado al que afecta:
de esta manera, la descripción de la naturaleza se transforma en "estado
de ánimo", la infancia de Marcel (Proust), memorizada (es decir, habiendo
sufrido el embrague temporal), deja de ser una serie de "acontecimientos"
para convertirse en una organización "figurativa" de "recuerdos", etc. No
creemos que los procedimientos de embrague puedan agotar la proble-

---

[4] Recordemos que la isotopía, noción introducida por Greimas en 1966, está
constituida por la redundancia, en el discurso, de elementos semánticos comunes
a las palabras diferentes que lo constituyen. Por ejemplo, una receta de cocina
implica términos diferentes, que tienen en común el rasgo semántico (el sema)
culinario. El sueño puede entonces ser analizado como un texto que implica dos
isotopías. Véase sobre este punto Rastier, 1972 y 1981.

mática del simbolismo; sin embargo, permiten explicar, en parte, la discursivización de los múltiples aspectos de la "vida interior" [1979: 121 (1990: 140-141)].

Aquí hay que poner atención al hecho de que el embrague no está necesariamente ligado a la presencia de los embragadores (como dice Jakobson) o los indicadores (como dice Benveniste) que son los elementos *yo*, *aquí* y *ahora* (o sus equivalentes). Tradicionalmente se los definía como las huellas –actancial, local y temporal, respectivamente– dejadas en el enunciado por el procedimiento de la enunciación. Pero el embrague puede hacerse sin ellos. Siempre se presupone, en Greimas y Courtès, un desembrague, es decir, la expulsión, fuera de la instancia de la enunciación, de los términos categoriales que permiten la construcción del enunciado: precisamente un *no-yo*, un *no-aquí*, un *no-ahora*. "Francia es un bello país", dice –desembragando–[5] el general De Gaulle (no garantizo la "literalidad" de la cita). El retorno a la enunciación que constituye el embrague consiste en suspender –otros lingüistas dirían neutralizar– la oposición del *yo* y del *no-yo*, del *aquí* y del *no-aquí*, del *ahora* y del *no-ahora*: es decir, en producir el efecto de identificación entre sujeto de enunciado y sujeto de enunciación. Y vemos que este efecto será producido –en condiciones diferentes de manifestación– por "yo pienso que Francia..." como por "De Gaulle piensa que...", si es que este enunciado es atribuible al general mismo.

Que no se crea que esta concepción de la enunciación es específica de la semiótica de la escuela greimasiana. Se encuentra, casi tal cual, en Ducrot, quien critica explícitamente a Benveniste:

Si se quiere sostener la conclusión de Benveniste según la cual la alusión a la instancia de discurso es esencial a la palabra, hay que disociarla de su argumentación, y no apoyarse sobre la función referencial de las palabras particulares (pronombres personales o deícticos como *aquí* y *ahora*), pues las mismas referencias pueden siempre, en rigor, hacerse sin esas palabras [1980: 530, 2a. columna].

---

[5] El desembrague no está sin embargo completo: el presente del indicativo continúa embragando, desde el punto de vista temporal, en la instancia de la enunciación.

Vuelvo a Greimas, y lo sigo todavía un poco más. Suponiendo que el sujeto al que alude la identificación ya esté instalado en el enunciado, ¿qué forma tomará, entonces, el embrague? Será necesariamente la del embrague interno, en el interior mismo del discurso, en el seno del cual se distinguirán un enunciado engarzante y un enunciado engarzado. El segundo estará embragado sobre el primero aunque sea suspendida alguna de las oposiciones *yo/no-yo*, *aquí/no-aquí*, *ahora/no-ahora*. Es este proceso el que da cuenta, en *La búsqueda del tiempo perdido*, del embrague temporal de los recuerdos de infancia. Los acontecimientos relatados bajo esta forma tomarán a partir de ahí un valor simbólico. Vemos hasta qué punto estamos ahora lejos del símbolo saussuriano o hjelmsleviano. Según las juiciosas fórmulas de Henri Quéré, en esta concepción no se sostiene más un "ser-ahí del símbolo" sino que se lo considera "como algo –un objeto narrativo o discursivo– que se constituye en el seno o al término de un proceso de simbolización" (1983: 14). Y "la producción simbólica está en parte ligada con las formas y las estrategias de la enunciación" (*ibid*.: 12).

Los ejemplos de simbolismo, en el sentido en el que acaba de ser descrito, están esencialmente limitados, para Greimas y Courtès, al embrague temporal. Éste consiste en identificar el tiempo 1 –el del enunciado engarzante– y el tiempo 2 –el del enunciado engarzado. Es este procedimiento el que le confiere el estatus simbólico a la breve secuencia de los recuerdos de pesca en *Dos amigos*, de Maupassant. El embrague actancial consistirá, *mutatis mutandis*, en identificar, por ejemplo, al sujeto del enunciado engarzado y del enunciado engarzante. Es lo que se observa en los procedimientos específicos de enunciación que dan cuenta del texto de *Ubu rey* y de sus relaciones con el enunciado donde se engarza: el texto de *César-Anticristo*. Si uno se imaginara un enunciado, en apariencia acabado y que pueda ser leído de manera independien-te, ése sería el de *Ubu rey*. El procedimiento enunciativo consiste en engarzarse en otro texto, el de *César-Anticristo*, y en neutralizar la oposición de los sujetos de los dos enunciados: el Anticristo y Ubu, aparentemente de lo más distintos, se asimilan el uno al otro. El enunciado engarzado toma valor simbólico con relación al enunciado engarzante, en el cual embraga, de la misma manera en que un *yo* embraga el enunciado que inaugura sobre la instancia de su enunciación. Pero la identificación funciona en dos sentidos: por medio de un inmediato retorno, pues los rasgos asignados al sujeto del texto engarzante se revierten sobre el sujeto del texto engarzado. De suerte que se observa, tanto en uno como en otro enunciado, un fenómeno de desdoblamiento: abreviando, la instalación de un contenido "simbólico" erótico para *Ubu rey* y la de un contenido "simbólico" político para *César-Anticristo*.[6]

Como hemos visto anteriormente, con este nuevo simbolismo nos hemos alejado considerablemente de Saussure y de Hjelmslev. Por lo tanto, ¿nos habremos acercado a Freud? Hay que retomar aquí el orden de los rasgos enumerados a partir de la p. 115.

1] *La motivación.* Sí, los objetos simbólicos[7] son motivados. Es cierto que de manera específica: la "analogía", "el lazo natural", "rudimentario" o no, no tienen nada que hacer aquí. Se trata de una motivación interna del discurso. Las instancias que pueden ser identificadas lo son bajo el efecto de un procedimiento enunciativo. Es éste, y sólo éste, el que constituye la motivación, haciendo, por ejemplo, aparecer el relato de un día de pesca como integrado al presente de los dos amigos y por ello simbólico. Señalemos, sin embargo, corriendo el riesgo de complicar más las relaciones, que, si en este punto parece que nos acercamos a Freud, nos reencontramos también con una noción saussuriana: la motivación secundaria. De ella sabemos, en efecto, que es una motivación inherente a la lengua (*cerezo* es motivado con relación a *cereza*, *diecinueve* con relación a *diez* y *nueve*), de la misma manera en que aquí la motivación es inherente al discurso.

2] *La ambivalencia.* Sí, los objetos simbólicos son ambivalentes. Lo cual es cierto de manera específica. Sus diversos significados están escalonados, de suerte que antiguamente podíamos describirlos en términos de connotación. Para fijar las ideas: *Ubu rey* funge a la vez como discurso político y como discurso erótico, pero no en el mismo nivel de significación. Aquí es Benveniste a quien le toca marcar la relación que ese rasgo mantiene con las elaboraciones freudianas: "Ciertas formas de poesía pueden emparentarse con el sueño y sugerir el mismo modo de estructuración, introducir

---

[6] Estudié estos fenómenos en un contexto teórico diferente en 1972 y 1976.

[7] Aquí evito el término *símbolo*, que correría el riesgo de ser interpretado como lo que designa unidades previamente dadas, circunscritas y localizadas. Y ése no es el caso de los objetos simbólicos, que pueden tener como manifestaciones elementos de diversos estatus y de dimensiones no menos diversas. Véase Quéré, 1983: 22.

en las formas normales del lenguaje esa suspensión del sentido que el sueño proyecta en nuestras actividades" (1966: 83 [1976: 83]).

Palabras que tal vez son un poco tímidas. No es a la poesía a la única que se alude. ¡La "suspensión del sentido" presupone necesariamente su ambivalencia. Podemos advertir aquí que Benveniste todavía tiene reservas con respecto al aparato freudiano.¡ No obstante, tales reservas no le han impedido para nada –y por eso es aún más significativo– señalar aquí una convergencia.

3] *La formación de los objetos simbólicos.* Como ya hemos vislumbrado, explícitamente con Quéré e implícitamente en las descripciones que acabamos de hacer, los objetos simbólicos no están previamente dados, sino que son producidos por un procedimiento enunciativo. Por eso se resisten, definitivamente, a toda empresa lexicográfica: ¿se ven ustedes elaborando un diccionario de las formaciones simbólicas generadas por los procedimientos enunciativos? Eso sería hacer el inventario de todas las formaciones discursivas, de Maupassant a Proust y a Jarry, sin olvidar todas las demás, las de ustedes, las mías. Empresa insensata. Por ello, estos objetos se distinguen fundamentalmente de las palabras de la lengua, que, después de todo, no es absolutamente aberrante soñar con reunir en un diccionario. Y de repente, se aproximan a los símbolos freudianos. Pero, ¿a todos los símbolos freudianos? Aquí, hay que señalar una duda con respecto al símbolo onírico: ¿acaso Freud no pensó en una especie de diccionario de símbolos semejante a un acervo léxico? Indudablemente. Pero ya hemos visto que ésta es una más de las direcciones entre las cuales vaciló: si aceptamos los análisis en los que me he aventurado, podremos admitir que el símbolo onírico es *también* el resultado de un proceso de simbolización.

Indiscutiblemente, los resultados de esta segunda confrontación son más alentadores que los de la primera. Pero, ¿nos podemos dejar llevar por el triunfo, y homologar sin más los dos procedimientos de simbolización y los dos tipos de objetos simbólicos que generan? Intuimos de inmediato que esto sería muy imprudente, sobre todo por dos razones. Una razón que es relativamente menor es que en cada uno de los rubros examinados existen, y sobre un fondo de analogía, diferencias –como lo hemos notado– entre las nociones confrontadas. Pero la otra razón es fundamental. La formularé así: para que la homologación sea posible, será necesario que sea igualmente posible considerar al inconsciente, a su vez, como una enunciación. Es decir que sea posible identificar en él los fenómenos del embrague y desembrague, y referirlos a los procesos de simbolización. ¿Será, pues, posible esta operación en su complejidad? Es un hecho que de entre todas las metáforas la del inconsciente como texto –es decir, como enunciado– es redundante en Freud. Sabemos incluso que constituye uno de los primeros modelos teóricos del aparato psíquico que estableció y que describe en la famosa carta 52 dirigida a Fliess,[8] donde se encuentra tratado el problema de la cantidad de "inscripciones" (*Niderschriften* ["transcripciones"]). El inconsciente está presentado allí como una de estas inscripciones [o transcripciones]. Y sabemos también que no hay enunciado sin enunciación, lo cual es una de las evidencias fundamentales de la lingüística. Inconsciente, enunciación: la articulación no tiene nada de imposible. Pero fácilmente se entenderá que el lingüista se contenta aquí con plantear el problema, dejando a otros la tarea de, a la larga, darle una solución. Voy entonces a guardar silencio sobre este punto. Sin embargo, me permitiré formular un último señalamiento. La problemática de la enunciación, en Lacan esta vez, se aclara principalmente en el *Seminario VI*, donde se articula con la problemática del significante. Ahora bien, el significante, en particular, encuentra una de sus raíces epistemológicas freudianas en el *Wahrnehmungszeichen* ("signo de percepción") que se establece en la carta 52. Es, pues, en el capítulo 5 de este libro donde, posiblemente, el problema del inconsciente como enunciación se volverá a presentar de manera indirecta.

---

[8] La carta 52 dirigida a Fliess fue publicada, plagada de comentarios, en *Littoral* 1, junio de 1981. [Aparece también, en español, en el t. I de las *Obras completas*, versión de Strachey.]

4

FREUD Y SUS LINGÜISTAS: SPERBER, ABEL, SCHREBER

⌊En diversos puntos del capítulo 2 vimos cómo, en Freud, el problema del simbolismo –y específicamente del simbolismo onírico–se articula con el problema del lenguaje.⌋ Sin lugar a dudas, más que la analogía es la lengua –y los diversos tipos de discursos a los cuales da lugar– la que es fundadora en lo que concierne al simbolismo. Al grado de que empieza a despuntar de manera progresiva la hipótesis de la existencia de una fuente común al lenguaje y al simbolismo. No obstante, esta hipótesis se topa de inmediato con dos dificultades, señaladas por las discordancias extrañas que se observan entre los dos objetos cuyo parentesco suponemos. En primer lugar, el simbolismo es en esencia sexual. La lengua, por lo menos en apariencia, no lo es de manera tan generalizada: ¡nos sucede muy a menudo –y Freud, como sabemos, casi se asombra de ello– que no hablamos (¿o creemos hablar?) de otra cosa que no sea de sexo! Y por otra parte los símbolos no sólo son ambivalentes (¿siempre?) sino también aptos a menudo para significar dos contenidos opuestos. La ambivalencia, evidentemente, es también una propiedad de las palabras de la lengua. Pero la aptitud para significar opuestos es en ellas una excepción: el verbo *alquilar* ("tomar" y "dar en alquiler") y el sustantivo *huésped* ("aquel que hospeda" y "aquel que es hospedado") son considerados como curiosidades lingüísticas y desde hace mucho tiempo objeto de las especulaciones de los lingüistas. ¡Ni qué decir del célebre verbo alemán *aufheben*, y de su derivado nominal *Aufhebung*![1]

---

[1] Sobre la *Aufhebung* Hyppolite dice que "es la palabra dialéctica de Hegel, que quiere decir a la vez negar, suprimir y conservar, y en el fondo levantar [...] Freud aquí nos dice : 'La denegación es una *Aufhebung* de la represión, pero no por ello una aceptación de lo reprimido.' [...] Presentar el propio ser sobre el modo de no serlo, de eso es de lo que se trata verdaderamente en esa *Aufhebung* de la represión que no es una aceptación de lo reprimido" (palabras citadas por Lacan, 1966: 880-881 [1984, 860-861]). Igualmente, el verbo *übersehen* "tiene la ventaja insigne

FREUD Y SUS LINGÜISTAS   127

Las dos dificultades vienen de las lenguas. ¿Cómo hacer otra cosa que no sea consultar a los lingüistas? Es lo que Freud hace. A quienes interroga es a Hans Sperber para el primer problema y a Carl Abel (*sic*, con C y no con K, como lo escriben a menudo los que no han leído sus obras), para el segundo. La referencia a estos dos lingüistas es fuertemente repetitiva en el texto de Freud. Sin pretensión de ser demasiado exhaustivo, señalo que el nombre de Sperber aparece desde la reedición de la *Traumdeutung*, la más próxima a la publicación del artículo de *Imago* (1912; véase Freud, 1900: 302 [V, 358]). En 1913, Freud cita de nuevo a Sperber en el artículo de *Scientia* (1913). En su correspondencia con Ferenczi hace alusión en 1916 a las dificultades que Sperber tuvo en su carrera profesional a causa de sus teorías (véase Freud, 1913, *in* 1980: 144 [XIII, 180]). Finalmente, desde 1913 Rank y Sachs, en *Die Bedeutung der Psychoanalyse für die Geisteswissenschaften*, presentan, con menos precaución que Freud, las teorías de Sperber como una conquista definitiva de la ciencia, y desarrollan (1980: 104-107) ampliamente problemas tales como el género gramatical (lo que no está lejos de la sexosemejanza –sexo metafórico de las palabras, según Damourette y Pichon) o la propensión de las palabras sexuales a tomar diversas acepciones metafóricas. Para Abel, las referencias son más frecuentes aún. Freud consagra a sus teorías un breve pero célebre artículo (1910, citado aquí según 1971 [XI, 143]), cuyas conclusiones retoma en un comentario comprendido en la *Traumdeutung* (1900: 274, nota 2 [IV, 324, nota 16]). Vuelve incluso, y de manera muy insistente, sobre la teoría de los sentidos opuestos en 1912 en *Tótem y tabú* (1912: 96 y *passim* [XIII, 72]). Como Sperber, Abel está ampliamente citado en la *Introducción al psicoanálisis* (1916-1917: 184 para Sperber y 197 y 251 para Abel [XV, 152 y 153, y 163, 164 y 210, respectivamente]). Los dos nombres aparecen juntos en el artículo de *Scientia* (1913), donde son los únicos lingüistas citados. Nos asombramos más todavía al constatar que Forrester (1984 [1989]) cita incidentalmente a los dos investigadores en el curso de su obra, pero sin consignar sus trabajos en la bibliografía. Por otra parte, dicha bibliografía cuenta

de significar tanto *ver* (*prever, abarcar con la mirada, medir la amplitud*, etc.) como *no ver* (*no observar, dejar escapar, omitir*), según los contextos" (J.M. Rey, 1981: 160; véase también J.M. Rey, 1974: 15-55 y 1979: 35-38).

con numerosos títulos, muchos de los cuales ejercieron sobre
Freud una influencia menos directa y menos durable.

¿Quién es Hans Sperber? Éste no goza de la reputación de in-
genuo y de marginal que se le atribuye a Carl Abel, quizás de manera parcialmente inmerecida. Las dificultades profesionales a las
que Freud hace alusión en 1916 no duraron; después de su estadía
en la pequeña –pero ilustre– universidad sueca de Uppsala, fue
profesor en Alemania. Su obra más conocida es *Einführung in die
Bedeutungslehre*, publicada en Bonn y Leipzig en 1923, reeditada
en 1930. Esta *Introduction à la sémantique* marcó muy fuertemente,
hasta los años cincuenta, las investigaciones de semántica histórica:
Ullmann en su *Précis de sémantique française* (1952) y Guiraud en el
volumen de la colección "Que sais-je?" consagrada a *La sémantique*
(1955) toman de Sperber la noción de "fuerza emotiva" y la utilizan
para explicar ciertos aspectos de la creación lingüística y de los
cambios de sentido.

El texto de Sperber al cual se refiere Freud es un largo artículo
publicado en 1912 en *Imago*: "Über den Einfluss sexueller Momente
auf Entstehung und Entwicklung der Sprache" ([Sobre la influencia
de factores sexuales en la formación y la evolución del lenguaje]
Imago I, fasc. 5: 405-453). En el título general, que aparece arriba
de cada página y que se alterna con el nombre del autor, el trabajo
recibe una denominación diferente: "Über den sexuellen Ursprung
der Sprache" [Sobre el origen sexual del lenguaje]: título homónimo –hasta en el adjetivo– al de una de las contribuciones de Abel
utilizadas por Freud. No nos asombra ese lazo entre las preocupaciones de los dos lingüistas privilegiados por Freud: para ellos,
como para él, el problema fundamental que plantea el lenguaje es
el de sus orígenes.

La reflexión de Sperber es a la vez prudente y temeraria. Lo
vemos primero subrayar modestamente el carácter "incompleto"
de su investigación, y señalar –¿por prudencia profesional?– que
su empresa "tiene una relación muy lejana con el psicoanálisis"
(*ibid.*: 405).[2] Otra precaución: Sperber tiene el cuidado de conse-

---

[2] Sin embargo la referencia al psicoanálisis interviene explícitamente en la argumentación de Sperber (1912: 419), quien se pregunta por qué la formación de
la lengua no estaría en relación con la sexualidad, siendo que "Freud y sus discí-
pulos" han mostrado la influencia de la sexualidad sobre el conjunto de otras
actividades humanas. Por otra parte, iforzosamente hubo algún tipo de relación

guirse precursores, principalmente en las personas de Noiré y de Jespersen, de quienes toma prestada la idea de que "la sexualidad ha jugado un rol determinante en la formación del lenguaje" (*ibid.*: 406).

Pero estas precauciones preliminares desaparecen rápidamente. Y ello da lugar a la audacia. Sperber, al contrario de Wundt, a quien critica de manera respetuosa, aunque no menos enérgica, establece con fuerza su modelo de la formación del lenguaje (*Sprachbildung*):

Nadie duda hoy de que la especie "Hombre" se desarrolló a partir de seres vivientes de nivel inferior. De la misma manera, es cierto que esos seres primitivos no poseían lenguaje. En un momento cualquiera en el largo trayecto que va de esos seres primitivos al hombre, debe haber un punto donde se sitúa la formación del lenguaje [...] El estado primitivo desprovisto de lenguaje es una hipótesis inevitablemente necesaria y no [como pretende Wundt] una "ficción vacía de sentido" [*ibid.*: 407].

Después de haber precisado qué entiende por *Sprache*, el lenguaje vocal utilizado como medio de comunicación, Sperber plantea el problema en estos términos:

¿Bajo qué condiciones previas podía formarse el proyecto, en un sujeto desprovisto de lenguaje pero provisto de voz, de establecer una comunicación con otro sujeto? Esto no podía producirse, evidentemente, más que con la constatación de que los sonidos producidos sin intención por el primer sujeto tenían la propiedad de influir en el comportamiento del segundo [*ibid.*: 408].

Se plantea, entonces, la cuestión de saber cuál es la situación capaz de desencadenar, en un ser "rústico", una constatación tal. Después de haber eliminado algunas situaciones candidatas a este glorioso estatus, Sperber plantea firmemente su hipótesis: "En mi opinión, todos los indicios muestran que es en el ejercicio de la sexualidad donde debemos reconocer una de las raíces, o, mejor, la raíz esencial del lenguaje" (*ibid.*: 410).

Leng. y sexualidad

entre Freud y Sperber para que el artículo del segundo fuera publicado en la revista del primero!

Es precisamente en este punto en el que Sperber encuentra una cuestión paralela a la que se plantea Freud cuando confronta lenguaje y simbolismo (véase la p. 95): "¿Se puede explicar el hecho de que podamos utilizar la lengua para designar los objetos que no tienen con la sexualidad ninguna relación, o relaciones alejadas en el más alto grado?" (*ibid.*: 410).

Uno puede imaginar con qué interés Freud debe de haber leído la solución aportada por Sperber a este enigma, y que consiste en establecer la noción de *propagación* (*Umsichgreifen*), de *extensión* (*Ausdehnung*) e incluso, un poco más adelante en el artículo, de *fuerza de expansión* (*Expansionkraft*, p. 428) de la lengua. Pero ¿cómo se explica esta propagación? Simplemente por efecto de una metáfora generalizada, que hace que, por ejemplo, "las actividades realizadas con la ayuda de utensilios eran acompañadas de expresiones provenientes del dominio del grito de seducción, porque estas actividades estaban sexualmente acentuadas" (*ibid.*: 412).

La noción de *acentuación sexual* del trabajo es definida así:

Entiendo la expresión *sexualmente acentuadas* (*sexuell betont*) con el siguiente sentido: el funcionamiento de los utensilios, en las fantasías (*die Phantasie*) de los hombres primitivos, tenía una evidente analogía con el de los órganos sexuales humanos; en el trabajo con los utensilios se veía la imagen (*das Abbild*) del proceso sexual; en el trabajo también intervenían afectos idénticos a los del acoplamiento (*ibid.*).

Sperber llega, entonces, a enumerar diversos tipos de trabajos para ejemplificar este proceso de metaforización que tiene una base sexual. De paso, enuncia diversas equivalencias que podríamos leer, de manera más o menos homónima, en la *Traumdeutung* o en la *Introducción al psicoanálisis*: "La herramienta cortante es el miembro viril, el objeto trabajado el órgano femenino" (*ibid.*: 414). Cita también una cantidad de costumbres, tradiciones folklóricas, mitos, adivinanzas, textos poéticos, etc., rasgo por rasgo comparables a los elementos del mismo orden que colorean el texto de Freud.

La investigación de Sperber está, desde luego, definitivamente programada. Sin detenerse en algunas pequeñas dificultades de detalle que surgen,[3] ilustra su análisis con una investigación etimo-

---

[3] Ejemplo de estas dificultades: si todas las actividades estaban en relación con

lógica. El final del artículo (a partir de la p. 428) abunda en descripciones de palabras provistas simultáneamente de un significado sexual y de un significado no sexual: por ejemplo la palabra *bolsa* en diversos dialectos germánicos (*ibid.*: 432, luego 445-446) es también una designación del órgano sexual femenino: huella evidente, a sus ojos, del proceso que condujo del primer sentido (sexual) al segundo (no sexual). La conclusión de estas especulaciones etimológicas, apoyadas en un abundante material tratado sin visos de fantasía, se formula así: "La cantidad de palabras de las cuales se puede probar que en un momento han atravesado la esfera de la significación sexual es tan elevada que el etimologista debe tener esta idea constantemente presente, y de manera mucho más precisa cuando el periodo estudiado es más antiguo" (*ibid.*: 447).

Vemos la función de piedra angular que la teoría de Sperber toma, por sí misma, en el edificio complejo de la reflexión de Freud sobre el lenguaje y el simbolismo. Dicha función asegura, en un punto que es a la vez capital y en apariencia frágil, la solidez del conjunto. Pues si es cierto que "las necesidades sexuales han tenido la máxima participación en la génesis y ulterior formación del lenguaje" (1916-1917: 184 [xv, 152]), si es completamente seguro que "la palabra se desprendió del significado sexual y se fijó a ese trabajo" (*ibid.*: 185 [153]), entonces no hay contradicción entre el funcionamiento del lenguaje y el del simbolismo. Simplemente, el segundo conservó una propiedad que el lenguaje perdió –parcialmente–: es posible ver que "la referencia simbólica sería el relicto de la vieja identidad léxica" (*ibid.*).

Es en este punto en el que podemos hacer intervenir –en calidad, ¿por qué no?, de lingüista, de *Sprachforscher*, "investigador del lenguaje", como decía Freud– la figura ya efímeramente invocada del

la sexualidad en el mismo pie de igualdad, ¿por qué recibieron apelaciones diferentes? ¿Por qué no se utilizó las mismas palabras para "labrar la tierra" y "encender el fuego (por la técnica de frotación)"? (*ibid.*: 415). Sperber resuelve esta dificultad teniendo en cuenta la cronología de la aparición sucesiva de las diferentes técnicas: la "acentuación sexual" de una designación técnica tenía tiempo de ser olvidada antes de que se hubiera hecho sentir la necesidad de crear una palabra para una técnica recientemente descubierta.

Presidente Schreber. E intentar aclarar el problema planteado en la p. 95.

Hemos visto, en efecto, que, en el pasaje de la *Introducción al psicoanálisis* donde resume y utiliza la reflexión de Sperber, Freud llega, sin citar su nombre, a hacer comparecer al ilustre Presidente. Al "lenguaje [o lengua] fundamental", *Grundsprache*, lo presenta como el lugar común de todos los hechos simbólicos, lingüísticos o no. Y las relaciones simbólicas no serían, en "la fantasía del interesante enfermo mental [psicótico]", más que las supervivencias esparcidas de ese vasto conjunto original (*ibid.*: 184 [152]).

Hay que reconocer que este pasaje de la *Introducción* crea serios problemas. Si he leído bien el texto "Puntualizaciones psicoanalíticas sobre un caso de paranoia (*Dementia paranoides*) descrito autobiográficamente" (Freud, 1911), así como el texto mismo de las *Memorias de un neurópata* (Schreber, 1975 [1985)] –sin tomar en cuenta varios otros ensayos de ambos– el *Grundsprache* no aparece allí como Freud lo describe, aunque es cierto que de manera muy rápida, en la *Introducción*. ¿Qué es, en efecto, el *Grundsprache* en las *Memorias* del Presidente? Como Mannoni ha señalado muy inteligentemente (1969: 82 y luego 84 [1979, 58-75]), Schreber habla finalmente muy poco *de la* "lengua de fondo" (algunos, entre ellos Lacan, prefieren traducirlo así), y habla aún menos *la* lengua de fondo; por la razón, sin lugar a dudas, de que ésta es la lengua de Dios. Lengua que es aprendida por las almas en el transcurso de su purificación y que se caracteriza como "una especie de alemán un poco arcaico, pero siempre lleno de vigor, que se distinguía sobre todo por su gran riqueza de eufemismos" (Schreber, 1975: 28-33 [1985: 32]). ¡Vemos así que el lugar común de todas las relaciones simbólicas ha quedado muy lejos! Y no vaya uno a confundirse al querer invocar a las otras voces que murmuran o que gritan en las *Memorias*, pues ni los mensajes interrumpidos (1975: 216-222 [1985: 180-184]) ni las palabras de los pájaros que hablan (*ibid.*: 208-215 [184]) están en ningún momento caracterizados por Schreber como provenientes·del *Grundsprache*. Es difícil ver cómo esos dos tipos de discurso podrían, de alguna manera, hacer pensar en el simbolismo.[5]

---

[5] Para muchos lectores de Schreber, va de suyo que los mensajes interrumpidos y las palabras de los pájaros que hablan provienen del *Grundsprache*. Nada en el texto de Schreber autoriza esta asimilación.

¿Entonces? ¿Freud es, acaso, traicionado por su memoria? ¿O es que se apoya en elementos de información que no están en los fragmentos publicados del libro de Schreber? Si no nos queremos dejar llevar por estas especulaciones, es indispensable hacer un desvío hacia otro aspecto del simbolismo. Lo único que, a mi modo de ver, puede manifestar la relación entre el *Grundsprache* y el simbolismo onírico (e, indisolublemente, el lenguaje originario) es la existencia de los "eufemismos" –¡y a veces, como veremos, bastante singulares! Estos eufemismos que caracterizan al *Grundsprache* son en realidad antífrasis: "*recompensa* por *castigo* [a la vez eufemismo y antífrasis]; *veneno* por *alimento* [¡curioso eufemismo!, pero el aspecto –parcialmente– antifrástico subsiste]; *impío* por *santo* [¡otro curioso eufemismo!, pero esta vez la antífrasis es absoluta]; *jugo* por *veneno* [aquí estricto eufemismo]; *examen* por *expiación* [misma observación]" (1975: 29-34 [1985: 32]). Lacan señaló, y comentó acertadamente, este aspecto antifrástico de los eufemismos del *Grundsprache* (1981: 36 y 124 [1984: 44 y 146]). Aspecto que, por lo demás, no es motivo de asombro ni para el retórico ni para el lingüista: desde hace mucho tiempo la retórica ha notado la relación entre las dos figuras. En cuanto a los lingüistas, los que se han dedicado a estudiar el problema de las palabras con sentido opuesto –a veces bellamente llamadas "cabezas de Jano"– investigan lo relativo a la intención eufemista en un buen número de expresiones antifrásticas. Así, por ejemplo, D. Cohen, en su estudio sobre las *addād* –las palabras árabes célebres por tener a la vez los dos sentidos opuestos– señala claramente que una buena cantidad de ellas se explican por el empleo indisolublemente antifrástico y eufemizante de uno de los dos sentidos (1970: 88): exactamente como procede el *Grundsprache* cuando da el nombre de *recompensa* al *castigo*.

Comenzamos a darnos cuenta de que es por el sesgo de la antífrasis por el que se estableció para Freud la relación entre el *Grundsprache* del Presidente Schreber y ese lenguaje originario, fuente común de las lenguas y del simbolismo y que la autoridad de Sperber le permite plantear con más certeza: pues, como lo hemos señalado en los capítulos precedentes, significar a la vez dos sentidos opuestos es también una característica de la lengua originaria (y del simbolismo que generó). Y es incluso por el mismo sesgo de la antífrasis por el que quizás se explique una modesta nota, aparentemente enigmática, de las "Puntualizaciones psicoanalíticas sobre un caso de paranoia (*Dementia paranoides*) descrito autobiográficamente": en las pp. 58-59 [XII]) se lee el siguiente texto:

A la frase "yo lo amo" [fórmula del amor homosexual, donde los dos pronombres son masculinos] la contradice el delirio de persecución, proclamando en voz alta: "Yo no lo amo, pues lo odio." Esta contradicción, que en lo inconsciente* no podría rezar de otro modo, no puede devenirle consciente al paranoico en esta forma.

El asterisco en la expresión "en lo inconsciente" llama a una nota redactada así: "en su versión en el 'lenguaje fundamental', según diría Schreber". De este modo, lo inconsciente está impecablemente asimilado al *Grundsprache*. *Unbewusste* y *Grundsprache* son una y la misma cosa: estamos muy cerca de la fórmula lacaniana "el inconsciente está estructurado como un lenguaje". Y el contexto marca explícitamente los rasgos que dan cuenta de esta asimilación: como el *Grundsprache*, el inconsciente es insensible a la contradicción, confiere el mismo representante a dos proposiciones contradictorias tales como "lo amo" y "no lo amo". Contraprueba del lado del *Grundsprache*: Schreber señala escrupulosamente que la designación "fundamental" de las "almas no examinadas" no es otra que "almas examinadas, por anulación de la negación" (1975: 29-34 [1985: 32]).

De Sperber, Schreber nos ha hecho pasar a Abel. Pues acabamos de ver la emergencia progresiva de la problemática de las palabras de sentidos opuestos. Hay que remontarse aquí a la *Traumdeutung* para observar de qué manera el trabajo de Carl Abel es utilizado por Freud. Es en el capítulo sobre "El trabajo del sueño" donde aparece la propiedad que tiene el sueño para "figurar un elemento cualquiera mediante su opuesto en el orden del deseo, por lo cual de un elemento que admita contrario no se sabe a primera vista si en los pensamientos oníricos está incluido de manera positiva o negativa" (1900: 274 [IV, 324]); véase también 1916-1917: 174 [XV, 163]). Y es precisamente en este punto donde aparece, en la reedición de 1911, la nota relativa a Abel:

Por un trabajo de K. Abel, "Über den Gegensinn der Urworte" [El sentido antitético de las palabras primitivas] (1884) (véase mi reseña, 1910e), me enteré del hecho asombroso, confirmado también por otros lingüistas,[6] de que las lenguas más antiguas se comportan en esto exactamente como los sueños. Al comienzo poseen una sola palabra para los dos opuestos de una serie de cualidades o actividades (fuerte-débil, viejo-joven, lejos-cerca, unido-separado) [...] Abel lo demuestra en particular respecto de la lengua del Egipto antiguo, pero comprueba la existencia de nítidos restos del mismo desarrollo también en las lenguas semíticas e indogermánicas [*ibid.* (IV, 324)].

Esta nota es, de hecho, un resumen de las indicaciones anteriormente dadas por Freud en un artículo que toma su título de aquel texto: "Sobre el sentido antitético de las palabras primitivas" (1910 [XI, 147-153]).

Por un lado, por el efecto de los anatemas de Benveniste (en 1966: 75-87 [1976]) Abel pasa por marginal y fantasioso. Pero en realidad, parece que en su tiempo no fue para nada considerado así. Sus trabajos –numerosos– fueron constantemente citados y utilizados, no solamente por los egiptólogos de finales del siglo pasado, sino también por especialistas de otros campos lingüísticos que intentaron aplicar sus conceptos a otras lenguas, por ejemplo, a las amerindias.[7] Y si bien es cierto que hoy Abel debe su sombra de notoriedad al favor de haber sido leído por Freud, con lo cual no hace más que sumarse a la multitud de incontables lingüistas que, completamente olvidados, marcaron no obstante un momento de la historia de su ciencia.

Ahora, ¿qué dice Abel? Parece que la mayor parte de sus comentadores no leyeron –si es que lo leyeron– más que el artículo que fue objeto del comentario de Freud (Abel, 1884-1885). Y sin embargo, este artículo no es el más importante. Hay muchos otros, de los cuales uno, al menos, tuvo igualmente la dudosa oportuni-

---

[6] Sería interesante saber a qué "otros lingüistas" hace alusión Freud aquí –¡tan discretamente! Investigación difícil, imaginamos. Una casi certeza, no obstante: Freud no hace trampas, pues el problema de las "cabezas de Jano" ha dado todo el tiempo lugar a una vasta literatura. Basta con pensar en los problemas planteados por las *addād* del árabe clásico. (Véase principalmente D. Cohen, 1970 y C. Hagège, 1985: 150.)

[7] J.-C. Milner (1984: 321) señala que una obra fue consagrada por un tal Pott a las teorías de Carl Abel. Y es el americanista Brinton el que probó las doctrinas abelianas en los idiomas amerindios.

dad al final del recorrido, de ser citado por Freud, aunque de
manera menos espectacular, pues se encuentra completamente
oculto. Se trata de "Über den Ursprung der Sprache" (Sobre el
origen del lenguaje, 1885. ¡Y señalo al pasar que la cantidad de
trabajos –libros o artículos– que tienen ese título en la Alemania
de fin de siglo es impresionante!). Si leí bien esos dos artículos, el
primero ("Sentidos opuestos") funciona como ilustración, ejemplificación detallada del segundo ("Origen"). Es entonces en el segundo en el que hay que leer las teorías lingüísticas de Abel. ¿Cuá-
les son esas teorías? A decir verdad, no tienen, en principio, realmente nada de original. Se trata de una interrogación sobre el
viejísimo problema del origen del lenguaje, formulado en términos
muy tradicionales: ¿está el lenguaje conformado según la naturaleza de las cosas? (teoría llamada φύσει), o bien, ¿ha sido instituido
por una convención? (teoría llamada θέσει). Citémoslo:

> Desde que los filósofos griegos plantearon el problema de saber si las
> palabras fueron producidas instintivamente por los hombres, como em-
> pujados por una necesidad natural actuando de manera idéntica sobre
> cada individuo, o si al contrario fueron instituidas por efecto de una con-
> vención, se ha procedido generalmente –de uno y del otro lado– partiendo
> de la hipótesis de que el lenguaje ha sido siempre tan comprensible como
> lo es hoy [1885: 285; es el comienzo del artículo].

Esta manera de abordar el problema anuncia, por parte de Abel,
un enfoque completamente distinto. Él postula, en efecto, que las
lenguas, en su estado original, eran *incomprensibles*: incompetentes
para hacer funcionar la comunicación –o poco aptas, y suplidas o
asistidas por otros medios, por ejemplo el gesto. ¿Cómo explicar
un estado tal, juzgado *escandaloso* por Abel, para quien –lo dice
explícitamente, como Sperber treinta años más tarde– la función
del lenguaje es la comunicación? Es que en las lenguas primitivas
–y toma como ejemplo el egipcio en su periodo jeroglífico antiguo–
pululan como en un inextricable "matorral" (la metáfora es de él)
la homonimia y la sinonimia. En un estilo premonitorio, desen-
vuelto y apasionado a la vez, familiar, rico en imágenes –en una
palabra: más "poético" que "científico"– Abel describe ese estado
deplorable: "Luchamos con una confusión torrencial de palabras,
en la cual muchas palabras designan todo tipo de cosas, y toda
clase de cosas están designadas por muchas palabras. En resumen,

estamos en presencia de la incomprensibilidad en su forma más evidente" (1885: 289).

¿Le creeremos? Algunos egiptólogos contemporáneos dan descripciones muy aproximadas del sistema –es cierto que limitando el alcance de sus análisis al plano de la escritura–, como P. Vernus:

Algunos fenómenos desaparecidos, los signos que los señalaban, se aplican al fonema más próximo, de allí la homofonía; inversamente, la confusión de dos signos diferentes, o la extensión de un ideograma a nociones próximas, pero sin relación etimológica, ocasionan la polivalencia de muchos jeroglíficos [1977: 66].

¿Y se me acusará de fanatismo abeliano si me atrevo a señalar que las descripciones dadas por Abel de la homonimia y la sinonimia en egipcio evocan muy directamente las descripciones del sueño en la *Introducción*? Al punto que llego a preguntarme si el texto de Abel no fue *directamente* utilizado por Freud en su análisis: remitámonos a la *Introducción* [1916-1917: XV, 168].

El egipcio antiguo aparece entonces como un monstruoso receptáculo de todos los homónimos y de todos los sinónimos. Necesariamente incomprensible, este idioma será sometido a un vasto trabajo de perfeccionamiento y de clarificación. Abel lo describe animadamente:

Al comienzo, homonimia y sinonimia en una confusión polisémica pobre en conocimiento. Seguidamente, con los progresos de la razón, distinción de los conceptos y de las formas sonoras, y retirada correspondiente del gesto explicativo. Desaparición de la mayoría de los homónimos [...] Desaparición de millares de sinónimos. Restricción y precisión del contenido de los sobrevivientes. En resumen, surgimiento progresivo –a partir de la nebulosa original de sonido y de sentido– de un sonido específico y de una significación precisa. Esclarecimiento de la psique, y distinción correspondiente de la fonética [1885: 295].

El trabajo, entendemos, se refiere simultáneamente al significado y al significante. En cuanto al significado, gracias a este trabajo se explica, por ejemplo, la constitución de las palabras compuestas que yuxtaponen los dos contrarios: sabemos que son citados por Freud (1910: 62 [XI, 148]):

El egipcio nos retrotrae al periodo de la infancia de la humanidad, periodo en el cual los conceptos tenían que ser conquistados de manera reflexiva (en el sentido en que los espejos reflejan). Para aprender a pensar la *fuerza*, había que separarla de la *debilidad*; para concebir la *oscuridad*, aislarla de la *luz*; para imaginar *mucho*, había que tener *poco* en la mente [1885: 302].

Así la *antítesis* –que es el nombre que Freud da a esta relación– afecta el significado. Ella encuentra su homólogo en el nivel del significante en la *metátesis*:

El periodo durante el cual, en el marco de algunas fronteras nacionales, cada uno podía proferir cualquier sonido para cualquier cosa está, en este momento, superado. La decisión de asignar sonidos determinados a cosas determinadas está tomada. Pero queda la posibilidad de continuar formando los sonidos así elegidos, las raíces, por cambio o repetición de sus diversas partes [*ibid.*: 307].

De ahí que este trabajo sobre el significante de las palabras haga que, por ejemplo, un significante egipcio de forma FES pueda decirse igualmente, por metatesis, SEF; luego, por repetición en posición final del fonema inicial, FESF; por último, por yuxtaposición de los dos significantes metatésicos, FESSEF (*ibid.*: 307-308). Incluso aquí la relación con los procesos del trabajo del sueño es subrayada por Freud: hace alusión a la "inversión del material representativo" (1900: 66 [IV, 331-332]), esto es, a los fenómenos de condensación que se dan en las palabras, por ejemplo del célebre AUTODIDASKER, donde la secuencia (L)ASKER (con la L restituida) se lee también, por metatesis, ALEX (1900: 260 [IV, 305-304]): aquí estamos muy cerca de los anagramas saussurianos.

La respuesta dada por Abel al problema planteado en las primeras líneas del artículo –ἐφύσει o θέσει?– no está formulada explícitamente. Creemos entrever que se inclina por una respuesta intermedia: el trabajo de perfeccionamiento de la lengua tendría por efecto plantear, por aproximaciones sucesivas, *convenciones* cada vez más próximas –en los límites de un lenguaje dado– de las *condiciones naturales* de adaptación del significante al significado.

¿Es necesario decirlo? No es éste el lugar para preguntarse sobre la "validez" de los análisis de Abel, tanto con respecto al egipcio como a otras numerosas lenguas que cita. Simplemente, creo descubrir dos huellas de despiste, huellas que son perfectamente identificables aun sin tomar en consideración el objeto aludido. La primera es que Abel *olvida* a menudo –¡buen ejemplo de acto fallido!– una distinción no obstante explícitamente planteada en ambos artículos: la que separa a la lengua egipcia de su manifestación gráfica en forma de jeroglíficos. Con mucha frecuencia se ve, pues, llevado a atribuir a la lengua misma los rasgos que, aparentemente, están muy presentes en el sistema gráfico de los jeroglíficos pero que no afectan a la lengua en sí misma: es lo que llamamos, siguiendo a los egiptólogos ingleses, las "grafías deportivas". De este modo los signos que manifiestan gráficamente un nombre pueden, en ciertas condiciones, transgredir la linealidad: el nombre del dios Ptah puede dar lugar a grafías tales como PTH o THP.[8] Estos juegos de escritura dan lugar a toda suerte de fenómenos de metátesis y de polisemia.

Segunda huella de despiste en Abel: preso por su entusiasmo, está tentado a encontrar fenómenos análogos a los que aparecen en el sistema jeroglífico, no solamente en la lengua egipcia, sino también en otras lenguas, semitas e indoeuropeas, específicamente germánicas. Llega incluso a señalar hechos de metatesis del significante comparando palabras de lenguas diferentes, por ejemplo entre el alemán *Topf* y el inglés *pot* (*ibid.*: 308).

Vuelvo ahora a Freud. ¿Qué retuvo de los dos artículos de Abel? Del aparato teórico no conserva más que –y aun de manera alusiva– la concepción de las "lenguas primitivas" como "indeterminadas e ininteligibles" (*Tótem y tabú*, 1912: 154 [XIII]). El resto, incluso en el artículo de 1910, no aparece más que en algunas citas, esparcidas y no comentadas. Podemos comprender perfectamente esta discreción, porque la teoría de Abel sobre el origen del lenguaje no concuerda muy bien con la de Sperber. En cambio, los ejemplos dados por Abel se inscriben por sí solos en el marco de la reflexión freudiana; los cuales llegan a consolidarse en su segundo punto

---

[8] P. Vernus (1983: 28-29). Para otro ejemplo de cuestionamiento de la linealidad gráfica, véase P. Vernus, 1977: 69-70: "el nombre del rey (Ramsés II), aunque se pronuncie siempre *Ra-Mes-SeW-MeRY-iMeN*, reúne los signos en el orden *Ra-i-MeN-MeRY-MeS-SeW*". Otros fenómenos, mucho más complejos aún, son posibles. Son estos fenómenos los que, parcialmente mal comprendidos por Abel debido a su olvido de la distinción oral/escrito, le permiten establecer su teoría de la manipulación del significante. No obstante, los análisis de Abel, en el estricto nivel de la grafía, son esencialmente exactos.

frágil: la coexistencia en el mismo elemento significante de los dos
significados opuestos. Entonces, en lo que más se interesa Freud
es en los ejemplos. De allí la utilización particularmente intensa
de esta suerte de anexo al primer artículo que es el "Anhang von
Beispielen des ägyptischen, indogermanischen und arabischen Ge-
gensinns" (1884-1885: 343-367), donde Abel enumera –sin tomar
las precauciones filológicas que serían indispensables– ejemplos
de *addād* árabes y de hechos análogos en numerosas otras lenguas.
Es ahí donde Freud descubre los ejemplos, tan violentamente vili-
pendiados –medio siglo más tarde– por Benveniste de *clamare* y
clam ("gritar" y "silenciosamente"), de *altus* ("elevado" y "profundo"), de *sacer* ("sagrado" y "maldito"), etcétera.

Otra constatación se impone. De manera general, Freud está
particularmente atento a las especificidades de la escritura, ya sea
alfabética (véase, por ejemplo, el análisis del funcionamiento de la
sílaba, *Traumdeutung*, 1900: 271 [IV, 320]) o, sobre todo, ideográfica: son en efecto visiblemente los sistemas ideográficos –chinos
y, sobre todo, egipcios– los que más le interesan: sólo recordemos
la comparación de la estructura del sueño con la de los jeroglíficos
(*ibid.*: 241-242 [IV, 285 y otras]). En varios puntos Freud plantea
de manera extremadamente lúcida la distinción entre lengua y sistema de escritura (véase por ejemplo 1913: 71 y 73 [VII, 179-180]).
Es más que significativo constatar que, en su lectura de Abel,
olvida, él también, lo que subsiste de precaución respecto a esta
distinción en el trabajo del lingüista. De este modo, Abel pone
mucho cuidado en señalar, en diferentes ocasiones, la importancia
del *Bildchen*, el "determinante", que permite distinguir en el nivel
de la grafía dos antónimos significados por un solo término. Así,
al principio del primer artículo, comienza por observar que "es
absolutamente el mismo sonido –*qen*– el que significaba a la vez
'fuerte' y 'débil'" (excepto que una muy curiosa errata le hace decir:
"¡a la vez fuerte y fuerte!") (1884-1885: 316). Pero al final del artículo precisa muy claramente que "cuando la palabra *qen* significa
'fuerte', detrás del sonido escrito alfabéticamente se encuentra la
imagen de un hombre de pie, armado; cuando la misma palabra
tiene que expresar 'débil', la imagen que sigue a los caracteres que
representan el sonido es la de un hombre acuclillado, cansado"
(*ibid.*: 329). Freud (1910: 63 [XI, 150]) cita este pasaje, pero sin
insistir ni comentar: es visible que lo que le interesa no es la distinción –gráfica– entre los dos términos, sino su confusión fónica.

Bajo el irreprimible efecto de su deseo de encontrar las palabras
de sentidos opuestos que confirmen su teoría del origen común
del lenguaje y del simbolismo, llega a olvidar la preeminencia de
lo escrito, para privilegiar la voz.

De este modo Abel olvida, y Freud olvida sobre los olvidos de
Abel. Se comprende entonces que a Benveniste –quien, visiblemente, no leyó a Abel más que a través de Freud: todos los ejemplos
que cita son tomados de la selección hecha por Freud– se le faci-
litara la crítica. Es de una extrema severidad con el pobre Abel.
Aisladamente, cada una de esas críticas es filológicamente indiscutible: está históricamente asegurado que *clamare* no tiene ninguna
relación con *clam*, y no es cuestionable que, para *sacer*, "son las
condiciones de la cultura las que han determinado ante el objeto
'sagrado' dos actitudes opuestas" (1966: 81 [1976: 81]).[9] Pero la
homofonía no deja de ser un dato constante del lenguaje, y puede
llegar a conferir el mismo significante a dos significados opuestos:
es precisamente el problema que Benveniste no quiere abordar.
Daré como prueba el hecho, eminentemente paradójico, de que
guarde completo silencio sobre la inmensa bibliografía dedicada,
desde la noche de los tiempos, al irritante problema de las "cabezas
de Jano". Curiosa coincidencia cronológica: en 1955, un año antes
de la publicación del artículo de Benveniste en *La Psychanalyse*, B.
Pottier sostenía en la Sorbona su tesis sobre *La systématique des
éléments de relation*. El autor estudia allí las soluciones aportadas
por los lingüistas al problema de los sentidos opuestos. Aun si
Benveniste pudo no haber tenido conocimiento inmediato de esta
tesis (no publicada hasta 1962), no podía evidentemente ignorar
trabajos tan notorios, en el estrecho círculo de los lingüistas de la
época, como los de Bally, Devoto, Frei, Rosally Brøndal, etc. Él los
olvida. Su única concesión es una breve alusión al "mito y a la
poesía", de los cuales "ciertas formas pueden emparentarse con el
sueño y sugerir el mismo modo de estructuración, introducir en
las formas normales del lenguaje esa suspensión del sentido que

---

[9] Podríamos no obstante –con Milner, 1984*a*: 317– objetar que las "condiciones
de la cultura" constituyen lo que llamamos el sentido de la palabra *sacer*: ¡se en-
contraría allí de golpe afectado por el *Gegensinn*! El problema no es otro que el
del lugar del concepto de *sentido*: ¿una entidad lingüística pura, preservada de toda
relación con cualquier referente que sea? ¿O el conjunto de las "actitudes" tomadas
con respecto a los objetos designados?

el sueño proyecta en nuestras actividades" (1966: 83 [1976: 83]).
Vemos que el lenguaje en sí mismo queda preservado de la conta-
minación del sueño. Faltaría preguntarse sobre las razones que
impulsaron a Benveniste a construir en torno al lenguaje esta for-
taleza, y a garantizarla por el silencio. ¿Será que teme reconocer,
en la figura fugazmente percibida del lingüista alemán, el reflejo
invertido de su propia imagen? Esto es lo que sugiere Jean-Claude
Milner (1984: 311-323): "La lingüística de Abel, engañosa y fantas-
mática, repite, invirtiéndola, la lingüística positiva y rigurosa de
Benveniste: la primera ofrece a la segunda su imagen invertida"
(*ibid.*: 320). Sin embargo, todavía falta mucho para cerrar el círculo
sobre el origen de este miedo; pero es claro que para ello ninguna
otra persona lo haría mejor que Freud.

DEL LADO DEL SIGNIFICANTE

SIGNIFICANTE SAUSSURIANO Y SIGNIFICANTE LACANIANO

Aquí es necesario empezar ingenuamente. Señalando la homonimia de dos palabras (no diré de dos significantes): la palabra *significante* tal como es utilizada por Saussure y la palabra *significante* tal como aparece en Lacan. Esta homonimia se duplica aquí por un préstamo, en el sentido que los lingüistas dan a esta palabra: el léxico lacaniano ha tomado prestada la palabra *significante* del léxico saussuriano. La relación recíproca de los dos homónimos es entonces más compleja que aquella que mantienen el *símbolo* saussuriano y el *símbolo* freudiano, empleados de manera absolutamente independiente.

Avancemos prudentemente sobre el terreno minado de la homonimia y del préstamo. Y por el momento, retengamos sólo como un indicio la relación entre los dos términos: el de una comunicación posible entre los conceptos de la lingüística (saussuriana) y aquellos del psicoanálisis (lacaniano).

Así, tal como se la ve enunciada, la homonimia de los dos *significantes* tiene bastante con qué hacer soñar al lingüista. Me atreveré aquí a acotar una nota personal. No por el placer de contar mi historia, que no interesaría más que a mí si fuera el único caso, pero tengo todos los elementos para creer –mejor dicho: sé bien– que no lo es. Todos los lingüistas lectores de Lacan siguieron inevitablemente, sin duda con más o menos sinuosidades, el mismo camino. No vacilo entonces en describir el mío.

⌊Comencé a leer a Lacan en 1966, a raíz de la publicación de los *Escritos* en volúmenes. Del Lacan todavía por leer no sabía por aquel entonces más que dos cosas que me parecían estrechamente ligadas y que sin lugar a dudas lo están: por una parte, la fórmula "el inconsciente está estructurado como un lenguaje"; por otra parte el lugar del concepto de significante, que según se me informaba era predominante en la teoría. Ya en esa época lejana me creía y me decía que yo era lingüista.⌋ Me vanagloriaba de entrever aproximadamente lo que puede ser un lenguaje, y de tener algunas luces no demasiado oscuras sobre el significante. De ahí mi loca esperanza: creyendo saber cómo está estructurado un lenguaje, iba a aprender –mejor: sabía ya, sin saber que sabía– cómo está estructurado el inconsciente. Esperanza que fue naturalmente decepcionada desde la lectura de las primeras líneas de Lacan: el lenguaje como está estructurado el inconsciente no se confunde con el lenguaje como lo conciben los lingüistas. Contraparte obligada de esta primera constatación: el significante lacaniano no se confunde con su homónimo (y epónimo) saussuriano. De ahí la necesidad de la investigación cuyos tardíos resultados estoy dando hoy: ¿qué hay de común entre el significante saussuriano y el significante lacaniano?

La pregunta así planteada me parecía tener en aquel entonces –y, para dejar de hacer historia, me parece todavía– un interés crucial para la lingüística –independientemente del interés que puede tener también para el psicoanálisis. Todo lector de Lacan es impactado por la extrema redundancia del axioma "no hay metalenguaje". Fórmula que convendrá seguir en su compleja evolución lacaniana, y analizar en detalle sus implicaciones: esto será el objeto del capítulo 6. Una lectura posible del axioma consistiría en cuestionarlo hasta donde es posible desde la lingüística: ¿qué es lo que funda la lingüística si no la existencia misma del metalenguaje? Y ¿cómo podría subsistir la lingüística si fuera cierto que no hay metalenguaje? El problema es tan complejo e intrincado que hasta obliga a Lacan a tener que sostener el discurso propio de un lingüista. Ahora bien, sabemos que existe una conexión entre la teoría saussuriana del signo (y, por ende, del significante) y la teoría del metalenguaje. Conexión que no fue hecha explícita por Saussure mismo, quien, por inevitables razones cronológicas, no utiliza la noción de metalenguaje. Sin embargo, es posible revelarla en líneas punteadas. Y de todos modos está explícita en Hjelmslev (1968-1971 [1974] y 1971 [1972]): la teoría de las metasemióticas está directamente articulada sobre la teoría de "La estratificación del lenguaje" –sabemos que es el título de uno de los artículos de los *Ensayos lingüísticos* (1971 [1972]). De este modo comienza a aclararse una cuestión: ¿la (de)negación[1] lacaniana del metalengua-

---

[1] Sobre el valor de esta ortografía, tomada de Laplanche y Pontalis como traducción de *Verneinung*, daré explicaciones ampliamente en el capítulo 6.

je no estará ligada a la conceptualización específica del significante lacaniano? Dicho de otro modo, de la misma manera que la teoría saussuriana del signo implica una teoría del metalenguaje, la teoría lacaniana del significante –que no es precisamente una teoría del signo– ¿no implica simétricamente la (de)negación del metalenguaje? Es lo que Lacan indica explícitamente: "Aquí el S(A), el significante del Otro en tanto el Otro en último término no puede formalizarse, 'significantizarse' más que como marcado él mismo por el significante, dicho de otro modo, en tanto nos impone la renuncia a todo metalenguaje" (*Séminaire sur l'identification*, II, 309 [en español, copia dactilografiada de la Biblioteca de la Fundación Mexicana de Psicoanálisis; corresponde a la sesión XIV del 21 de marzo de 1962]).

Así, el problema que será objeto del capítulo 6 está indisolublemente anudado con el que aquí estamos abordando.

Podemos suponer que no es el único, pues la teoría del significante es igualmente inseparable de la teoría del sujeto. Hay que recordar aquí la redundante y enigmática fórmula "el significante es lo que representa un sujeto para otro significante". O, menos enigmática, pero que sin duda poco le falta para ser equivalente, esta descripción:

Esta antinomia[2] descuida un modo de la estructura que no por ser tercero podría ser excluido, a saber los efectos que la combinatoria pura y simple del significante determina en la realidad donde se produce [...] La "distancia a la experiencia" de la estructura se desvanece, puesto que ésta opera en ella no como modelo teórico, sino como la máquina original que pone en ella en escena al sujeto [1966: 649 (1984: 629)].

O también, en *Encore*: "El individuo afectado de inconsciente es el mismo que hace lo que llamo sujeto de un significante" (1975: 129 [1981: 171]).

De este modo, se encuentra expresada la inevitable necesidad de plantear el problema de las relaciones entre los dos significantes. Pero ¿acaso es necesario decir que será imposible tratarlo con

---

[2] Se trata de la antinomia que Daniel Lagache plantea entre "una estructura en cierto sentido aparente" y una estructura contemplada como un "modelo teórico", "a distancia de la experiencia" (*ibid.*).

toda exhaustividad? Debo aclarar que fundamentalmente no hablaré del problema de la raíz histórica que tiene el significante lacaniano en el saussurismo. Por otro lado, habría que hacer –que yo sepa esto todavía no se ha hecho–[3] la cronología minuciosa de la lectura que Lacan hizo de Saussure. Habría también que preguntarse a través de qué intercesores esta lectura fue posible. Y aquí es sin duda el nombre de Merlau-Ponty el que habría que citar: aparece varias veces en el *Seminario III* (1981 [1984]) y también en los *Escritos*, contemporáneos o apenas anteriores a 1955. Demos, sin embargo, un indicio: "salvo error u olvido", la primera aparición del nombre de Saussure en los *Escritos* es en "La chose freudienne" (1966: 414 [1989: 396]), con una alusión muy poco favorable a otro Saussure, Raymond, que resulta ser el hijo de Ferdinand, y analista de su propio estado, analizado... por Freud (E. Roudinesco, 1982: 365 [1988: 288]). "La chose freudienne", publicada en 1956, data de 1955. Es la época del *Seminario III* sobre *Les psychoses*, centrado en torno a las *Memorias de un neurópata* de Schreber, seminario en el cual el nombre de Saussure –Ferdinand, esta vez de manera exclusiva– aparece con mucha frecuencia y, necesariamente, con los respectivos análisis de varios puntos del *CLG*. Entonces, pareciera ser que es de esta época –fines de 1955, comienzos de 1956– de la que data la intervención masiva de los elementos saussurianos en la reflexión de Lacan. Pero podríamos seguramente precisar un poco más: los términos *significante* y *significado* aparecen –sin el nombre de Saussure– a partir de 1953, en el "Rapport de Rome".

Otro aspecto histórico del problema, y que yo igualmente no hago más que señalar, son las variaciones de la actitud de Lacan con respecto a Saussure. Al principio, Lacan muestra una extrema reverencia. Apenas si un toque irónico se revela indirectamente en la desenvoltura, a veces próxima a la provocación (véase 1966: 497 [1989: 474-485]), con la cual es tratado el texto de enseñanza saussuriana. Y después, más tarde, es una evidente condescendencia, en la que subsiste, inversamente, una suerte de consideración. Por ejemplo en este pasaje de "Radiophonie":

---

[3] Ni Nancy y Lacoue-Labarthe (1973) ni Joël Dor (1985) consideran este aspecto del problema. A. Radzinski (1985) no hace más que plantearlo.

¿Y por qué se habría dado cuenta Saussure [...] mejor que Freud mismo de lo que Freud anticipa, en particular la metáfora y la metonimia lacanianas, lugares donde Saussure *genuit* a Jakobson?

Si Saussure no exhibe los anagramas que descifra en la poesía saturniana, es porque éstos disminuyen a la literatura universitaria. Lo canallesco no lo estupidiza; porque no es analista [1970: 58 (1980: 14)].

Para dejar la historia en forma definitiva y entrar en el meollo del tema, procederé de manera arbitraria: estudiaré alternativamente, y sin justificar el orden de intervención de los elementos, los puntos de convergencia y los puntos de divergencia entre la enseñanza de Saussure y la enseñanza de Lacan.

Primero, un punto de divergencia que posiblemente sea central. Quizás todos los otros puntos se desprenden de allí. En Saussure hay, fundamentalmente, una teoría del signo donde la teoría del significante está integrada: si no hay ningún signo, no hay ningún significante (ni significado). En Lacan, las cosas son totalmente diferentes. Hay también en Lacan, aunque de manera muy marginal, una teoría del signo. Pero no se articula con la teoría del significante: significante (y significado) por un lado y signo por el otro, separados. Al punto que es posible decir, en la terminología lacaniana, que el significante es un signo (*Seminario III*, 1981: 187-188 [1984: 238]), lo cual está excluido del dialecto saussuriano. ¿Y la teoría lacaniana del signo? Por cierto que, a pesar de su dispersión cronológica, uno puede ir encontrándola porque conceptualmente es muy homogénea. Cito dos pasajes que he escogido entre los más explícitos:

Si tuviera que violentar ciertas connotaciones de la palabra, diría semiótica a toda disciplina que parte del signo tomado como objeto, pero para destacar que ahí precisamente se hace obstáculo a la aprehensión del significante como tal.[4]

El signo supone el alguien a quien hace signo de alguna cosa. Es el alguien cuya sombra ocultaba la entrada en la lingüística.

Llame usted a ese alguien como quiera, ello será siempre una tontería.

[4] Lacan hace alusión aquí –estamos en 1970– al célebre artículo de Benveniste "Sémiologie de la langue" (1969), que acababa de aparecer en los dos primeros números de *Semiotica*.

El signo basta para que ese alguien se apropie del lenguaje, como de una simple herramienta; he ahí al lenguaje soporte de la abstracción, como de la discusión media, con todos los progresos del pensamiento, ¿qué digo?, de la crítica, en la clave ["Radiophonie", 1970: 56 (1980: 11)].

Y también: "El signo es signo para alguien, mientras que el significante no se manifiesta más que como presencia de la diferencia como tal y nada más" (*Séminaire sur l'identification*; véase también *Encore*, 1975: 48 [1981: 171] y *Les psychoses*, 1981: 187-188 [1984: 238], donde se lee un esbozo de taxonomía de los signos inspirada –Green, 1984: 74 [1995: 72 y 80-81] lo vio acertadamente– de Peirce y no de Saussure).

No podemos entonces decir que no hay signo lacaniano: Lacan mismo se ha pronunciado al respecto cuando se le ha preguntado (1970: 65 [1980: 10, 21, 24-26]). Pero podemos –e incluso es necesario– decir que el signo lacaniano difiere fundamentalmente del signo saussuriano; en suma, del significante y del significado.

No obstante, después de haber señalado esta primera y radical divergencia entre los dos conceptos, uno se ve inmediatamente obligado a poner el acento sobre un punto no menos fundamental de convergencia: la dualidad del significante y del significado. En el caso de Saussure, es inútil insistir: me limito a citar la fórmula "el signo lingüístico es, pues, una entidad psíquica de dos caras" (*CLG*: 99 [129]). En el caso de Lacan, el término utilizado no es *dualidad*, sino *duplicidad*. Lo encontramos frecuentemente. Cito dos ejemplos, ambos en *Les psychoses* (1981 [1984]):

Sin la duplicidad fundamental del significante y del significado, no hay determinismo psicoanalítico concebible [*ibid.*: 136 (173)].

Todo fenómeno analítico, todo fenómeno que participa del campo analítico, del descubrimiento analítico, de aquello con que tenemos que vérnosla en el síntoma y en la neurosis, está estructurado como un lenguaje. Quiere decir que es un fenómeno que siempre presenta la duplicidad esencial del significante y del significado [*ibid.*: 187 (237) y 195 (229-239)].

Sobra decir que Lacan juega con la duplicidad de *duplicidad*. Pero esta duplicidad misma implica la presencia del sentido etimológico, "carácter de lo que es doble".

Aquí, sin embargo, los dos caminos que acaban de confundirse van a separarse pero antes de encontrarse una segunda vez. ¿Cómo describir esta distancia que se produce entre los dos recorridos? Señalando una oposición flagrante. Hay en Saussure un "deslindamiento recíproco de las unidades" (*CLG*: 156 [192]) del significante y del significado. Es la célebre comparación de la hoja de papel: "El pensamiento es el anverso y el sonido el reverso: no se puede cortar uno sin cortar el otro" (*ibid.*: 157 [193]). Nada de eso hay en Lacan. Al contrario, hay "autonomía" (la palabra es redundante: véase, por ejemplo, 1981: 223 [1984: 237-238] [y "Radiofonía", 1980: 10 – T.] del significante con relación al significado. Al respecto, es interesante señalar que el pasaje del *CLG* que, si he leído bien, es el más frecuentemente comentado por Lacan, es el comienzo del capítulo sobre "Valeur linguistique" (*ibid.*: 155-157 [191-206]) y, especialmente, el esquema de las "dos masas amorfas". Lacan llega incluso a reproducirlo en 1981 (296 [1984: 419]), después de haberlo precisamente comentado en otro punto del mismo *Seminario* (135-136 [171-173]). Vuelve a este esquema en una alusión cursiva y lúdica, pero muy esclarecedora, de los *Escritos* (1966: 502-503 [1989: 482-483]). Es indispensable aquí entrar en el detalle. Y reproducir el célebre dibujo:

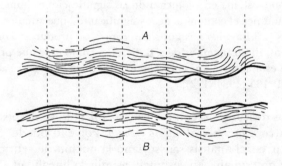

El esquema tiene por función, principalmente, ilustrar el isomorfismo –se diría también la conformidad, pues, a diferencia de Hjelmslev, Saussure no hace distinción entre las dos nociones– del recorte de los dos planos: "Podemos, pues, representar el hecho lingüístico en su conjunto, es decir la lengua, como una serie de subdivisiones contiguas marcadas a la vez sobre el plano indefinido de las ideas confusas y sobre el no menos indeterminado de los sonidos" (*CLG*: 155-156 [192]).

Señalemos que las "subdivisiones" recortan de manera idéntica

las "nebulosas" de los dos planos. Ahora bien, es precisamente la
posibilidad misma de este recorte isomorfo, lo que es recusado
por Lacan en los siguientes términos:

[M.] de Saussure [se observará de paso el tono ceremonioso de Lacan]
piensa que lo que permite la segmentación del significante es una determinada correlación entre significante y significado. Evidentemente, para
que ambos puedan ser segmentados al mismo tiempo, es necesaria una
pausa [...]

Los puntos suspensivos no son de Lacan. Pues, impertinente-
mente, he decidido cortarle la palabra para señalar que de manera
deliberada él sustituye el *a la vez* de Saussure por *al mismo tiempo*,
como si fueran sinónimos. Pero la sustitución no es inocente, pues
permite introducir subrepticiamente la noción de *pausa*. Y si es
necesaria una pausa, es que hay deslizamiento. Le doy la palabra
a Lacan:

Este esquema es discutible. En efecto, se aprecia claramente que, en sentido diacrónico, con el tiempo, se producen deslizamientos, y que en cada
momento el sistema en evolución de las significaciones humanas se desplaza, y modifica el contenido de los significantes, que adquieren empleos
diferentes [...] Bajo los mismos significantes, se producen, con el correr
de los años, deslizamientos de significación como esos que prueban que
no puede establecerse una correspondencia bi-unívoca entre ambos sistemas [1981: 135 (1984: 172)].

Hemos descubierto cómo Lacan ha iniciado su despiste: por un
juego entre *a la vez* y *al mismo tiempo*. Por ello puede, en efecto,
introducir en el análisis saussuriano la noción de sentido diacrónico que no está ahí. En resumen, asimila la linealidad a la diacronía: "No podemos no poner el discurso en determinada dirección
del tiempo, dirección definida de manera lineal, dice Saussure [...]
El discurso se instala en este diacronismo" (1981: 66 [1984: 83]).
Ahora bien, ¿esta asimilación está de acuerdo con la enseñanza
de Saussure? No lo creo. Sin duda que alguna conexión debe de
haber entre linealidad y diacronía. Plantear el principio de linealidad es decir que el hecho de hablar toma tiempo: uno pone un
significante después del otro y luego se vuelve a comenzar. Y si
uno hiciera eso de manera ininterrumpida durante algunos siglos,

sin duda aportaría a la lengua algunas modificaciones. Sí. Pero es un hecho que Saussure, al menos en apariencia, no establece explícitamente esta relación entre linealidad y diacronía: la linealidad –que, hay que recordarlo, no afecta más que al significante– es para él de naturaleza sincrónica. No para Lacan. Y el "diacronismo", por el perpetuo deslizamiento que implica, impide toda posibilidad de segmentación –isomorfa o no, la cuestión no tiene cabida– de un plano por el otro. Éste es un motivo constante en el discurso lacaniano y poslacaniano. Se encuentra de manera casi invariable entre el *Seminario III* (que, como vimos, se remonta a 1955-1956) y el *Seminario XX*, que data de 1972-1973. Los elementos aportados por Lacan a título de ejemplo son el proverbio[5] y la locución. Apoyándose en un artículo dedicado por Paulhan al proverbio malgache, describe el funcionamiento de la locución *à tire-larigot*. Y burlándose de los lexicógrafos, ¡que hasta llegan a inventar un señor Larigot!, concluye:

Busquen en el diccionario la expresión beber a porrillo [*á tire-larigot*] por ejemplo, y ya me contarán. Se llega a las explicaciones etimológicas más descabelladas. Y hay otras locuciones igual de extravagantes. ¿Qué quieren decir? Nada más que esto: la subversión del deseo. Ése es su sentido. Por el tonel agujereado de la significancia se desparrama a porrillo un *bock*, un *bock* lleno de significancia [1975: 23 (1981: 28)].

Si bien no es fácil seguir literalmente la metáfora del tonel perforado, vemos cómo el significante vierte su significancia –fundamentalmente distinta de la significación saussuriana– sobre el significado, sin tener en cuenta una eventual segmentación de este último. De allí, según Lacan, seguido por J.A. Miller a propósito del piropo, ese *Witz* erótico sudamericano,[6] la "estupidez" de las lenguas artificiales, "siempre hechas a partir de la significación":

---

[5] Siguiendo a Lacan, el proverbio entusiasmó mucho a algunos lacanianos. Véase, por ejemplo, el artículo de Roland Chemama, "L'expérience du proverbe", 1979.

[6] Según Miller, no hay piropo en esperanto. ¿Por qué? "Porque el esperanto supone que el lenguaje está fundado en una correlación unívoca entre el significante y el significado" (1981a: 152 [*Recorrido de Lacan, ocho conferencias*, 1994]). Por esta misma razón los delfines, según Lacan, son absolutamente inaptos para la metáfora.

Alguien me recordaba hace poco las formas de deducción que regulan el esperanto, por las cuales cuando se conoce *rana* se puede deducir *sapo*, *renacuajo*, *escuerzo* y todo lo que quieran. Le pregunté cómo se dice en esperanto *¡mueran los sapos!* [sapo: nombre popular de la policía en el área del Caribe] porque tendrá que deducirse de ¡viva la policía! Sólo esto basta para refutar la existencia de las lenguas artificiales, que intentan modelarse sobre la significación, razón por la cual no suelen ser utilizadas [1981: 65 (1984: 82)].

Vemos, así, de dónde le viene la "estupidez" al esperanto: resulta que el significado y el significante, recortados de manera análoga, son previsibles uno en relación con el otro. Eso no ocurre en las lenguas naturales, donde reina la no-conformidad. Y observamos aquí que Lacan se acerca a Hjelmslev (véase pp. 60-61), que es, en mi opinión, una referencia subterránea y oculta pero no desdeñable de su reflexión en los confines de la lingüística y del psicoanálisis.

Lacan, no obstante, va mucho más lejos que Hjelmslev. Pues, como vimos, hasta la significación misma –relación entre el significante y el significado– se ve cuestionada. Aquí también la reflexión de Lacan queda intacta a través del tiempo, de 1965 ("el significante se define como actuando en primer lugar como separado de su significación", 1966: 875 [1989: 853]) a 1977: "La significación no es lo que un vanidoso pueblo cree. Es una palabra vacía" (*Ornicar?* 17-18, 1979: 11). ¿Es por ese estado específico de la significación por lo que los lenguajes humanos se oponen a los "lenguajes" de las sociedades de animales, donde, según Lacan, reina siempre "el isomorfismo", "la correlación unívoca" (véase, por ejemplo, "L'étourdi", 1973: 47 [1984: 63-64]): de allí la imposibilidad del equívoco (*ibid.*) en los sistemas de símbolos animales.

Situando este punto de divergencia entre Saussure y Lacan, acabamos de observar un segundo –pero fundamental aunque final– punto de convergencia. Cuando Lacan vuelve, al término del *Seminario III*, sobre el análisis del esquema saussuriano de las dos masas amorfas, recusa por segunda vez la posibilidad del recorte isomorfo de los dos flujos:

Saussure intenta definir una correspondencia entre ambos flujos, correspondencia que los segmentaría. Pero el solo hecho de que su solución permanezca abierta, ya que la locución sigue siendo problemática, y la frase entera, muestra claramente a la vez el sentido del método y sus límites [1981: 297 (1984: 374)].

Vemos que con el mismo movimiento Lacan recusa la correspondencia de las segmentaciones de los dos planos, pero plantea que uno de ellos (al menos) está segmentado. No puede tratarse más que del significante, donde "el intervalo que se repite [es] la más radical estructura de la cadena significante" (1966: 843 [1989: 822]). Continuando la reflexión sobre el esquema saussuriano, el cual es examinado hasta en sus detalles materiales, podemos decir que Lacan sólo señala su pertinencia cortándolo longitudinalmente en dos. Las líneas de puntos únicamente segmentan el significante. No se prolongan –o por lo menos no se prolongan todas– hasta el nivel del significado. Es lo que está indicado en este comentario de los *Escritos*: "Doble flujo donde la ubicación parece delgada por las finas rayas de lluvia que dibujan en ella las líneas de puntos verticales que se supone que limitan segmentos de correspondencia" (1966: 503 [1989: 482]).

Así, el significante lacaniano está segmentado. Y lo está de manera muy precisamente saussuriana. De allí la insistencia sobre la sincronicidad del sistema significante que encontraremos cuando Lacan, dejando a Saussure, busque y encuentre, en Freud, la prefiguración del significante saussuriano: el *Wahrnehmungszeichen*, "signo de percepción". Con respecto a esto el único obstáculo que tenemos es la elección de los ejemplos. El que cito es, en diversas formas, particularmente repetitivo en el *Seminario III*:

El ser humano no está sumergido sencillamente, como todo hace pensar que lo está el animal, en un fenómeno como la alternancia del día y la noche. El ser humano postula el día en cuanto tal, y así el día adviene a la presencia del día, sobre un fondo que no es un fondo de noche concreta, sino de ausencia posible de día, donde la noche se aloja, e inversamente por cierto. El día y la noche son muy tempranamente códigos significantes, y no experiencias. Son connotaciones, y el día empírico y concreto sólo surge allí como correlato imaginario, desde el origen muy tempranamente [1981: 169 (1984: 215); véase también 223-224 (238), donde el análisis del día y de la noche tiene como simétrico un análisis del hombre y la mujer; y "Radiophonie", 1970: 55-56 (1980: 11-12 y 23)].

A juzgar por la terminología –donde se destaca la palabra *connotación*, no saussuriana y posiblemente llegada a Lacan desde Hjelmslev– creemos leer un plagio, aunque más lúdico y más "poético", del capítulo sobre el valor del *CLG*. Y, al mismo tiempo, se dibuja al unísono la diferencia y el nudo, aún no llamado borromeo, de lo simbólico y de lo imaginario.

¿Se me permitirá, a manera de pausa, contar una anécdota que me parece saussuro-lacaniana en el más alto grado? La he tomado de un suceso destacado en *Le Monde* el 26 de abril de 1984. En Sudáfrica un hombre acaba de ser herido en un accidente de automóvil. Herido muy gravemente, lo levantan y lo llevan al hospital con las sirenas a todo volumen. Pero en Sudáfrica prevalece, según sabemos, una segmentación muy rigurosa del significante; segmentación en tres términos, y no en dos como la del día y la noche o como la del hombre y la mujer. A los dos significantes contrarios *blanco* y *negro* se agrega, en efecto, en vocabulario brøndaliano, el "término complejo", *blanco y negro*, lexicalizado por *mestizo*. Los hospitales, como las otras instituciones, se rigen por esta ley de segmentación: hay hospitales para blancos, hospitales para negros y hospitales para mestizos. Por supuesto que la admisión en esos diferentes hospitales no tiene en cuenta las propiedades imaginarias –siempre más o menos aproximadas– de los seres humanos, sino exclusivamente las del significante que les corresponde. Ahora bien, el herido estaba privado de ese significante: había olvidado (o dejado en el automóvil en llamas) su documento de identidad. Adivinamos el resultado: no fue admitido en ninguno de los tres hospitales donde trataron sucesivamente de hacerlo ingresar, y murió sin atención en un pasillo del último.

Paradójica ilustración de lo que Saussure llama "una masa amorfa e indistinta". *Le Monde*, no obstante, da a entender que la ausencia de significante –el documento perdido (¿la carta robada?)– posiblemente no sea la explicación correcta de la suerte que le estaba reservada al herido, quien era, parece, bien conocido por corresponder al significante *mestizo*. Si no se le atendió fue porque en su oficio de periodista en la televisión había sido el primer locutor no blanco que participó en los programas para blancos. Pero ¿quién no ve que después de un breve desvío esta segunda explicación redunda sobre la primera? Pues si ésta es exacta, el periodista murió por haber infringido la ley del significante.[7]

Aparte de ser entretenida, nuestra pausa sudafricana habrá corrido con la ventaja de demostrar cuánto tiene de específicamente saussuriano el significante lacaniano. Y, por ende, de evaluar el peso que ha ejercido Saussure en la conceptualización lacaniana de lo Simbólico. Como indica Milner, "es justo que el significante *significante* sea un significante saussuriano, que designa un modo de ser, el cual, a su vez, no es más que el modo de ser propio de S" (1984: 24; S, como sabemos, es la letra de simbólico, por oposición a R, Real, e I, Imaginario). Ahora bien, para fijar un poco más los conceptos hagamos una cita, entre muchas otras posibles, del *Seminario III*: "En el orden imaginario, o real, siempre hay un más o un menos, un umbral, un margen, una continuidad. En el orden simbólico, todo elemento vale en tanto opuesto a otro" (1981: 17 [1984: 19]).

Es notable advertir en este punto cómo se reúnen, una vez más, la enseñanza de Saussure y la de Freud: la "simbolización primordial" que inaugura la cadena significante que se manifiesta en "el juego: *Fort! Da!*, sacado a luz por Freud en el origen del automatismo de repetición..." (1966: 575 [1984: 556]). Sabemos efectivamente que en "Más allá del principio de placer" Freud describe el juego de un bebé de 18 meses que acompasa, respectivamente, la desaparición, luego, la reaparición, de un ovillo con "*o-o-o-o*" (restituido como equivalente de *fort*, "allá, lejos") y con *da* ("aquí") (1920, *in* 1967: 15-17 [XVII, 14-15]). Las dos jaculaciones (para emplear un término favorito de Lacan) opuestas le permiten simbolizar y, a través de ello, dominar la ausencia y la presencia de la madre.

[7] Sobre el carácter *simbólico* –en todos los sentidos de la palabras, incluido el lacaniano– del significante *blanco* en Sudáfrica se leerá con interés un testimonio publicado en *Libération* el 5 de septiembre de 1985. El periodista interroga a Gerhard, funcionario afrikaaner. Irrumpe en el relato de éste la expresión "nosotros los blancos". El periodista entonces no puede abstenerse de hacer notar a su interlocutor que tiene un tipo asiático muy marcado. Gerhard todo rojo se enoja: "Soy chino, sí. Pero considerado como blanco. Blanco de honor. Está escrito en mi documento de identidad."

Podremos ahora continuar a paso un poco más rápido lo que falta todavía por recorrer del camino hacia los dos significantes. De hecho, los dos trayectos no han de encontrarse nunca más: en las encrucijadas no habrá ningún otro riesgo de equivocar el rumbo. Es sin duda esta desviación del significante lacaniano con relación a su epónimo lo que explica la incomprensión absoluta, como obstinada, y de paso los anatemas de un lector como Georges Mounin, a quien oigo decir desde 1970 –esencialmente de manera inalterable– hasta 1981, y sin haberlas podido reprimir, fórmulas tales como "el inextricable embrollo del vocabulario lacaniano" (1981: 56).

En el inventario de los puntos de divergencia que nos falta por encontrar, el primero ya fue percibido. Si los finos "rayos de lluvia" del esquema de los dos flujos no logra imponer límites al significado, se sigue inevitablemente "la noción de un deslizamiento incesante del significado bajo el significante" (1966: 502 [1989: 482]). ¿Es decir que el significado es libre de toda ligazón con el significante? Pues claro que no, y Lacan, en el *Seminario III* (1981 [1984]), llega a entrever una tipología de los modos de ligazón del significante con significado, tipología fundada sobre la cantidad de sus nudos. Y cuando la cantidad de puntos de ligazón disminuye por debajo de un cierto umbral, caemos en la psicosis:

> No conozco la cuenta, pero no es imposible que se llegue a determinar el número mínimo de puntos de ligazón fundamentales necesarios entre significante y significado para que un ser humano sea llamado normal, y que, cuando no están establecidos, o cuando se aflojan, hacen al psicótico [1981: 304 (1984: 384)].

Así, es solamente en la psicosis donde "la corriente continua del significante recobra su independencia" (1981: 330 [1984: 419]). En cuanto al punto donde llegan periódicamente a anudarse el significante y el significado, recibe del arte del colchonero el nombre de punto de basta (1966: 503 y 805 [1989: 483 y 785]; 1981: 300 y *passim* [1984: 383]): "el punto de basta por el cual el significante detiene el deslizamiento, indefinido si no, de la significación" (1966: 805 [1984: 785]).

En el *Seminario III*, el punto de basta es proseguido con obstinación a lo largo de un análisis filológico de la primera escena de *Athalie*. Análisis donde sería sin duda posible observar ciertas influencias insospechadas como, por ejemplo, la de Pierre Guiraud, cuyas palabras claves (véase sobre todo 1954) –y explícitamente retomadas por Lacan (1981: 300 [1984: 383])– eran entonces el último grito de la moda en el análisis textual. Hay que reconocer que para el lingüista –y sin duda para muchos otros– esta descripción del texto de *Athalie* es de difícil lectura. Algunas dificultades, no obstante, se esfuman si se lee de manera metafórica: el texto raciniano está tomado aquí como sustituto (o manifestación) del texto inconsciente: el punto de basta aparece allí entonces, indisolublemente, como la palabra clave del análisis textual *y* como el constituyente fundamental de la gráfica del deseo (véase 1966: 805-806 [1984: 784-785]; el análisis está considerablemente desarrollado en los dos seminarios sucesivos sobre *Les formations de l'inconscient* –1957-1958– y *Le désir et son interprétation* –1958-1959).[8]

Lo hemos visto en los análisis que acabo de citar: el significante lacaniano es siempre pensado, topológicamente, como suspendido sobre el significado. De allí proviene esa inversión de la recíproca posición de los términos en el esquema saussuriano, el cual es consignado por Lacan con cierta desenvoltura: "El signo escrito así (S/s) merece ser atribuido a Ferdinand de Saussure, aunque no se reduzca estrictamente a esa forma en ninguno de los numerosos esquemas bajo los cuales aparece" (1966: 497 [1989: 477]).

Se observará de manera muy especial la presencia del adverbio *estrictamente*, el ¡cual está a un paso de la provocación! Pues los "numerosos" esquemas del CLG son idénticos (con la sustitución aproximada de *significado* por *concepto* y de *significante* por *imagen acústica*) y no hacen aparecer jamás al significante *por debajo* del significado. Es decir, Lacan destaca la S del significante con una prestigiosa mayúscula, mientras que para la s del significado se limita a una modesta minúscula cursiva: fenómeno de diferenciación jerárquica totalmente impensable en Saussure. En fin, circunscribiéndome a la descripción literal de los esquemas, subrayo, después de muchos otros, sobre todo de Nicole Kress-Rosen (1981), que la elipsis que cerraba los esquemas saussurianos ha desaparecido, del mismo modo que han desaparecido las dos flechas de

[8] Sobre los desarrollos de la teoría del significante –esta vez, osemos decirlo, estrictamente lacaniana, deslindada de toda referencia a Saussure–, véase principalmente, de Gérôme Taillandier, "Le graphe par éléments", 1981.

sentido opuesto que tienen como función, en Saussure, representar la relación de presuposición recíproca entre los dos términos. La elisión de estos dos elementos del esquema es para poder poner en consonancia el deslizamiento del significado bajo el significante: si el significado está encerrado con el significante en una célula, "un dominio cerrado" (CLG: 159 [195]), no puede "deslizarse". Y así el significado está igualmente impedido de deslizarse si "[la significación] no es, como ya lo indican las flechas de la figura, más que la contraparte de la imagen auditiva" (CLG: 158 [195]; *significación* debe ser entendida aquí con el sentido de *significado* e *imagen auditiva* con el de *significante*). Lo cual, evidentemente, entra en contradicción absoluta con la "autonomía" del significante lacaniano.

Para examinar comparativamente los dos esquemas, todavía debemos permanecer algunos instantes en este punto. En efecto, observamos que un elemento queda inalterable: la barra horizontal que separa los dos elementos en cada uno de los dos gráficos. Pero vemos de entrada que al denominarla –y con el significante *barra*– nos colocamos ya del lado de Lacan. Pues en Saussure, salvo error, nunca se nombra ese trazo. Desde la primera aparición del esquema en el CLG: 99 [129], encontramos el siguiente comentario: "Estos dos elementos están íntimamente unidos y se reclaman recíprocamente." Entonces, el trazo es –de una manera que se puede juzgar paradójica– marca de unión, y no de separación. Lacan, por su parte, lee el trazo diría yo literalmente, como si fuera una letra. Digamos, para ser más exactos, que lee materialmente, corporalmente. En suma, lee al pie de la letra, como hay que (o como se puede) leer. De allí la denominación del trazo con la palabra *barra*, y la noción de separación entre las dos "etapas" del "algoritmo" (1966: 497 [1989: 478]). Y de allí también, unas líneas más adelante, la transformación de la "barra" en "barrera resistente a la significación" (*ibid.*). Las barreras, hechas naturalmente para separar, están igualmente hechas para ser franqueadas. Es en ese punto en el que se sitúa la teoría lacaniana de la metáfora, esbozada en el *Seminario III* y formalizada en "L'instance de la lettre", luego en "Du traitement possible de la psychose" (ambos publicados en los *Escritos*). Tratando de esquematizar un poco, pero sin exagerar, me parece que el análisis parte de una constatación filológica hecha por Lacan en la lectura de las *Memorias* de Schreber: "Algo me llamó la atención: incluso cuando las frases pueden tener un sen-

Análisis y filología.

tido, nunca se encuentra en ellas nada que se asemeje a una metáfora. Pero, ¿qué es una metáfora?" (1981: 247 [1984: 312]).

Veo claramente que estoy abordando aquí un terreno que –aunque ya completamente explorado– no deja de ocultar una considerable cantidad de trampas. ¿Una de ellas? La que fue señalada por el grupo que, para *Le discours psychanalytique* (1984), trabajó en un *Dictionnaire des concepts psychanalytiques après le retour à Freud opéré par Lacan*. Sobre la *Verwerfung* –noción problemática en el más alto grado– los autores subrayan simultáneamente dos puntos contradictorios. El primero, acabamos de entreverlo con respecto a Schreber, cuando la psicosis es precisamente definida por Lacan como la ausencia de metáfora. El segundo, es en los *Escritos* (1966: 577 [1984: 559]) cuando Lacan hace alusión al "desastre creciente del imaginario, hasta que se alcance el nivel en que significante y significado se estabilizan en la metáfora delirante". Vemos ahí la dificultad: ¿cómo la psicosis, que precisamente excluye la metáfora, puede constituir una "metáfora delirante"? Trataré de imitar la prudencia de los autores del *Dictionnaire*: me quedaré también al borde de la trampa, limitándome, para evitarla, con citar la respuesta explícitamente dada por Lacan a la pregunta que él mismo se planteaba en el *Seminario III*: ¿qué es una metáfora?

He aquí ahora:[9] f (S'/S) S $\cong$ S (+) s, la estructura metafórica, indicando que es en la sustitución del significante por significante donde se produce un efecto de significación que es de poesía o de creación, dicho de otra manera de advenimiento de la significación en cuestión. El signo + colocado entre () manifiesta aquí el franqueamiento de la barra / y el valor constituyente de ese franqueamiento para la emergencia de la significación.

Este franqueamiento expresa la condición de paso del significante al significado cuyo momento señalé más arriba confundiéndolo provisionalmente con el lugar del sujeto [1966: 515-516 (1989: 495-496)].

En el psicótico –específicamente en el Presidente Schreber –*una* metáfora (y, aparentemente, *la* metáfora) no se "logra" (el término *lograr* es el de Lacan). Sabemos que esta metáfora abortada es la

---

[9] Este *ahora* tiene por función oponer la metáfora a la metonimia, de la cual se trató en el fragmento precedente del texto citado.

N-del-p metáfora paternal, formalización lacaniana del complejo de Edipo (1966: 557 [1984: 538] y 1981: *passim* [1984]). Volvamos al dibujo de Saussure y a la lectura que hace de él Lacan: *ninguna* "línea de lluvia" logra atravesar la barra. Captamos entonces "cómo puede suceder, en la experiencia psicótica, que el significante y el significado se presenten en forma completamente dividida" (1981: 304 [1984: 383]).

Con el franqueamiento de la barra, en el caso de la metáfora "lograda", y esta duplicidad absoluta del significante y del significado, en el caso de la psicosis, nos encontramos –¿aparentemente?– en los antípodas de Saussure. Para adaptar el esquema de los dos flujos a un análisis de este tipo, hay que manipularlo en todos sus aspectos: darle vuelta, agregar una barra entre las dos masas y no prolongar entre ellas más que las líneas punteadas correspondientes a las metáforas "logradas": ninguna en el caso de Schreber. Y sin embargo, es interesante constatar que una vez alcanzado este punto de distancia, aparentemente máximo, es cuando resurge el esquema de los dos flujos en el *Seminario III*, así como vuelve a aparecer el nombre de Saussure olvidado desde varias decenas de páginas anteriores:

¿Por qué no concebir que en el preciso momento en que se sueltan, en que se revelan deficientes las abrochaduras de lo que Saussure llama *la masa amorfa* del significante con la masa amorfa de las significaciones y los intereses, que en ese preciso momento la corriente continua del significante recobra entonces su independencia? [*ibid*.: 330 (419)].

Estamos casi al final de nuestro recorrido lacaniano.[10] Solamente nos faltaría poner en evidencia un último punto, ya entrevisto a propósito de la metáfora no lograda. En una estructura de este tipo falta un significante: hay un hueco en la cadena (sincrónica) del significante. De allí el título de la última parte del *Seminario III*: "Los entornos del agujero". Pero esa falta caracteriza también toda cadena significante: es en efecto imposible, en el aparato lacaniano, concebir la "batería significante" sin verla tropezar con su último significante. De ahí la necesidad de plantear un signifi-

---

[10] Preciso: del recorrido lacaniano en la medida en que hay algún lazo con el de Saussure.

cante específico, que goce del paradójico privilegio de estar y de no estar, al mismo tiempo, en la batería significante: "La batería de los significantes, en cuanto que es, está por lo mismo completa, este significante no puede ser sino un trazo que se traza de su círculo sin poder contarse en él. Simbolizable por la inherencia de un (–1) al conjunto de los significantes" (1966: 819 [1984: 799]).

Ese significante específico es el que se escribe S $(\cancel{A})$ y que se lee "significante de una falta en el Otro" (1966: 818 [1984: 798]), debiéndose tomar el "Otro" en el sentido de "tesoro del significante" (*ibid*.).

Pero ¿es posible encontrar para ese significante específico una etimología saussuriana? Es justamente en eso en lo que se esfuerza J.A. Miller (1981*b*: 12), al leer *también* en Saussure "que toda cadena tropieza en su significado último, lo que debe ser reportado en la batería misma, bajo la forma de una falta, ya sea de un significante suplementario que la represente". ¿Es necesario decir que no hay nada explícito en Saussure que autorice tal lectura?

Me propuse consignar en una gráfica los puntos ya adquiridos para nuestra investigación. He aquí el trayecto de las dos sinuosidades (en la página siguiente).

El sentido de mi gráfica –si es que tiene alguno– es representar la divergencia de los dos trayectos. Ahora nos faltaría "explicar" esta divergencia. ¿Explicar en qué sentido? Entiendo que en el más modesto: el sentido histórico. No veo aquí otro medio que tratar de señalar la raíz freudiana del concepto lacaniano de significante. El problema, ciertamente, ya había aflorado en diversos puntos de la primera parte (véase, por ejemplo, la p. 76) y, también, en este mismo capítulo, a propósito del *Fort! Da!* (p. 157); pero allí la cuestión solamente había aflorado. Para comenzar a desarrollarla hay que reconocer que es en principio más delicada que cuando hacíamos referencia a Saussure. Lexicalmente hablando, no hay nada de significante en Freud, quien no leía a Saussure (contentándose con escuchar a su hijo) aunque no menos de lo que Saussure leía a Freud. Naturalmente, es fácil señalar en Freud –y Lacan no se priva de hacerlo de manera tan insistente que sería inútil dar omnipresentes referencias– la extrema abundancia de análisis lingüísticos y discursivos; de comparaciones con objetos semióticos tan diversos como la escritura (alfabética o, más a menudo, ideográfica); el jeroglífico; el retruécano, etc. Hemos señalado aquí mismo el lugar que al menos toman dos lingüistas en el edificio de la

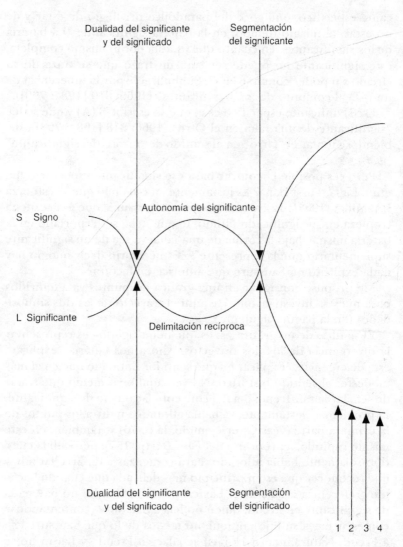

1 Deslizamiento del significado bajo el significado

2 Prioridad del significante

3 Pasaje del significante en el significado

4 Falta del significante

reflexión freudiana. Y el peso de los análisis lingüísticos se hace sentir en todas partes, no solamente en los textos donde más se los podría esperar (la *Traumdeutung*, el *Witz*, la *Psicopatología*), sino también en las obras donde parecen imponerse por sí mismos: como por ejemplo en los *Estudios sobre la histeria* (véase en las pp. 73-77 la descripción del proceso de simbolización) o en la *Metapsicología* (las formas transformacionales del destino de las pulsiones). Pero nada de todo eso nos proporciona un concepto lo suficientemente aislado como para dar lugar al de *significante*. Sin embargo, Lacan ha encontrado ese concepto. Lo encontró incluso dos veces. Es necesario citar aquí con precisión esos fragmentos, que son muy raramente citados, al menos por los lingüistas lectores de Lacan:

a] El primer concepto es el *Wahrnehmungszeichen* ("signo de percepción"), largamente citado ya en el *Seminario III* (1981: 177 y 203-205 [1984: 225 y 258-259);[11] después aparece citado en los *Escritos* (1966: 558 [1984: 540]), donde el nombre del concepto es resumido en *Zeichen* y traducido como signo. Pero el pasaje más explícito es el del *Seminario XI* (1973 [1977]):

Freud nos designa entonces un tiempo en el que esos *Wahrnehmungszeichen* deben constituirse en la simultaneidad. ¿Qué es eso? –si no la sincronía significante. Y, por supuesto, Freud lo dice tanto más cuanto que no sabe que lo dice cincuenta años antes que los lingüistas.[12] Pero nosotros podemos dar en seguida a esos *Wahrnehmungszeichen* su verdadero nombre de *significantes* [1973: 46 (1977: 56)].

b] El segundo concepto no es otro que *Vorstellungsrepräsentanz*, del cual se encuentran habitualmente las traducciones de *representante de la representación* y –en Laplanche y Pontalis– de *representante-*

---

[11] Señalo aquí un error de la edición del *Seminario*: el texto de la carta a Fliess obliga a leer, en la p. 204 [259] del *Seminario III*, línea 27 [20], *Unbewusstsein* (inconsciente) en lugar de *Bewusstsein* (consciente). Comparar: "Las trazas Ub (*Unbewusstsein*) corresponderían a algo como los recuerdos de conceptos" y "la *Bewusstsein* es del orden de recuerdos conceptuales" (*Seminario*: 204 [259]): los dos textos son absolutamente contradictorios, y hay que corregir en el segundo *Bewusstsein* por *Unbewusstsein*. Además, *Bewusstsein* (y *Unbewusstsein*) son en alemán palabras neutras, que sería mejor traducir en masculino en francés [véase la edición española, 1984: 223-226].

[12] Se observará aquí la bella hipérbole de esos "cincuenta años", que sería posible, pensando en Saussure, convertir en unos cuantos meses.

representación: "la concepción de Freud [...] no deja ninguna ambigüedad sobre ese punto: es el significante el que es reprimido, pues no hay otro sentido que dar en estos textos al vocablo: *Vorstellungsrepräsentanz*" (1966: 714 [1984: 693]).

De inmediato vemos surgir de la comparación de estos textos una inevitable dificultad: ambos conceptos, tanto el uno como el otro, son asimilados por Lacan, y de la manera más decisiva, al significante; sin embargo, parecen distintos en el aparato freudiano. En todo caso, son portadores de nombres –¿diría yo de significantes?– diferentes. Y no sería para nada útil tratar de diluir la dificultad en la historia: es un hecho que el *WZ* se manifiesta, muy temprano, en la carta 52 a Fliess,[13] que data de 1896. La *VR* por su lado aparece en los tres artículos de 1915 que habrían de constituir la *Metapsicología*. Es un hecho también que Lacan –acabamos de verlo– apela a los dos conceptos en épocas diferentes, aunque relativamente poco alejadas (el texto de los *Escritos* donde hace alusión al *Zeichen* se remonta a 1957; aquel que trata de la *VR* data de 1959...). Sería evidentemente más satisfactorio señalar los eventuales rasgos comunes de los dos conceptos freudianos. La tarea, dirán tal vez algunos, no pertenece a la competencia de un lingüista por más lector que sea de Freud. Lo admito, a pesar de mi propensión a caminar sobre territorios prohibidos. Pero no se le podrá quitar al lingüista el derecho que tiene para hacer un señalamiento filológico, por cierto, aguijoneado por una ocurrencia de Lacan, que consta, en el *Seminario III*, "la proliferación del *ver* en Freud" (1981: 170 [1984: 119-123]). Gracias a Dios, las cursivas están ahí para descartar una interpretación necrofágica: se trata, por supuesto, del prefijo (la "partícula inseparable") *ver-*, que aparece efectivamente en una gran cantidad de términos freudianos: *Verwerfung, Verdrängung, Verneinung, Verleugnung, Verdichtung*, etc. Ahora bien, resulta que nuestros dos conceptos en cuestión –el *WZ* y la *VR*– tienen precisamente por rasgo común el ser objetos de un proceso designado por un prefijo *ver-*. Del *WZ* ha dicho explícitamente Lacan –y, hay que reconocerlo, sin duda un poco menos nítidamente que Freud– que es *verworfen*, es decir, objeto de la *Verwerfung*, para la cual Lacan propone la traducción –tomada de Damourette y

---

[13] La carta fue publicada en francés en *Littoral* 1, 1981 [en español, en el volumen I de las *Obras completas*, versión de Strachey].

Pichon– de *forclusión* (véase 1981: 229 y 361 [1984: 289 y 456-457]). En cuanto a la RV, es, tan explícitamente en Freud como en sus lectores (Lacan y Laplanche-Leclaire, 1961: 115), el objeto de la *Verdrängung*, es decir, la represión. Y la relación entre los dos procedimientos –a la cual se agrega un tercero– está subrayada por Lacan: "Se reconoce aquí la fórmula que doy de la *Verwerfung* o preclusión, la cual vendría a unirse aquí en una serie cerrada a la *Verdrängung*, represión, a la *Verneigung*, negación [denegación], cuya función en la magia y la religión reconocieron ustedes a la pasada" (1966: 874 [1984: 853]).

Veo que con ello no hice más que diferir el problema. Sin embargo, no sin aclararlo un poco. Pues de ahora en más se encuentra también situado en el nivel de las relaciones entre la *Verwerfung* y la *Verdrängung*.

Ne sutor supra crepidam... Lo fastidioso en cuanto al problema del significante es que no se sabe hasta dónde llega el calzado: ¿simple sandalia?, ¿botín?, ¿bota alta de pescador que llega hasta el talle? La elección no es fácil de hacer. Pues supondría que el problema de las relaciones entre los dos significantes está totalmente resuelto. Parece urgente, por el momento, dejar todavía una zona de intermediación en lo que toca a la altura del calzado. Es sin duda el medio para evitar, con respecto a este problema, dos escollos opuestos: la indignación tartamudeante de Mounin y la veneración de otros.

6

"NO HAY METALENGUAJE": ¿QUÉ QUIERE DECIR?

Comencemos rezongando. No hay nada más desagradable para uno que verse cuestionado en su existencia misma. Pues es justamente eso lo que le ocurre al lingüista cuando lee –a su manera, sin duda, pero ¿cómo reprochárselo?– el aforismo lacaniano "no hay metalenguaje". Pero ¡cómo, si la posibilidad misma de la lingüística se funda sobre la existencia del metalenguaje! La más inocente proposición gramatical –"la palabra *rata* es de género femenino"– es una utilización del metalenguaje, tanto por la práctica de la autonimia (la palabra *rata* es, aquí, autonímica) como por el empleo de esos términos metalingüísticos que son *palabra*, *género* y *femenino*. Entonces, ante el cuestionamiento que tal aforismo provoca, muchas reacciones son posibles. La reacción más frecuente es el silencio: ¿qué decir cuando uno es condenado a no hablar? A veces, observamos también una indignación, a menudo atenuada por limitaciones un poco apresuradas y demasiado visiblemente hechas para tranquilizar, que despierta el alcance de semejante negación. En mi opinión es lo que hace Hagège (1985: 288-291). Por mi parte, trataré aquí de esforzarme por delimitar el análisis un poco más de cerca.

Se debe tener en cuenta que –tal como vislumbramos en el capítulo precedente– el problema no interesa solamente al lingüista, puesto que el cuestionamiento del metalenguaje está ligado a una conceptualización específica del significante, el cual es pariente cercano del representante freudiano. Y por allí se dibuja la relación con la problemática de la represión. Para seguir la metáfora que aventuré en la introducción, nos encontramos aquí en un punto donde el tabique divisorio entre lingüística y psicoanálisis es poroso: hablar de una es, indisolublemente, hablar del otro. Razón por demás suficiente para entenderse bien sobre las palabras que se utilizan.

Debemos decir, en primer lugar, con qué palabra estará designado aquí el cuestionamiento. Tendré que utilizar para ello *(de)ne-*

gación, con el significante mudo del doble paréntesis que encierra al prefijo *de-.* Para quitar todo equívoco, aclaro que empleo *(de)negación* con el sentido que le es conferido por Laplanche y Pontalis:

En cuanto al uso por Freud del término *Verneinung,* resulta inevitable para el lector francés la ambigüedad *négation-dénégation.* Posiblemente esta misma ambigüedad sea uno de los ejes de la riqueza del artículo que Freud dedicó a la *Verneinung.* Al traductor le resulta imposible en cada pasaje elegir entre *négation* o *dénégation;* como solución nosotros proponemos transcribir la *Verneinung* por (de)négation [en castellano utilizaremos negación] [1971: 113 (1994: 234)].

Verneinung

Si fuera absolutamente necesario citar a una autoridad lingüística, pensaría en Benveniste, que utiliza el término, a propósito de los embragues, con un sentido cercano al que yo le doy: "Desprovistos de referencia material, no pueden usarse mal; por no afirmar nada, no están sometidos a la condición de verdad y escapan a toda denegación" (1966: 254 [1976: 175]).

Queda ahora por ver el término mismo que es objeto de la (de)-negación: el *metalenguaje.* Para examinar los hechos de manera un poco más precisa, conviene de entrada desdoblar el *metalenguaje* en *metalengua y metadiscurso.* Los tres conceptos así establecidos son opuestos entre sí; tal como lo son, tradicionalmente, el *lenguaje,* la *lengua* y el *discurso* (o sea, en términos hjelmslevianos, la *semiótica,* el *sistema* y el *proceso*). Las relaciones entre *metalenguaje, metalengua* y *metadiscurso* están construidas sobre el modelo de las relaciones entre *lenguaje, lengua y discurso.* Lo que no significa que todos los rasgos que afectan al *lenguaje,* a la *lengua* y al *discurso* afectarán de manera homóloga, respectivamente, al *metalenguaje,* a la *metalengua* y al *metadiscurso.* Veremos más adelante algunas precisiones.

De igual manera, señalo de paso que la tripartición que acaba de ser instaurada es sin duda transportable a los *lenguajes de connotación,* para los que podemos pensar en distinguir *lenguaje, lengua* y *discurso de connotación.* Además, cabe preguntarse sobre el estatus de la connotación en Lacan: ¿sufre la misma (de)negación que el metalenguaje, tal como se podría esperar? Es muy complejo, pues no hay sobre este punto una toma de posición explícita. *Grosso modo,* creo, por algunos indicios, poder adelantar que la actitud de Lacan con respecto a la connotación –aunque implícita y señalada indirectamente por los empleos específicos que hace del significante *connotación*– es análoga a la que tiene con respecto al metalenguaje.

Ahora bien, ¿en qué sentido está tomada la oposición *lenguaje/lengua/discurso*? Precisamente en el sentido de Benveniste. ¿Por qué Benveniste? La razón de esta elección es evidente: con Saussure y Jakobson, él es el lingüista más citado por Lacan. Cronológicamente, el texto del cual voy a citar un fragmento data de la época –1956– en que, en Lacan, aparece por primera vez (salvo error) el término *metalenguaje*. Este texto de Benveniste tiene además la particularidad de haber sido publicado en uno de los volúmenes de homenaje *For Roman Jakobson*, de suerte que no es imposible que Lacan –cuyos lazos con Jakobson conocemos– hubiera podido leerlo. Se trata de "La naturaleza de los pronombres", del cual cito el pasaje más explícito:

Un análisis, incluso sumario, de las formas clasificadas indistintamente como pronominales conduce, pues, a reconocer en ellas clases de naturaleza harto diferente, y, en consecuencia, a distinguir entre la *lengua* como repertorio de signos y sistema de sus combinaciones, por una parte, y, por otra, la *lengua* como actividad manifestada en las instancias de *discurso* que son caracterizadas como tales por índices propios [1966: 257 (1976: 178); las cursivas son mías].

No ignoro que esta tripartición, *lenguaje, lengua, discurso*, puede ser criticada, que Culioli, por ejemplo, rechaza la oposición *lengua/discurso* (véase C. Fuchs, 1984). Sin embargo, no sería quizás imposible situar la oposición *metalengua/metadiscurso* en el aparato conceptual de Culioli. Por razones históricas, eso me pareció inútil con respecto a Lacan.

Pero sabemos bien que la oposición que acabamos de establecer entre *metalenguaje, metalengua* y *metadiscurso* no es observada por todos. Numerosos autores neutralizan (sobre el modelo del inglés *metalanguage*) la oposición entre *metalenguaje* y *metalengua*, y utilizan alternativamente (o sincréticamente) los dos objetos. Otros los oponen diferentemente.[1] Muchos se abstienen de *metadiscurso*. Fi-

---

[1] Así J.P. Desclés y Z. Guentcheva-Desclés (1977: 38) distinguen "*metalengua* (parte de una lengua natural encargada de describir ya sea una lengua, o una parte de una lengua, o un lenguaje artificial) de *metalenguaje* (lengua artificial encargada de describir ya sea una lengua o un lenguaje)".

nalmente otros apelan a diferentes prefijos (*epi-* en Culioli,[2] *iso-* en
Auroux)[3] para fijar las oposiciones que no sería quizás imposible
articular –sino homologar– con las que acaban de ser establecidas.
Convendrá tener en cuenta estas precisiones cada vez que los términos mencionados aparezcan en los textos citados.

Entre *metalenguaje, metalengua* y *metadiscurso* las relaciones son
tales que observamos, respecto a su (de)negación, los siguientes
hechos:

[1] Negar el metalenguaje –en el sentido en que se le da aquí–
es negar al mismo tiempo la metalengua y el metadiscurso: no hay
lengua ni discurso sin lenguaje. Aquí ponemos el dedo en una de
las incertidumbres de la terminología cuando no está suficientemente afinada: pues no es tan fácil cuestionar el metalenguaje *en
su totalidad*, es decir, cuestionar la posibilidad que existe para las
lenguas –para *todas* las lenguas– de volverse sobre sí mismas con
el fin de describirse. Aquí, no hay necesidad de léxico técnico: es
evidentemente el metalenguaje el que es utilizado en un diálogo
tan cotidiano y tan inocente como, por ejemplo: "–El tipo ése es
completamente *toton* y su auto está completamente *dopodri*. –¿Toton? ¿Dopodri? ¿Qué quieren decir esas palabras? –¿Cómo? ¿No sa-
bes? Toton es tonto y dopodri es podrido en caló."

¿Qué conclusión sacar de aquí si no que –con toda seguridad–
es la metalengua, con el nombre de metalenguaje, la que está ne-
gada, la metalengua como sistema jerarquizado en relación con el
de la lengua?

[2] Negar la metalengua no es necesariamente negar el metadiscurso. Aquí, por cierto, aparece una dificultad. Pues a primera vista
pareciera que no hay discurso sin lengua, ni, en consecuencia, metadiscurso sin metalengua. Pero es ahí donde el paralelismo se
interrumpe. Si no hay lengua, no hay discurso: todo el mundo está
de acuerdo sobre eso. Pero en cuanto al metadiscurso, éste puede
subsistir sin metalengua. Le basta darse por sistema... la lengua
misma. La lengua da lugar, entonces, a dos tipos de discursos: el
discurso "cotidiano", "mundano", el que toma como referencia a
los objetos de la realidad no lingüística, y el metadiscurso, que por
su parte se hace cargo de esos referentes específicos –sí, efectiva-

[2] Véase Culioli, 1968: 40, y Desclés, 1973: 304.
[3] Véase Auroux, 1979: 7.

mente, son referentes– que son los objetos de la lengua. Sin hablar, aquí, de un discurso del tercer tipo: el discurso de connotación.

Vemos que negar la metalengua, no es –ascéticamente– prohibirse practicar el metadiscurso. No es pues negar el metalenguaje, sino simplemente reducirlo a la función metalingüística.

3] Queda la última posibilidad: la (de)negación únicamente del metadiscurso. Por extraña que pueda parecer a primera vista, hay que señalarla: en Lacan encontraremos huellas de esa (de)negación (véase la p. 186), pero, a decir verdad, en condiciones francamente ambiguas. Y hay que destacar que dicha (de)negación no tiene ningún efecto en lo que concierne a la lengua: una lengua subsiste como lengua aun si, por no ser hablada, no da lugar a un discurso.

Una vez tomadas estas precauciones conceptuales y terminológicas, nos invade una atrayente tentación: interrumpir en este punto la redacción del presente capítulo, habiendo liquidado el problema de la denegación del metalenguaje aun antes de haberlo planteado. Bastaría –aparentemente– constatar que producir una frase negativa –"no hay metalenguaje", por ejemplo– es como probar el movimiento caminando, pues es ya producir una frase metalingüística con relación a una frase afirmativa precedente. Es, al menos, una de las maneras de concebir la negación. Escuchen, entre los lingüistas, a Benveniste: "La característica de la negación lingüística es que no puede anular sino lo que es enunciado, que debe plantear explícitamente para suprimirlo, que un juicio de no-existencia tiene necesariamente también el estatus formal de un juicio de existencia" (1966: 84 [1976: 84]).

Algunas lenguas manifiestan en la superficie esta estructura metalingüística de la negación: de este modo el finés marca la negación por el verbo negativo *en* que afecta al verbo negado en su forma desnuda. No podemos, en francés, traducir "literalmente" las frases negativas del finés salvo recurriendo al verbo *negar*, indiscutiblemente metalingüístico: *en nuku*, "niego dormir". Y no será sin duda imposible mostrar que la concepción freudiana de la *Verneigung* no es incompatible con tal concepción. Es lo que dejan entrever Laplanche y Pontalis (1971 [1994], entrada "negación") y lo que plantea Lacan: "Eso nos sitúa en la cuestión de la *Verneigung*, de la cual Freud ha señalado lo esencial. Él enuncia que la negación supone una *Bejahung*, y que a partir de algo que se enuncia como positivo es que se puede escribir la negación" (1979: 17).

Así, nada más que el hecho de proferir la expresión *no hay metalenguaje* constituiría un acto metalingüístico que tendría como resultado, por su enunciación misma, contradecir su enunciado. El sólo decirlo, por imitar la manera de "El atolondradicho", iría aquí en contra de lo dicho (véase 1973: 19 [1984]).

Tengo algunas dudas: me parece que no es de esta manera como me voy a ahorrar el trabajo de terminar este capítulo. Por varias razones:

1] En una argumentación de ese tipo se toma al metalenguaje de manera confusa y en contradicción con las precauciones terminológicas tomadas más arriba. En estas condiciones, es imposible determinar, entre *metalenguaje, metalengua* y *metadiscurso*, lo que está planteado a fuerza de ser negado.

2] Como ocurre inevitablemente con las paradojas lingüísticas, siempre es posible hacer volver la máquina en el otro sentido. Y esto es lo que no deja de hacer Jacques-Alain Miller:

¿Podemos concebir un lenguaje-objeto absolutamente primigenio, y que pueda hablarse? Russell así lo cree. Pongo aquí mis pasos en los suyos: la jerarquía de los lenguajes, si puede extenderse indefinidamente hacia arriba, no puede hacerlo hacia abajo, de lo contrario el lenguaje no podría comenzar: debe entonces haber un lenguaje primario, que no presuponga la existencia de ningún otro: si es así, no puede decir nada de sí mismo, pues se presupondría a sí mismo; no puede decir más que lo que hay, y no lo que no hay; afirma, pero no puede negar; ni negación ni articulación: palabras, palabras, que tienen sentido una por una. ¿Ese lenguaje puede ser hablado? No, ni hablado, ni aprendido: el lenguaje no se aprende más que por el lenguaje. *No hay* lenguaje-objeto (en el sentido de Russell) de lenguaje primario [1975-1976: 69-70].

Dejaré de lado algunas aproximaciones o imprecisiones, como, por ejemplo, la ambigüedad del término *lenguaje* utilizado aquí, sin duda, a la inglesa, con el sentido de *lengua*. Y la necesidad que se le atribuye de "ser hablado" para acceder verdaderamente al estatus de *lenguaje* (es decir, de *lengua*). Ahora bien, ¿y si la lengua se escribiera en lugar de hablarse? Problema que debe efectivamente merodear en alguna parte de las preocupaciones de este lacaniano, pero que aquí está escamoteado. Lo esencial es que es el estatus metalingüístico de la negación el que la excluye del lenguaje-objeto, inmediatamente negado bajo el efecto de esta exclusión: ¿cómo concebir una lengua sin negación?

Como suponemos, Miller no se detiene ahí. Tiene, en efecto, toda la facilidad para seguir hasta el final su ejercicio y concluir diciendo que negar la existencia del lenguaje-objeto es, de paso, negar la existencia del metalenguaje; para luego agregar, esta vez haciendo aparecer el término *lengua*, hasta allí ocultado: "*existe la lengua única*" (1975-1976: *ibid.*).

De este modo, el mismo argumento puede servir a la vez para plantear y para negar indisolublemente lenguaje-objeto y metalenguaje.

3] Y después de todo, ¿la negación es metalingüística? Me limitaré aquí a señalar las perplejidades de Lacan. Lo vemos, en *Aún*, interrogarse sobre "lo que ocurre con la negación cuando viene a ocupar el lugar de una inexistencia" (1975: 132 [1981: 174]). Y plantear la pregunta: "¿Es legítimo de alguna manera sustituir por una negación la aprehensión experimentada de la inexistencia?" (*ibid.*).

Por supuesto, estas cuestiones están planteadas, en *Aún*, con respecto a la relación sexual, definida negativamente como "lo que no cesa de no escribirse". Pero ¿no serán, *mutatis mutandis*, transponibles con respecto al metalenguaje? Si esto fuera así habría lugar, entonces, para cuestionar la legitimidad de sustituir una negación –"no hay metalenguaje"– por la "aprehensión experimentada de su inexistencia". Y se volvería entonces imposible retener la forma misma de la proposición por (o, es lo mismo, contra) la existencia del metalenguaje (o, lo que es lo mismo, del lenguaje-objeto).

4] Inversamente, es posible, después de Benveniste y Coquet,[4] describir la predicación misma, ya sea afirmativa o negativa, como fundada sobre un "metaquerer". Por esta razón, todo acto de lenguaje sería, indisolublemente, metalingüístico.

Nos encontramos entonces, después de la exploración de la paradoja, de vuelta en el punto de partida. Pues la lengua postulada por Miller tiene, en efecto, y él mismo lo reconoce (1975-1976: 67), la posibilidad de hablar de todo, inclusive de sí misma. Entonces, quiere decir que conlleva *algo* (para permanecer, provisoriamente,

---

[4] Coquet (1979: 5, luego 1984: 13) se refiere al curso de Benveniste en el Colegio de Francia sobre "las transformaciones del signo lingüístico" (1966-1967).

en lo impreciso) metalingüístico. Pero ¿qué? Y ese *qué* a su vez, una vez identificado, ¿es susceptible de ser negado?

Condenado en adelante, sin remisión, a continuar hasta el final la redacción de este capítulo, lo haré de la siguiente manera: recordaré primero, brevemente, cómo se clasifican los metalenguajes, según su objeto y su forma. Intentaré, después, señalar algunas de las apariciones del concepto de metalenguaje en el texto de Lacan. Esto debería permitirnos al menos describir –si no explicar– la evolución de las posiciones de Lacan sobre este problema. En el curso de la descripción, tendremos siempre en la mente esta doble interrogación:

–¿Cuál es el tipo de metalenguaje que es objeto de la (de)negación lacaniana?

–¿Es la totalidad del metalenguaje lo que es negado por Lacan? ¿O es sólo alguno de sus aspectos? ¿Y cuál?

Pero tendremos el cuidado, al hacer estas preguntas, de no perder de vista que Lacan no es un lingüista, aunque ocurre en diversas partes que habla como un lingüista. Por cierto, el lenguaje que él tiene en perspectiva no es *en primer lugar* el lenguaje tal como está construido por los lingüistas, sino el lenguaje –¿cómo hacer aquí otra cosa que citar?– "como está estructurado el inconsciente". De allí la necesidad de tener siempre presente la distancia y la relación, al mismo tiempo, entre el lenguaje del cual se dice que no hay metalenguaje y el lenguaje por el cual los lingüistas construyen su(s) metalenguaje(s). Problema central: pues si no hay ninguna relación entre *el lenguaje* tal como lo entienden los lingüistas y *el lenguaje como está estructurado el inconsciente*, si los dos significantes son completamente homónimos, entonces la fórmula de Lacan no tiene más que un sentido cuanto más metafórico. Evidentemente, no es éste el caso. Y es esto, justamente, lo que hace difícil la respuesta a la doble pregunta que acaba de ser planteada más arriba.

A quien emprende el esfuerzo de hacer la clasificación de los metalenguajes se le impone de entrada una primera dicotomía: la de los *metalenguajes lógicos* y los *metalenguajes lingüísticos*. La dicotomía debe ser manipulada con precaución. Pues, históricamente, las teorizaciones de los metalenguajes lingüísticos han encontrado su origen en las de los metalenguajes lógicos. Y, además, no es imposible construir metalenguajes lingüísticos sobre el modelo de los metalenguajes lógicos. Vemos que la distinción es, pues, delicada. Por delicada que sea, no por ello deja de ser indispensable.

⌊En primer lugar, consideremos los metalenguajes lógicos. El objeto que ellos se dan es un lenguaje formal. Los elementos de un lenguaje formal no se confunden con los de un lenguaje natural: no son signos –uniones, eventualmente homónimas o sinónimas, de significantes y de significados– sino símbolos, asignados de manera biunívoca a objetos de pensamiento. Con respecto a este lenguaje-objeto, el metalenguaje interviene de dos maneras:

1] La lengua natural –el español, por ejemplo– funciona como metalenguaje en relación con el lenguaje formal, atribuyendo un estatus a cada símbolo. Así los símbolos $\forall$ y $\exists$ están respectivamente definidos *en la lengua natural* como "cuantificador universal" y "cuantificador particular". Estos símbolos se escriben. Pero pueden también leerse mencionando los cuantitativos de *la lengua natural* que son los más próximos a ellos: respectivamente *todo* y *algo*. Sin embargo, es notable que la ambigüedad bien conocida de estos cuantitativos se suprime: $\forall$, ya sea escrita o leída como *por todo*, no tiene todos los sentidos de *todo*.

2] Los metalenguajes lógicos funcionan unos con relación a los otros como metalenguajes, salvo, evidentemente, el primero, lengua-objeto pura. Constituyen de este modo una estratificación jerarquizada, fundada sobre la separación de diferentes estratos. Es la implicación del teorema de Tarski, según el cual la noción de verdad relativa a un sistema no puede ser formulada en el interior de ese sistema. Reflejo lingüístico de esta regla: la paradoja del mentiroso. Si no separamos los estratos del lenguaje-objeto y del metalenguaje, *yo miento* es necesariamente frase de uno y otro. En el momento en que digo *yo miento* (del metalenguaje), lo digo con respecto al *yo miento* del lenguaje-objeto: si miento diciendo que miento, digo la verdad. Pero como digo no decirla, sucede que miento. Y así sucesivamente. Si, inversamente, separamos los dos estratos, *yo miento*, exclusivamente metalingüístico, no recae sobre sí mismo. De donde cualquier y eventual efecto performativo de *yo miento* está bloqueado: decir *yo miento* no es efectuar el acto de mentir.⌋ Y, para anticiparnos un poco, señalemos –a medio camino entre la satisfacción y el asombro– que Lacan, ante la paradoja del mentiroso, quita la dificultad de una manera que parece homóloga, punto por punto, a la que acaba de ser recordada:

Se ve a las claras que el *yo miento*, pese a su paradoja, es perfectamente válido. En efecto, el *yo* que enuncia, el *yo* de la enunciación, no es el mismo que el *yo* del enunciado, es decir, el shifter que lo designa en el enunciado. Por consiguiente, desde el punto de donde yo enuncio, me es perfectamente posible formular con validez que el *yo* –el *yo* que en ese momento formula el enunciado– está mintiendo, que mintió poco antes, que miente después o incluso que, al decir *yo miento*, afirma que tiene la intención de engañar [1973*b*: 127 (1977: 146)].

Es cierto, la distinción está formulada en términos de sujeto de la enunciación y de sujeto del enunciado. Pero ¿quién no ve que la distinción operada de esta manera entre los dos *yo* se puede transponer de inmediato en términos de lenguaje-objeto, para el enunciado, y de metalenguaje –o, más precisamente de meta-discurso ¿y por qué no de metaenunciación?– para la enuncia-ción?

Ya lo señalamos: no hemos citado aquí más que el reflejo lin-güístico –a propósito de la paradoja del mentiroso– de la estructura de los metalenguajes lógicos. Las conclusiones, no obstante, siguen siendo válidas: los metalenguajes lógicos se construyen sobre el modelo de la *estratificación* (fundada a su vez sobre la distinción y la separación) y de la *jerarquización*.

Vayamos ahora a los metalenguajes lingüísticos, los cuales, como acabamos de entrever, provienen de los metalenguajes lógicos. Pa-rece que históricamente –ignoraremos aquí la muy larga prehisto-ria del concepto, anterior a que se manifestara en una palabra precisa– fue Hjelmslev el que introdujo el concepto en lingüística, señalando explícitamente su procedencia lógica (1968-1971: 138 y 150 [1974: 167-173]; sabemos que la primera edición, en danés, de los *Prolegómenos* se remonta a 1943). Pero las teorías lingüísticas del metalenguaje se pueden a su vez repartir entre dos clases, según que la metalengua sea interna o externa a la lengua-objeto. Del primer lado, Jakobson y Harris. Del segundo, Saumjan y Montague. En alguna parte entre los dos grupos está Hjelmslev, quien se pre-gunta con agudeza –pero, a menudo, de manera demasiado rápi-

da– sobre las relaciones de inclusión/exclusión entre la lengua-
objeto y la metalengua.⌐

1] LOS METALENGUAJES INTERNOS

Para Jakobson –y a reserva de un examen exhaustivo– parece que
la teoría del metalenguaje se reduce a una teoría de la función
metalingüística. Recordando también él el origen lógico del concepto, y reconociendo explícitamente que "el metalenguaje es una
herramienta lógica necesaria para el uso de los lógicos y de los
lingüistas" (1963: 217 [véase también 1976, en varios lugares, sobre
todo 43, 69 y 222-223 - T.]), se interesa esencialmente por el "rol
del metalenguaje en el lenguaje de todos los días" (*ibid.*). De allí
el célebre ejemplo de *el sophomore fue suspendido*, y del enervante
diálogo metalingüístico al cual da lugar. En la terminología que
propuse al comienzo del capítulo, Jakobson plantea la existencia
del metalenguaje y describe algunas secuencias de metadiscurso,
pero no se interesa por el problema de la metalengua. Como siempre, el silencio es ambiguo. ¿Significa esto que para él el metadiscurso tiene como sistema no una metalengua específica, sino la
lengua misma?
    En Harris, la teoría del metalenguaje no se reduce a la teoría
de la función metalingüística. La metalengua está planteada. Pero
está planteada como interna a la lengua-objeto: "La metalengua
está en la lengua [...] Cada lengua natural contiene su propia metalengua, es decir, el conjunto de las frases que permiten hablar
de una parte de la lengua, incluida la totalidad de la gramática"
(1971: 19).
    Este carácter interno de la metalengua está justificado de dos
maneras:
    a] Teóricamente: la distinción de la metalengua como exterior
a la lengua-objeto tendría como efecto un proceso de regresión "al
infinito", donde "cada lengua serviría para describir a otra lengua
encontrándose en el grado inferior, y así sucesivamente" (*ibid.*:
19-20). De paso, reconocemos aquí el argumento que, como hemos
visto más arriba, utiliza J.-A. Miller. Y necesariamente sigue siendo
igual de problemático. Pues Harris no puede evitar la observación
de que aun las frases metalingüísticas pueden a su vez dar lugar a

otras frases metalingüísticas: "A cada frase metalingüística le corresponde de nuevo una cantidad finita de frases producidas a propósito de ellas [...] y así sucesivamente de manera indefinida" (*ibid.*: 145).

¿Esto no es, acaso, reencontrar la noción de estrato, y, por ende, la necesidad de establecer una frontera entre lengua, metalengua, metametalenguaje, etc.? Harris resuelve el problema postulando que el conjunto de los metalenguajes son de la misma estructura que la lengua-objeto. En suma, la identidad de estructura le basta para plantear a las unas como internas a la otra. Naturalmente, la argumentación es discutible –y discutida: Desclés y Guentcheva-Desclés la califican de "conjetura" (1977: 17), indicando que la identidad de la estructura de los diversos metalenguajes apilados no está demostrada.

b] Sin embargo, es un hecho que, empíricamente, los sujetos hablantes reconocen las frases metalingüísticas como frases de la lengua: "'*Él se ha ido* es una frase' aparece empíricamente a su vez como frase" (1971: 144).

Entonces, es posible describir en la lengua todas las frases de la lengua, es decir, la lengua: "El conjunto de frases [es] un universo que se basta a sí mismo y no exige ninguna ciencia anterior" (1971: 155).

Creo que lo hemos comprendido: el proyecto de Harris es alojar al conjunto de los metalenguajes en la lengua misma. De allí la necesidad, si no de desestratificar –pues los diferentes niveles siguen siendo conceptualmente identificables–, al menos de desjerarquizar. Esta operación de desjerarquización deja huellas en el nivel de las transformaciones cuando ellas ponen en juego las frases metalingüísticas. Mostraré dos ejemplos:

–*La autonimia.* Para Harris, las expresiones entrecomilladas –es decir autonímicas– son producidas por una transformación morfofonémica que permite pasar de *él se ha ido es una frase* a *"él se ha ido" es una frase.*

Hay que reconocerlo: esta transformación es un poco rara. Primero porque las marcas orales de la autonimia son mucho más problemáticas que sus marcas escritas. Por otra parte –y sobre todo– porque la frase a dónde *él se ha ido* no está entrecomillada (es decir, no está marcada como autonímica) es francamente agramatical. A menos, claro, que se suponga que sea autonímica sin marca de autonimia. Aquí, no es más a Miller sino a Milner a quien encontramos. Éste señala sin equívoco la relación entre la autonimia y sus marcas, específicamente las comillas: "Las comillas son una invención técnica del orden de la escritura, algo que hablando con propiedad no existe en la lengua. ¿Por qué? Porque la mención y el uso son siempre indistinguibles" (1984*b*: 21).

Esta indistinción entre el uso (*París es la capital de Francia*) y la mención (*"París" es una palabra de dos sílabas*) no es nada más, lo sabemos, que uno de los aspectos de la inexistencia del metalenguaje. Por el hecho mismo de que en una etapa de la historia transformacional de las frases metalingüísticas él considera esta forma de indistinción, Harris se encuentra con Lacan, o, de una manera más general, con toda teoría fundada sobre la (de)negación del metalenguaje.

–*Las glosas metalingüísticas.* Éstas afectan, en las frases de la estructura desarrollada, aspectos igualmente extraños. Por ejemplo, *el sophomor fue suspendido* (viejo ejemplo jakobsoniano) es presentado como resultante de una transformación por borramiento asentada en *el sophomore fue suspendido y un sophomore significa un estudiante de segundo año en el sistema educativo estadunidense.* La posibilidad misma de trenzar con *y* una frase de la lengua-objeto y su glosa metalingüística manifiesta el aniquilamiento que hace Harris de la distancia que las separa en una teoría que plantea la jerarquización de los diferentes estratos del lenguaje. De golpe, la gramaticalidad de la frase obtenida es dudosa.

Como se comprenderá sin duda, no tengo para nada pensado rebatir la posibilidad de hacer aparecer frases agramaticales en las secuencias de la estructura desarrollada. Simplemente quiero mostrar que esos dos fenómenos de agramaticalidad (o de dudosa gramaticalidad) son el indicio, en su especificidad, de la operación de desjerarquización de los dos (o más) niveles del lenguaje a la cual Harris se aplica. Operación que le hace presentir –*avant la lettre*– el aforismo lacaniano.

2] LOS METALENGUAJES EXTERNOS

Me limitaré a caracterizarlos en pocas palabras y de manera suficientemente general como para abarcar sin demasiada inexactitud construcciones tan diferentes como las de Saumjan[5] y de Monta-

[5] Véase Desclés y Guentcheva-Desclés, 1977.

gue.[6] ¿Cuál es la razón de este laconismo? Ella se encuentra en la imposibilidad absoluta de articular, de la manera que sea, los aparatos teóricos de este tipo con la reflexión lacaniana. Esta imposibilidad se podrá constatar señalando, por ejemplo, los dos aspectos siguientes:

a] Los metalenguajes externos toman el aspecto de sistemas de cálculo, cuyo único punto de contacto con la lengua o lenguas es precisamente que las tienen por objeto. A excepción de este rasgo, no hay ningún otro punto de contacto: estamos precisamente en los antípodas de la metalengua harrisiana... y del postulado lacaniano.

b] Los metalenguajes externos proceden a una manipulación de la lengua o lenguas-objeto que tiene por función, por ejemplo, desambigüizar las secuencias ambiguas. De suerte que al término de esta manipulación el objeto descrito es una mezcla de lengua natural y de lengua formal: nada más alejado de la lengua en el sentido harrisiano, y más aún de lalengua, sin espacio entre el artículo y el nombre, en el sentido lacaniano.

3] EL METALENGUAJE HJELMSLEVIANO

A diferencia de las elaboraciones de Saumjan y de Montague, las descripciones –por otra parte muy anteriores– de Hjelmslev tienen un carácter esencialmente programático. No por ello dejan de señalar las direcciones esenciales de la reflexión. Hjelmslev hace una distinción rigurosa entre dos aspectos de la metasemiótica, es decir, ¿es necesario recordarlo?, del metalenguaje:

a] Para comenzar, la metasemiótica se opone a la semiótica connotativa en cuanto a que ella tiene como plano de contenido a una semiótica (es decir, un lenguaje), mientras que la semiótica connotativa tiene una semiótica como plano de expresión (1971: 150 [1972: 56 y 1974: 167]). Es la definición exótica del metalenguaje hjelmsleviano, tal como fue difundida por Barthes en los *Elementos de semiología* en 1964 [1974].

b] Habida cuenta de la imposibilidad de dar una definición for-

---

[6] Véase Mouloud, 1979.

mal de los conceptos de expresión y de contenido, Hjelmslev sustituye este primer enfoque del problema por una definición fundada sobre el concepto de *operación*, a su vez definido como "descripción acorde con el principio de empirismo". De allí la oposición
entre las *semióticas científicas* –que son *operaciones*– y las *semióticas
no científicas* –que no son *operaciones*. Desde este nuevo punto de
vista, "definimos la metasemiótica como aquella semiótica científica en la cual uno o más de sus planos es una semiótica o semióticas" (1968-1971: 151 [1974: 167]).

Uno de los aspectos de la reflexión hjelmsleviana que permiten
señalar las relaciones entre semiótica-objeto y metasemiótica es el
estudio de la forma de las metasemióticas. Hjemslev comienza por
plantear que "una metasemiótica será (o podrá ser) total o parcialmente idéntica a su objeto semiótico" (1968-1971: 152 [1974: 168];
compárese con Harris). Ubica a continuación la metasemiología,
que es la "metasemiótica científica cuyas semióticas-objeto son semiologías" (*ibid.*: 151 [168]), siendo la lingüística misma una semiología. Es a la metasemiología a la que le corresponde la tarea de
describir la terminología de las semiologías, principalmente de la
lingüística. Es, entonces, en ese momento en el que interviene el
estudio de las relaciones entre los términos de las semióticas de
tres niveles: la semiótica-objeto (es decir, la lengua), la semiología
(es decir, la lingüística, metalenguaje de primer nivel) y la metasemiología (metalenguaje de segundo nivel). Nos damos cuenta de
que Hjelmslev no traza frontera entre la terminología (y menos
aún entre la sintaxis) de las semióticas de los diferentes niveles. La
única excepción que concede a la metasemiología es la existencia
de "términos que no se toman de una lengua" (*ibid.*: 153 [169];
subrayamos el salto operado por encima de la lingüística). Incluso
precisa inmediatamente que esos términos específicos "han de tener una estructura de la expresión que esté de acuerdo con el
sistema de la lengua" (*ibid.*). Ellos están, entonces, con respecto a
la lengua, en una situación ambigua: a la vez conformados a su
sistema (es decir, *en* la lengua) y exteriores a ella (ya que "no se
toman de una lengua"). ¿Es posible aquí seguir el discurso de
Hjelmslev –quien, como sabemos, anuncia –en el título– su carácter
programático? Prudentemente: ¿qué impide considerar que esos
términos específicos, llegados de otra parte, vuelvan inmediatamente a la lengua? Nada se opone a ese retorno, ya que están
conformados a su sistema de expresión.

Es evidente sin duda que si bien Hjelmslev ubica –aunque sea con otros nombres– los conceptos que he designado más arriba como metalenguaje y metadiscurso, es mucho más reservado con respecto a la metalengua, a la que concede, mínimamente, una exterioridad parcial (limitada a una parte de su terminología) y, quizás, provisional. De suerte que, como observamos con cierta sorpresa, no hay incompatibilidad absoluta entre el análisis hjelmsleviano y el axioma lacaniano "no hay metalenguaje" –suponiendo que sea posible leerlo como "no hay metalengua".

De este modo, se encuentra ya ubicado lo que está amenazado de (de)negación: el metalenguaje. Queda ahora por estudiar la (de)negación misma. Sabemos que proviene de varias direcciones. Por ejemplo, Wittgenstein –que, salvo error, no utiliza la palabra *metalenguaje*– señala la imposibilidad de construir un segundo lenguaje: "Cuando hablo de lenguaje (palabra, oración, etc.), tengo que hablar el lenguaje de cada día. ¿Es este lenguaje acaso demasiado basto, material, para lo que deseamos decir? ¿Y cómo ha de construirse entonces otro?" (*Investigaciones filosóficas*, 1988: 127, parágrafo 120). Y, de manera a la vez más explícita y más problemática:

Pudiera pensarse: si la filosofía habla del uso de la palabra "filosofía", entonces tiene que haber una filosofía de segundo orden. Pero no es así; sino que el caso se corresponde con el de la ortografía, que también tiene que ver con la palabra "ortografía" sin ser entonces de segundo orden [*ibid.*: 127].

La fórmula, hay que reconocerlo, es un poco extraña. Pues no se pregunta sobre el estatus –eventualmente "de segundo grado", es decir, metalingüístico– de la ortografía cuando no se ocupa de la palabra *ortografía*. Pero sea lo que sea, constatamos que la posibilidad misma del discurso de la ortografía (respecto a *ortografía* o a cualquier otra palabra) no está cuestionada: Wittgenstein procede entonces a un cuestionamiento de la metalengua, no del metadiscurso.

A decir verdad, la actitud de Wittgenstein parece afectar bastante poco a los lingüistas. En compensación, se sienten vivamente atacados por la (de)negación lacaniana, por lo que, en adelante, sólo pondré en ella mi interés.

La actitud de Lacan con respecto al metalenguaje es mucho más compleja de lo que la hacen aparecer las repetitivas citas, hechas por sus lectores, de la (de)negación "no hay metalenguaje".

Conviene primero señalar que Lacan no siempre ha negado la existencia del metaleguaje. No es necesario tampoco remontarse muy atrás en la evolución de su reflexión para encontrar, de manera tan explícita como es posible, la utilización del concepto de metalenguaje: "Todo lenguaje implica un metalenguaje, es ya metalenguaje en su propio registro. Es porque todo lenguaje es virtualmente traducible por lo que implica metafrase y metalengua, el lenguaje hablante del lenguaje" (1981: 258; este *Seminario* es el de 1955-1956 [versión traducida de la cita que hace el autor]).*

Hemos visto un poco antes que Hjelmslev parecía acercarse a Lacan. ¡Y ahora es Lacan quien parece acercarse a Hjelmslev! Al punto de salirle al cruce: pues no parece que halle diferencia de estatus entre el metadiscurso (de esta manera leo yo *metafrase*) y la metalengua.

Hay que reconocerlo: el empleo del concepto de metalenguaje que hace Lacan crea problemas. No vemos en principio cómo se articula con la (de)negación, que le es prácticamente contemporánea. Las cosas se complican todavía más por el establecimiento de una oposición entre *metafrase* y *paráfrasis*, en donde la *paráfrasis* parece estar ubicada *fuera* del metalenguaje (*ibid.*: 254 [321]). No podemos más que formular una hipótesis, ya perfilada, anteriormente, con respecto a Miller: ocurre que plantear de entrada al lenguaje como metalenguaje es tanto como, de pasada, rehusar plantearlo como lenguaje-objeto. Es decir, de alguna manera "no hay lenguaje-objeto". Y como lenguaje-objeto y metalenguaje están definidos por sus relaciones recíprocas, negar la existencia de uno, es necesariamente, en el mismo movimiento, negar la existencia del otro.

Esta hipótesis se halla confirmada por los análisis de Lacan sobre "la extraordinaria y *aterradora* fecundidad" con la que el lenguaje

---

* La siguiente es la versión en español del *Seminario III*, 1984: 325-326: "Lo importante no es que la similitud esté sostenida por el significado –todo el tiempo cometemos este error– sino que la transferencia del significado sólo es posible debido a la estructura misma del lenguaje. Todo lenguaje implica metáfrasis y metalengua, el lenguaje que habla del lenguaje, porque debe virtualmente traducirse." [T.]

"se reproduce en el interior de sí mismo" (*ibid.*; cursivas mías). Prosigue un juego de palabras etimológico que aparenta –de manera históricamente discutible, pero ¿qué importa?– *prolijidad* y *proliferación*:

No por nada la palabra *prolijidad* es la misma palabra que *proliferación*. *Prolijidad* es la palabra aterradora [...] En realidad, observarán que hay verbalismo cuando se comete el error de otorgarle demasiado peso al significado, mientras que toda operación lógica adquiere su verdadero alcance avanzando en el sentido de la independencia del significante y del significado [*ibid.* (326)].

Se perfila aquí el establecimiento de una relación –anunciada en el capítulo 1– entre la problemática del metalenguaje y la del significante. ¿Cómo podría ser que no estuvieran ligadas? Pues la diferencia que separa al lenguaje-objeto del metalenguaje es el análogo (la "reproducción", para citar a Lacan) de la diferencia que, en la matriz del signo, separa el significado del significante: aquí Lacan se encuentra otra vez con Hjelmslev. Cuando definimos el significante por su "autonomía" con relación al significado –cuando, para citar literalmente, "toda operación lógica adquiere su verdadero alcance avanzando en el sentido de la independencia del significante y del significado"–, desplazamos al mismo tiempo los conceptos inseparables de significante y de metalenguaje. En este desplazamiento conjunto es fácil señalar dos indicios. El primero no es otro que la alusión a las matemáticas, que "utilizan un lenguaje de puro significante, un metalenguaje por excelencia" (*ibid.*; este sueño del "metalenguaje por excelencia" reaparece periódicamente en la obra de Lacan: lo señalaré más adelante).

El segundo indicio está constituido por la definición específica que Lacan da del concepto de *autonimia*. En lingüística, la *autonimia* es –unánimemente– el uso del signo para designarse a sí mismo en tanto que signo: significante y significado. Ciertamente, nada impide, según las necesidades, poner el acento sobre una u otra faz, considerar con preferencia el significante *o* el significado; pero, cuando ello se haga, el otro término estará siempre presente de manera implícita. En Lacan no hay nada de eso: la autonimia es específica y exclusivamente la designación del significante: "se trata de algo bastante vecino a esos mensajes que los lingüistas llaman *autónimos* por cuanto es el significante mismo (*y no lo que significa*) lo que constituye el objeto de la comunicación" (1966: 357 [1984: 519-520]; cursivas mías; se observará la apelación –francamente un poco engañosa– a la autoridad de los "lingüistas", que, salvo que me equivoque, jamás han dicho nada semejante).

No debería extrañarnos que, poco después en el mismo texto, esta "relación del mensaje consigo mismo" sea dada como "singular, pero normal" (*ibid*.: 538 [520]), pues si bien es cierto que "todo lenguaje es metalenguaje", la autonimia –que no es otra cosa que el aspecto reflexivo del metalenguaje– no debería ser más que "normal".

Las cosas se complican rápidamente, incluso cuando al comienzo resulta –paradójicamente– bastante cómodo conciliar el aserto "todo lenguaje es metalenguaje" con las primeras formas que toma el cuestionamiento del metalenguaje. Podemos encontrar una primera manifestación de esto ya desde 1953, en "Variantes de la cura-tipo" (1966: 352-353 [1989: 338-339]). Es –salvo error u olvido– en un texto producto del *Seminario* de 1955-1956 –"Sobre una cuestión preliminar a todo tratamiento posible de la psicosis"– donde aparece por primera vez una mención explícita al *metalenguaje* (no señalada en el Index raisonné de J.-A. Miller) y una alusión a la "impropiedad de esa noción si apuntase a definir elementos diferenciados en el lenguaje" (1966: 538 [1984: 520]). Vemos así que lo que está aquí presentado como "impropio" no es más que lo que está separado del metalenguaje, "diferenciado" con relación al lenguaje-objeto, o sea, lo que anteriormente propusimos llamar *metalengua*. Ahora bien, vimos que negar la metalengua no es negar el metalenguaje. Es posible entonces –y es, en mi opinión, lo que hace Lacan– afirmar, a la vez y sin contradicción, que "todo lenguaje es metalenguaje" y "que no hay metalengua".

¿Será, pues, que la dificultad estaría, simplemente, en una particularidad del léxico lingüístico de Lacan que consiste en la falta de una distinción lingüística entre metalenguaje y metalengua? Podemos tratar de ver así las cosas, aunque, como observamos anteriormente y lo volveremos a hacer, Lacan suele recurrir al significante *metalengua*. Pero la posición no es fácil de sostener hasta el final.

Es exacto, en efecto, que en numerosos puntos del texto de Lacan la (de)negación "no hay metalenguaje" da lugar a precisiones que limitan su alcance. Pero también es exacto que estas precisiones –que no son siempre idénticas– no tienen necesariamente co-

mo efecto aislar a la sola metalengua como objeto de la (de)ne-
gación.

De este modo, en "Subversión del sujeto y dialéctica del deseo"
–texto de 1960– la (de)negación está limitada de la siguiente manera:

⌐"No hay metalenguaje que pueda ser hablado" (1966: 813 [1984:
793]). Aserción problemática, pues lo que "es hablado" es el discurso, ¿y no es el discurso la utilización de la lengua por el sujeto
hablante? Así, lo que se recusa aquí es, aparentemente, el metadiscurso. Subsiste del metalenguaje lo que no ha sido hablado para
existir: la metalengua. Tal es al menos una de las lecturas posibles
de esta frase. Porque hay otra, la que consiste en entender *ser hablada* ya no en relación con *no ser hablada*, sino en relación con *ser
escrita*. Lo que estaría aquí implícitamente planteado no sería otra
cosa que "el ideal metalenguaje": aquel que no tiene que "ser hablado" (y que por otra parte no puede serlo), en una palabra, la
"formalización matemática". Es "de lo escrito". Pero –vean, vean
cómo gira la máquina– "ninguna formalización de la lengua es
transmisible sin el uso de la lengua misma" (1975: 108 [1981: 144]).
De suerte que la existencia de este metalenguaje se encuentra en
una situación ambigua: a la vez garantizado por el hecho de que
no hace más que escribirse, y amenazado por el hecho de que exige
ser dicho: "a esta formalización, ideal metalenguaje, la hago existir por mi decir" (*ibid.*).

En "L'étourdit" la (de)negación accede al estatuto de autocita-
ción (autonímica, necesariamente). La limitación a la cual da lugar
es otra completamente distinta: "Pues, insisto en ello una vez más,
'no hay metalenguaje' tal que alguna de las lógicas, por armarse
de la proposición, lo pueda usar de báculo (que cada una se quede
con su imbecilidad)" (1973: 6 [1984: 19]).

Aquí ya no hay lingüística: son, evidentemente, los metalenguajes lógicos los que están cuestionados, y devueltos, faltos de sostén,
a su imbecilidad. ¿Habrá que entender, por lo tanto, que la existencia de los metalenguajes lingüísticos está salvaguardada? Nos
encontramos inevitablemente retrotraídos a la problemática –abordada anteriormente– de las relaciones entre metalenguajes lógicos
y lingüísticos.

Sería posible continuar más largamente este análisis de las limitaciones aportadas por Lacan al alcance de su (de)negación. Pues
es finalmente bastante raro que se presentara con la forma canó-

nica de la máxima no limitativa. Y aun cuando fuera el caso, no es
a decir verdad más que la frase misma la que no implica limitación:
cada vez que el contexto se hace un poco más amplio permite
observar precisiones y atenuaciones. Aquí no haré más que remitirme a dos apariciones del aforismo: 1966: 867 [1984: 846] y 1975:
107 [1981: 143], señalando que en los dos casos la (de)negación se
da en la cercanía de otras manifestaciones de la fórmula, ellas mismas sometidas a limitaciones de alcance.

Se comprende, pues, que la (de)negación lacaniana del metalenguaje está lejos de ser unívoca. En cada una de las acepciones que
se le pueda dar, con la mayor frecuencia da lugar a atenuaciones.
¡Qué diferencia, a este respecto, entre Lacan y algunos de sus dis-
cípulos, que reiteran el refrán a lo largo de páginas y páginas!

Polémicas de hojarasca. Vuelvo a Lacan, para señalar que a partir
–salvo error– de 1975 el concepto precedentemente negado –en
las condiciones que acabamos de ver– *casi* cobra existencia. Es lo
que se observa por ejemplo en *Encore*: "Debo decir, no obstante,
qué hay de metalenguaje, y en qué se confunde con la huella dejada
por el lenguaje" (1975: 110 [1981: 146]).

...o, de manera quizá todavía más explícita, en un fragmento del
texto "Nomina non sunt consequentia rerum": "El metalenguaje,
lo hago casi advenir" (1978: 7).

...y finalmente este retorno sobre la (de)negación anterior:

No podemos hablar de una lengua más que en otra lengua. Dije antes que
no hay metalenguaje. Hay un embrión de metalenguaje, pero uno se des-
liza siempre, por una simple razón, porque yo no conozco de lenguaje
más que una serie de lenguas encarnadas. Nos esforzamos por alcanzar
el lenguaje por medio de la escritura. Y la escritura no da algo más que
lo que dan las matemáticas, pues ahí operamos por la lógica formal, es
decir, por extracción de un cierto número de cosas que uno define principalmente como axiomas. Ésas son letras que uno extrae así [1979: 20].

Ya hicimos notar que el *lo que hay* del primer fragmento, el *casi*
del segundo y el *embrión* del tercero son, en esas frases positivas,
la contrapartida de atenuantes y limitaciones de la (de)negación
de antes. Y vemos también que la existencia del metalenguaje está
ligada a la escritura: nos vemos, entonces, llevados nuevamente al
torniquete que ya he señalado en las pp. 186-188.

En este punto el lingüista se condena al silencio: el carrusel infinito del discurso y de la escritura lo deja sin voz. El psicoanalista posiblemente tendría algo que agregar. Fingiré tomar la palabra en su lugar. Y lo haré en dos direcciones sucesivas.

1] Como hemos observado a partir de los fragmentos citados a lo largo de este capítulo, Lacan no designa nunca claramente el lenguaje-objeto del cual se dice que no hay metalenguaje. Y esto es así incluso cuando llega –aunque a decir verdad en un punto muy aislado– a distinguir entre *metalenguaje* y *metalengua* (y aun *metadiscurso*, presente detrás de *metafrase*). Sabemos que Lacan llegó incluso a interrogar a Julia Kristeva (que lo recuerda en 1980: 59), pero no sobre el metalenguaje, sino sobre la metalengua (1979: 20). Aquí surge una respuesta: ¿este lenguaje-objeto no será el lenguaje como está estructurado el inconsciente? Y ese lenguaje, a su vez, ¿será otra cosa que lalengua? No hago aquí más que citar "L'étourdi", donde se lee sin sombra de equívoco la equivalencia entre un *lenguaje* (sobre cuyo modelo está estructurado el inconsciente) y *Lalengua*: "Este decir no procede más que del hecho de que el inconsciente, por estar 'estructurado *como* un lenguaje', esto es, lalengua que habita, está sujeto al equívoco con que cada una se distingue" (1973: 47 [1984: 63]; compárese este fragmento con el texto citado en las pp. 76-77).

Aquí parece aclararse todo: es de lalengua de la que no hay metalenguaje. Arriesgo, pues, el neologismo: no hay *lametalengua*, en una palabra. En cuanto a la lengua, no se ve para nada afectada por la (de)negación del metalenguaje que la toma como objeto.

Nauralmente, esto sería demasiado simple. Y el psicoanalista, a su vez, corre el riesgo de ser arrastrado a otro carrusel: el del nudo borromeo. Pues, como es evidente, no es posible desunir *la lengua* de *lalengua*. Me limitaré aquí a citar a Milner, que en este punto es un excelente lector de Lacan: "De este modo todo parece simple: lalengua es real, el lenguaje es imaginario, la lengua es simbólica. Sin embargo, todo es muy complicado: en sentido estricto, ya que se trata de repliegues apilados" (1983: 40).

Creo que lo hemos comprendido bien: aun si es cierto que el lenguaje del cual se ha dicho que no hay metalenguaje es el lenguaje como está estructurado el inconsciente –es decir lalengua–, no por eso la lengua misma se encuentra al resguardo de la denegación del metalenguaje que la tiene por objeto.

2] De manera tan explícita como es posible, la (de)negación del metalenguaje está ligada a la problemática de la represión original (*Urverdrängung*):

Esta falta de lo verdadero sobre lo verdadero, que necesita todas las caídas que constituye el metalenguaje en lo que tiene de engañoso, y de lógico, es propiamente el lugar de la *Urverdrängung*, de la represión originaria que atrae a ella todas las demás, sin contar otros efectos de retórica, para reconocer los cuales no disponemos sino del sujeto de la ciencia [1966: 868 (1984: 846)].

Nos vemos aquí remitidos a la problemática de la represión y de su objeto, y por ende a la problemática de la equivalencia (o de las relaciones) entre los conceptos freudianos de *representante* y de *representante de la representación* (*Vorstellungsrepräsentanz*) y el concepto lacaniano de *significante*. Estos problemas fueron vistos en el capítulo anterior (pp. 165-166). Agreguemos esto: si, como dice explícitamente Lacan, la *Vorstellungsrepräsentanz* es efectivamente el significante lacaniano, es éste el significante que es objeto de la represión originaria. ¿Y cómo sería posible que hubiera metalenguaje de este significante originalmente reprimido?

EPÍLOGO

Epílogo y no conclusión. Pues se habrá notado seguramente que no es posible "concluir", es decir, aportar bajo forma de sentencias, afirmativas o negativas, respuestas a las preguntas que han sido planteadas en este libro. Y sería falsear el sentido de las palabras pretender que una interrogación pueda pasar por una conclusión.

El problema que ha sido planteado, incesantemente, es el de las relaciones entre conceptos pares, eventualmente homónimos, que utilizan por un lado los lingüistas, y, por otro, los psicoanalistas. ¿Tendrá algo que ver el símbolo concebido por Saussure y Hjelmslev con el símbolo freudiano? ¿Las palabras de las cuales hablan los lingüistas –comenzando por los lingüistas que consulta Freud: Abel y Sperber– presentan las mismas propiedades que los símbolos del sueño? ¿La doble relación –homonímica y genealógica– que unió el significante lacaniano al significante saussuriano tiene por efecto confundirlos en un único concepto? El interrogante toma sin duda una forma más insistente todavía (¿más dramática?) en el último capítulo: pues ¿será acaso que las idas y venidas de Lacan entre la instauración –ambigua– del metalenguaje, su (de)negación –pero limitada, muy a menudo, y como tímida, a veces– y finalmente el último retorno a la noción de metalenguaje –es cierto que bajo una forma "embrionaria"– testimonian la evidencia de las incertidumbres exactamente paralelas sobre qué estatus darle al concepto de lenguaje: ¿el lenguaje como lo que da lugar al discurso? o ¿el lenguaje como el modelo sobre el que está estructurado el inconsciente? Sobre todo: ¿cuál es la relación entre estos dos objetos?

Realmente, ¿hay que asombrarse de no haber resuelto estos problemas? No obstante, la indagación –es al menos de lo cual creo poder jactarme– no habrá sido inútil. He procedido de la manera en que la propia investigación parecía imponerse: tratando de atravesar la pared que separa a la lingüística y al psicoanálisis por las dos aberturas, que entre los distintos conceptos, señalan sin ambigüedad los fenómenos de homonimia. Y esto lo he hecho sin perpetrar ninguna violencia: las puertas no están para ser forzadas, lo que no quiere decir que se abran de entrada. Un delicado trabajo de cerrajería conceptual debe ser emprendido en cada momento. Una vez abierto el camino, se lo descubre sinuoso y lleno de obstáculos. Es precisamente en esas sinuosidades y en esos obstáculos donde los conceptos de las dos disciplinas se encuentran entre sí. Tal encuentro ocurre de manera más íntima y más precisa que si ellos dieran lugar a un desahogo sin control.

¿Fusionar las dos disciplinas? Algunos han pensado en ello, sobre todo por el lado de los psicoanalistas, y, a menudo, bajo la forma de una disolución completa de la lingüística. Ese sueño permanece siendo un sueño. Aunque perforada por aberturas, la pared está intacta. He creído, en la introducción, poder denominarla porosa. Aunque para describir esta porosidad –posiblemente se lo ha percibido, aquí y allá, en algunas fallas del discurso- haría falta, sin duda, otros métodos. Pero ya lo hemos señalado: esta obra se titula *Lingüística y psicoanálisis*. Con esa elección quise insistir sobre el hecho de que los objetos descritos son aquellos del metadiscurso de los lingüistas y del metadiscurso de los psicoanalistas –me permito esta expresión, corriendo el riesgo de volver a poner en marcha el torniquete del metalenguaje. Faltaría ahora por describir los objetos mismos del lenguaje y del inconsciente. Ello sería objeto de otro libro (¿pero escrito por quién?), susceptible de llevar legítimamente este otro título: *Lenguaje e inconsciente*.

BIBLIOGRAFÍA

ADVERTENCIAS DEL AUTOR SOBRE LA BIBLIOGRAFÍA

Sólo son citados en idioma original los textos alemanes que no han sido traducidos al francés, por ejemplo los artículos de Carl Abel y de Hans Sperber. No es el caso para ninguno de los trabajos de Freud utilizados, que clasificamos según el orden cronológico de su publicación en alemán además de agregar la referencia de la traducción francesa según la cual fueron citados, según uno de los dos modelos siguientes:
- para una obra: Freud, Sigmund, 1891, *Contribution à la théorie des aphasies*, París, PUF, 1984;
- para un artículo: Freud, S., 1916, "Una relación entre un símbolo y un síntoma", en *Résultats, idées, problèmes* I, París, PUF, 1984.
La edición alemana utilizada para las verificaciones es *Gesammelte Werke*, Frankfurt/Main, S. Fischer, 18 volúmenes.

INDICACIONES BIBLIOGRÁFICAS SOBRE LA VERSIÓN ESPAÑOLA

Se ha respetado el modelo que sigue el autor. En el caso de haber encontrado la obra citada en español, se agrega entre corchetes a continuación. Para las obras de Freud, se han utilizado las *Obras completas*, Amorrortu, Buenos Aires, 1976, 4a. ed., 1992 (ordenamiento, comentarios y notas de James Strachey, con la colaboración de Anna Freud, traducción del alemán de José Luis Etcheverry, en 24 volúmenes) de manera que, siendo siempre la misma fecha, se agrega, además del título, solamente el volumen al que pertenece el texto citado (en el texto se agregan las páginas donde se encuentran las citas).

Abel, Carl, 1884-1885, "Über den Gegensinn der Urworte", primero separadamente, luego en *Sprachwissenschaftliche Abhandlungen*, Leipzig, pp. 313-367.
——, 1885, "Über den Ursprung der Sprache", *Sprachwissenschaftliche Abhandlungen*, pp. 285-309.

D'Arco Silvio Avalle, 1973, "La sémiologie de la narrativité chez Saussure", en Charles Bouazis (ed.), *Éssais de la théorie du texte*, Galilée, pp. 19-49.

Arrivé, Michel, 1972, *Les langages de Jarry*, París, Klincksieck.

——, 1976, *Lire Jarry*, Bruselas/París, Complexe/PUF.

Arrivé, M., Françoise Gadet y Michel Galmiche, 1986, *La grammaire d'aujourd'hui, guide alphabétique de linguistique française*, París, Flammarion.

Auroux, Sylvain, 1979, "Catégories de métalangages", *Histoire, épistémologie, langage* I, 1: 3-14.

Barthes, Roland, 1964, "Éléments de sémiologie", *Communications* 4: 31-135 ["Elementos de semiología", *Rev. Comunicaciones* 4, 1974, Buenos Aires, Tiempo Contemporáneo, pp. 15-79].

——, 1967, *Le système de la mode*, París, Seuil [*Sistema de la moda*, Barcelona, Gustavo Gili, 1978].

Beigbeder, Olivier, 1957, *La symbolique*, París, PUF, Que Sais-je? [*La simbología*, Barcelona, Oikos-tau ed., ¿Qué sé?, 1971].

Benveniste, Émile, 1966, *Problèmes de linguistique générale*, París, Gallimard [*Problemas de lingüística general*, México, Siglo XXI, 1976].

——, 1969, "Sémiologie de la langue", *Semiotica* I, 1: 1-12, y I, 2: 127-135 ["Semiología de la lengua", en *Problemas de lingüística general* II, México, Siglo XXI, 1977, pp. 47-69].

——, 1970, "L'appareil formel de l'énonciation", *Langages* 17: 12-18 ["El aparato formal de la enunciación", en *Problemas de lingüística general* II, México, Siglo XXI, 1977, pp. 82-91].

Breton, André, 1950, *Anthologie de l'humour noir*, París, Sagittaire [*Antología del humor negro*, Barcelona, Anagrama, 1972].

Breuer, Joseph, véase Freud, 1895.

Chemama, Roland, 1979, "L'expérience du proverbe", *Ornicar?* 17-18: 43-53.

Chomsky, Noam, 1972, "La forme et le sens dans le langage naturel", en N. Chomsky, R. Jakobson y M. Halle, *Hypothèses, change*, París, Seghers/Laffont, pp. 127-151.

——, 1981, "L'inconscient et le langage", *Spirales* 1: 61.

Cohen, David, 1970, "Addād et ambiguïté linguistique en arabe", en *Études de linguistique sémitique et arabe*, La Haya/París, Mouton, pp. 79-100.

Colectivo, 1984, "La forclusion - Die Verwerfung", *Le Discours Psychanalytique* 10: 65-68.

Coquet, Jean-Claude, 1979, "Prolégomènes à l'analyse modale (fragments). Le sujet énonçant", *Actes Sémiotiques* 1, 3: 1-14 ["El sujeto enunciante", en *Sentido y significación*, México, Premiá, 1987, pp. 82-90].

——, 1984, *Le sujet et son discours*, 1, París, Klincksieck.

Courtés, Joseph, véase A.-J. Greimas.

Culioli, Antoine, 1968, "À propos du genre en anglais contemporain", *Les langues modernes* 3: 326-334.

Desclés, Jean-Pierre, 1973, "Linguistique et formalisation", en Pottier (ed.), 1973, pp. 304-323.

Desclés, J.P. y Zlatka Guentcheva-Desclés, 1977, "Métalangue, métalangage et métalinguistique", *Documents de travail*: 60-61, Urbino.
Dor, Joël, 1985, *Introduction à la lecture de Lacan*, París, Denoël.
Dubois, Jean, 1969, "Enoncé et énonciation", *Langages* 13: 100-110.
Dubois, Jean *et al.*, 1973, *Dictionnaire de linguistique*, París, Larousse.
Ducrot, Oswald y Tzvetan Todorov, 1972, *Dictionnaire encyclopédique des sciences du langage*, París, Seuil [*Diccionario enciclopédico de las ciencias del lenguaje*, Buenos Aires, Siglo XXI, 1974].
Ducrot, O., 1980, "Enonciation", en *Encyclopaedia Universalis*, Supplément, vol. I, pp. 529-531.
Faye, Jean-Pierre, véase M. Ronat.
Fischer-Jørgensen, Eli, 1965, "Louis Hjelmslev, 1899-1965", *Acta Linguistica Hafnensia* IX: i-xxii.
Forrester, John, 1984, *Le langage aux origines de la psychanalyse*, París, Gallimard [*El lenguaje y los orígenes del psicoanálisis*, México, Fondo de Cultura Económica, 1989].
François, Frédéric (ed.), 1980, *La linguistique*, París, PUF.
Freud, Sigmund, 1891, *Contribution à la théorie des aphasies*, París, PUF, 1984 [*La concepción de las afasias*, vols. I, II y III].
——, 1894, "Les psychonévroses de défense", en *Névrose, psychose et perversion*, PUF, 1973, pp. 1-14 ["La neurosis de defensa", vol. III].
Freud, S. y Joseph Breuer, 1895, *Études sur l'hystérie*, París, PUF, 1956 [*Estudios sobre la histeria*, vol. II].
Freud, S., 1896, "L'étiologie de l'hystérie", en *Névrose,...*, pp. 83-112 ["La etiología de la histeria", vol. III].
——, 1900, *L'interprétation des rêves*, París, PUF, 1926 [*La interpretación de los sueños*, vols. IV y V].
——, 1901, *Psychopathologie de la vie quotidienne*, París, Payot, 1922 [*Psicopatología de la vida cotidiana*, vol. VI].
——, 1905a, *Le mot d'esprit et ses rapports avec l'inconscient*, París, Gallimard, 1953 [*El chiste y su relación con el inconsciente*, vol. VIII].
——, 1905b, "Fragment d'une analyse d'hystérie: Dora", en *Cinq psychanalyses*, París, PUF, 1954, pp. 1-91 ["Fragmento de análisis de un caso de histeria", vol. VII].
——, 1909a, "Analyse d'une phobie chez un petit garçon de cinq ans: Le petit Hans", en *Cinq psychanalyses*, pp. 93-198 ["Análisis de la fobia de un niño de cinco años", vol. X].
——, 1909b, "Remarques sur un cas de névrose obsessionnelle: L'homme aux rats", en *Cinq psychanalyses*, pp. 199-261 ["A propósito de un caso de neurosis obsesiva", vol. X].
——, 1910, "Des sens opposés des mots primitifs", en *Essais de psychanalyse appliquée*, Gallimard, 1933-1971, pp. 59-67 ["Sobre el sentido antitético de las palabras primitivas", vol. XI].
——, 1911, "Remarques psychanalytiques sur l'autobiographie d'un cas de

paranoïa (*Dementia paranoides*): Le Président Schreber", en *Cinq psycha-nalyses*, pp. 263-324 ["Puntualizaciones psicoanalíticas sobre un caso de paranoia (*Dementia paranoides*) descrito autobiográficamente", vol. XII].

——, 1912, *Totem et tabou*, París, Payot, 1924 [*Tótem y tabú*, vol. XIII].

——, 1913, "L'intérêt de la psychanalyse", París, Retz/CEPL, 1980 (edición en forma de libro de una publicación originalmente aparecida como artículo; retomada también en Freud, 1984, pp. 187-213) ["El interés por el psicoanálisis", vol. XIII].

——, 1915a, "Le refoulement", en *Métapsychologie*, Gallimard, 1968, pp. 45-63 ["La represión", vol. XIV].

——, 1915b, "L'inconscient", en *Métapsychologie*, pp. 65-123 ["Lo incons-ciente", vol. XIV].

——, 1916, "Une relation entre un symbole et un symptôme", en *Résultats, idées, problèmes* I, pp. 237-238 ["Una relación entre un símbolo y un síntoma", vol. XIV].

——, 1916-1917, *Introduction à la psychanalyse*, París, Payot, 1921 [*Conferen-cias de introducción al psicoanálisis*, vols. XV y XVI].

——, 1918, "Extraits de l'histoire d'une névrose infantile: L'homme aux loups", en *Cinq psychanalyses*, pp. 325-420 ["De la historia de una neu-rosis infantil", vol. XVII].

——, 1920, "Au-delà du principe de plaisir", en *Essais de psychanalyse*, pp. 7-78 [*Más allá del principio de placer*, vol. XVIII].

——, 1926, *Inhibition, symptôme et angoisse*, París, PUF, 1951 [*Inhibición, sín-toma y angustia*, vol. XX].

——, 1951-1967, *Essais de psychanalyse*, París, Payot.

——, 1954-1979, *Cinq psychanalyses*, París, PUF.

——, 1974, *Correspondance avec C.G. Jung, 1906-1914*, París, Gallimard, 1976 [Freud-Jung, *Correspondencia*, Madrid, Taurus, 1979].

——, 1984, *Résultats, idées, problèmes* I, París, PUF.

Fuchs, Catherine, 1984, "Le sujet dans la théorie énonciative d'Antoine Culioli", *DRLAV* 30: 45-53.

Gadet, Françoise y Michel Pêcheux, 1981, *La langue introuvable*, París, Maspéro [*La lengua de nunca acabar*, México, Fondo de Cultura Eco-nómica, 1984]; véase M. Arrivé.

Galmiche, Michel, véase M. Arrivé.

Gauger, Hans Martin, 1981, "Le langage chez Freud", *Confrontations Psychiatriques* 19: 189-213.

Gleason, H.A., 1969, *Introduction à la linguistique*, París, Larousse.

Green, André, 1984, "Le langage dans la psychanalyse", en *Langages, II, rencontres psychanalytiques d'Aix-en-Provence*, París, Belles-Lettres, pp. 19-250 [*El lenguaje en el psicoanálisis*, Buenos Aires, Amorrortu, 1995].

Greimas, Algirdas-Julien, 1966, *Sémantique structurale*, París, Larousse, también en PUF, 1986 [*Semántica estructural*, Madrid, Gredos, 1987].

——, 1976, *Maupassant: la sémiotique du texte, exercices pratiques*, París, Seuil

[*La semiótica del texto. Ejercicios prácticos*, Barcelona, Paidós, 1993].

Greimas, A.-J. y Joseph Courtés, 1979, *Sémiotique: Dictionnaire raisonné de la théorie du langage*, París, Hachette [*Semiótica. Diccionario razonado de la teoría del lenguaje*, Madrid, Gredos, 1990].

Guentcheva-Desclés, Zlatka, véase J.-P. Desclés.

Guiraud, Pierre, 1954, *Les caractères statistiques du vocabulaire*, París, PUF.

——, 1955, *La sémantique*, PUF, Que sais-je?.

Hagège, Claude, 1985, *L'homme de paroles*, París, Fayard.

Harris, Zellig S., 1971, *Structures mathématiques du langage*, París, Dunod.

Helbo, André et al., 1979, *Le champ sémiologique*, Bruselas, Complexe.

Hjelmslev, Louis, 1928, *Principes de grammaire générale*, Copenhague.

——, 1935, *La catégorie des cas*, Copenhague [*La categoría de los casos*, Madrid, Gredos, 1978].

——, 1966, *Le langage*, París, Minuit (en danés: Copenhague, 1963) [*El lenguaje*, Madrid, Gredos, 1971].

——, 1968-1971, *Prolégomènes à une thèorie du langage*, París, Minuit (en danés: Copenhague, 1943) [*Prolegómenos a una teoría del lenguaje*, Madrid, Gredos, 1974].

——, 1971, *Essais linguistiques*, París, Minuit [*Ensayos lingüísticos* I, Madrid, Gredos, 1972].

——, 1985, *Nouveaux essais*, París, PUF [*Ensayos lingüísticos* II, Madrid, Gredos, 1987].

Hottois, Gilbert, 1981, "La hantise contemporaine du langage", *Confrontations Psychiatriques* 19: 163-188.

Jacob, André, 1969, *Points de vue sur le langage*, París, Klincksieck.

Jakobson, Roman, 1963, *Essais de linguistique générale*, París, Minuit [*Nuevos ensayos de lingüística general*, México, Siglo XXI, 1976; *Ensayos de lingüística general*, Barcelona, Planeta-De Agostini].

——, 1966, "À la recherche de l'essence du langage", en *Problèmes de langage*, París, Gallimard, col. Diogène, pp. 22-38.

——, 1976, *Six leçons sur le son et le sens*, París, Minuit [*Fundamentos del lenguaje*, Madrid, Ayuso, 1973].

Jameux, D., 1973, "Symbole", en *Encyclopaedia Universalis*.

Jarry, Alfred, 1948, "Messaline", en *Œuvres complètes*, Lausanne, Kaeser et Monte-Carlo, Éditions du Livre.

——, 1969, *La chandelle verte*, París, Le Livre de Poche.

——, 1972, *Œuvres complètes*, vol. 1, París, Gallimard, bibliothèque de la Pléiade.

Kres-Rosen, Nicole, 1981, "Linguistique et antilinguistique chez Lacan", *Confrontations Psychiatriques* 19: 145-162.

Kristeva, Julia, 1974, *La révolution du langage poétique*, París, Seuil.

——, 1980, "Nom de mort ou nom de vie", *3444*, 7: 59-68.

——, 1984, "Le sens et l'hétérogène. À propos du 'statut du sujet'", *DRLAV* 30: 1-25.

Lacan, Jacques, 1933, "Motifs du crime paranoïaque: Le crime des sœurs Papin", *Le Minotaure* 3-4: 25-28 (reeditado en forma de fascículo por Éditions des Grandes Têtes Molles, s/l, s/f) ["Motivos del crimen paranoico: El crimen de las hermanas Papin", en *De la psicosis paranoica en sus relaciones con la personalidad*, México, Siglo XXI, 1984].

——, 1966, *Écrits*, París, Seuil [*Escritos* 1, México, Siglo XXI, 1989; *Escritos* 2, México, Siglo XXI, 1984].

——, 1970, "Radiophonie", *Scilicet* 2-3: 55-99 [*Psicoanálisis. Radiofonía & Televisión*, Barcelona, Anagrama, 1980].

——, 1973a, "L'étourdit", *Scilicet* 4: 5-52 ["El atolondrado, el atolondradicho o las vueltas dichas", en *Escansion 1*, Buenos Aires, Paidós, 1984].

——, 1973b, *Le séminaire, livre XI, les quatre concepts fondamentaux de la psychanalyse*, 1964, París, Seuil [*El seminario de Jacques Lacan, libro 11, "Los cuatro conceptos fundamentales del psicoanálisis"*, Barcelona, Barral, 1977].

——, 1975, *Le séminaire, livre XX, Encore, 1972-1973*, París, Seuil [*El seminario de Jacques Lacan, libro 20, "Aún"*, Barcelona, Paidós, 1981].

——, 1978, "Nomina non sunt consequentia rerum", *Ornicar?* 16: 7-13.

——, 1979, "Vers un signifiant nouveau", *Ornicar?* 17-18: 7-23.

——, 1981, *Le sèminaire, livre III, Les psychoses, 1955-1956*, París, Seuil [*El seminario de Jacques Lacan, libro 3, "Las psicosis"*, Barcelona, Paidós, 1984].

——, s/f, *Le sèminaire, livre IX, L'identification, 1961-1962*, s/l, 2 vols. dactilografiados [*El seminario del profesor Lacan. La identificación. Libro 9*, copia dactilografiada inédita, perteneciente a la Fundación Mexicana de Psicoanálisis, s/l, s/f].

Lacoue-Labarthe, Philippe, véase Jean-Luc Nancy.

Lalande, André, 1926, *Vocabulaire technique et critique de la philosophie*, París, PUF.

Laplanche, Jean, 1978, "La référence à l'inconscient", *Psychanalyse à l'Université* 3, 11: 384-435, y 12: 563-619.

——, 1980, *Castration, symbolisations (Problématiques II)*, París, PUF.

Laplanche, J. y Serge Leclaire, 1961, "L'inconscient: une étude psychanalytique", *Les temps modernes*, julio, 81-129.

Laplanche, J. y Jean-Baptiste Pontalis, 1971, *Vocabulaire de la psychanalyse*, París, PUF [*Diccionario de psicoanálisis*, Barcelona, Labor, 1994].

Leclaire, Serge, véase J. Laplanche.

Lyotard, Jean-François, 1971, *Discours, figure*, París, Klincksieck [*Discurso, figura*, Barcelona, Gustavo Gili, 1979].

Malmberg, Bertil, 1976, *Signes et symboles*, París, Picard [*Teoría de los signos*, México, Siglo XXI, 1979].

Mannoni, Octave, 1969, *Clefs pour l'imaginaire, ou l'autre scène*, París, Seuil [*La otra escena. Claves de lo imaginario*, Buenos Aires, Amorrortu, 1979].

Miller, Jacques-Alain, 1975-1976, "U ou 'il n'y a pas de métalangage'", *Ornicar?* 5: 67-72.

——, 1981a, "El piropo", *Ornicar?* 22-23: 147-164 [*Recorrido de Lacan. Ocho conferencias*, Buenos Aires, Manantial, 1994].

——, 1981b, "Jacques Lacan", *Ornicar?*, número especial, reproducción de un artículo publicado con el mismo título en el Suplemento de la *Encyclopaedia Universalis*.

Milner, Jean-Claude, 1978, *L'amour de la langue*, París, Seuil [*El amor por la lengua*, México, Nueva Imagen, 1980].

——, 1983, *Les noms indistincts*, París, Seuil.

——, 1984a, "Sens opposés et noms indiscernables: K. (sic) Abel comme refoulé d'É. Benveniste", en *La linguistique fantastique*, París, Clims-Denoël.

——, 1984b, "La linguistique, la psychanalyse, la science", *Spirales* 32-33: 20-21.

Mouloud, Noël, 1979, "Richard Montague: La tentative de construction d'un langage formel", *Histoire, épistémologie, langage* I, 1: 23-38.

Mounin, Georges, 1970, *Introduction à la sémiologie*, París, Minuit [*Introducción a la semiología*, Barcelona, Anagrama, 1972].

——, 1981, "Sémiologie médicale et sémiologie linguistique", *Confrontations Psychiatriques* 19: 43-58.

Nancy, Jean-Luc y Philippe Lacoue-Labarthe, 1973, *Le titre de la lettre*, París, Galilée.

Nassif, Jacques, 1977, *Freud - L'inconscient*, París, Galilée.

Pêcheux Michel, véase F. Gadet.

Pontalis, Jean-Baptiste, véase J. Laplanche.

Pottier, Bernard, 1962, *Systématique des éléments de relation*, París, Klincksieck.

Pottier, B. *et al.*, 1973, *Le langage (Dictionnaire(s) du savoir moderne)*, París, CAL.

Quéré, Henri, 1983, "Symbolisme et énonciation", *Actes Sémiotiques. Documents* V, 43: 1-24.

Radzinski, Annie, 1985, "Lacan/Saussure: Les contours théoriques d'une rencontre", *Langages* 77: 117-124.

Rank, Otto y Hans Sachs, 1980, *Psychanalyse et sciences humaines*, París, PUF (en alemán: *Die Bedeutung der Psychoanalyse für die Geisteswissenschaften*, Wiesbaden, 1913).

Rastier, François, 1972, "Systématique des isotopies", en *Essais de sémiotique poétique*, París, Larousse, pp. 80-106.

Rastier, F., 1981, "Le développement du concept d'isotopie", *Actes sémiotiques. Documents* III, 29: 1-47.

Rey, Alain, 1973 y 1976, *Théories du signe*, I y II, París, Klincksieck.

Rey, Jean-Michel, 1974, *Parcours de Freud*, París, Galilée.

——, 1981, *Des mots à l'œuvre*, París, Aubier-Montaigne.

Rey-Debove, Josette, 1979, *Sémiotique: lexique*, París, PUF.

Robins, R.-H., 1973, *Linguistique générale: Une introduction*, París, Armand-Colin.

Ronat, Mitsou, 1972, "Note conjointe sur l'inconscient des langues", en Chomsky, Jakobson y Halle, *Hypothèses, change*, París, Seghers/Laffont, p. 219.

Ronat, M. y Jean-Pierre Faye, 1978, "Chomsky 78", *Ornicar?* 14: 65-75.

Rosenberg, Adolf, 1896, *Thorvaldsen*, Bielefeld y Leipzig.

Rosolato, Guy, 1983, "Le symbole comme formation", *Pychanalyse à l'Université* 30: 225-242 (trad. francesa de un artículo aparecido precedentemente en inglés) [*Ensayos sobre lo simbólico*, Barcelona, Anagrama, 1974; véase "Lo simbólico", p. 128].

Roudinesco, Elisabeth, 1973, *Un discours au réel*, París-Tours, Mame.

——, 1977, *Pour une politique de la psychanalyse*, París, Maspero.

——, 1982, *La bataille de cent ans. Histoire de la psychanalyse en France*, París, Ramsay [*La batalla de cien años*, Madrid, Fundamentos, 1988].

Sachs, Hans, véase O. Rank.

Saussure, Ferdinand de, 1916, *Cours de linguistique générale*, edición crítica de Tullio de Mauro, París, Payot, 1972 [*Curso de lingüística general*, Buenos Aires, Losada, 1973; *Fuentes manuscritas y estudios críticos*, México, Siglo XXI, 1977, ed. a cargo de Ana María Nethol; en especial el artículo de Robert Godel].

——, véase también D'Arco Silvio Avalle y Starobinski, 1974, "Les deux Saussure", *Recherches. Sémiotexte* 16.

Schreber, Daniel Paul, 1975, *Mémoires d'un névropathe*, París, Seuil (en alemán: Leipzig, 1903) [*Memorias de un neurópata*, Barcelona, Argot, 1985].

Sperber, Hans, 1912, "Über den Einfluss sexueller Momente auf Entstehung und Entwicklung der Sprache", *Imago* I, 5: 405-453.

Starobinski, Jean, 1971, *Les mots sous les mots*, París, Gallimard.

Sublon, Roland, 1978, "Psychanalyse, symbole et signifiant. Arbitraire, consensus et éthique", *Revue des Sciences Religieuses* 2: 159-178.

Taillandier, Gérôme, 1981, "Le graphe par éléments", *Le Discours Psychanalytique* 1: 30-32.

Todorov, Tzvetan, 1977, *Théories du symbole*, París, Seuil [*Teorías del símbolo*, Caracas, Monte Ávila, 1991]; véase también O. Ducrot.

Toussaint, Maurice, 1983, *Contre l'arbitraire du signe*, París, Didier Érudition.

Ullmann, Stephen, 1952, *Précis de sémantique française*, Berna, Francke.

Vernus, Pascal, 1977, "L'écriture de l'Egypte ancienne", en *L'espace et la lettre*, París, UGE, pp. 61-77.

——, 1983, "Écriture du rêve et écriture hiéroglyphique", *Littoral* 7-8: 27-32.

Wittgenstein, Ludwig, 1988, *Investigaciones filosóficas*, México/Barcelona, UNAM/Crítica.

ÍNDICE DE NOMBRES Y DE TEMAS

[201]

ÍNDICE

Algunos elementos de esta obra han aparecido previamente, de manera
más rápida y menos elaborada, en las siguientes publicaciones: *Actes Sémiotiques* (III, 25, 1981 y IV, 36, 1982), DRLAV (32, 1984), *La Linguistique Fantastique* (Clims-Denoël, 1984), *Langages* (77, 1984).

tipografía y formación josefina anaya
impreso en publimex, s.a.
calz. san lorenzo 279-32
col. estrella iztapalapa
dos mil ejemplares y sobrantes
23 de marzo de 2001